Bandidos, profetas e Messias

Coleção **BÍBLIA E SOCIOLOGIA**

- *As tribos de Iahweh: uma sociologia da religião de Israel liberto*, Norman Karol Gottwald
- *Introdução socioliterária à Bíblia hebraica*, Norman Karol Gottwald
- *Bandidos, profetas e messias*, Richard A. Horsley; John S. Hanson
- *O Novo Testamento em seu ambiente social*, John E. Stambaugh; David L. Balch
- *Introdução ao Antigo Testamento numa perspectiva libertadora*, Anthony Raimond Ceresko
- *Arqueologia, história e sociedade na Galileia: o contexto social de Jesus e dos rabis*, Richard A. Horsley
- *A sabedoria no Antigo Testamento*, Anthony Raimond Ceresko
- *O Evangelho social de Jesus*, Bruce John Malina
- *Jesus e o Império: o Reino de Deus e a nova desordem mundial*, Richard A. Horsley
- *Paulo e o Império: religião e poder na sociedade imperial romana*, Richard A. Horsley
- *Introdução ao Novo Testamento – vol. 1 – História, cultura e religião do período helenístico*, Helmut Koester
- *Introdução ao Novo Testamento – vol. 2 – História e literatura do cristianismo primitivo*, Helmut Koester
- *Cristianismo e paganismo: a pregação do Evangelho no mundo greco-romano*, Christine Prieto
- *Jesus, um judeu da Galileia*, Sean Freyne (e-Book)
- *Paulo, um homem de dois mundos*, C. J. den Heyer
- *Paulo no mundo greco-romano*, Paul Sampley
- *Jesus e a espiral da violência: resistência judaica popular na Palestina romana*, Richard A. Horsley
- *A origem do sofrimento do pobre: teologia e antiteologia no livro de Jó*, Luiz Alexandre Solano Rossi
- *Evangelhos sinóticos*, Bruce J. Malina; Richard L. Rohrbaugh

RICHARD A. HORSLEY
JOHN S. HANSON

BANDIDOS, PROFETAS E MESSIAS

Movimentos populares no tempo de Jesus

Título original
Bandits, Prophets, and Messiahs
© Harper Collins, São Francisco, 1985
ISBN 0-86683-993-3

Tradução
Edwino Aloysius Royer

Capa
Anderson Daniel de Oliveira

Impressão e acabamento
PAULUS

Dados Internacionais de Catalogação na Publicação (CIP)
(Câmara Brasileira do Livro, SP, Brasil)

Horsley, Richard A.
  Bandidos, profetas e messias: movimentos populares no tempo de Jesus / Richard A. Horsley e John S. Hanson. — São Paulo: Paulus, 1995. — Bíblia e sociologia.

  Bibliografia.
  ISBN 978-85-349-0446-9

  1. Helenismo 2. Judeus – História – 168 A. C. – 135 A. D. 3. Judeus – Política e governo 4. Profetas 5. Resistência ao governo – Palestina 6. Seitas judaicas I. Hanson, John S. II. Título. III. Série.

95-1238   CDD-909.04924

Índice para catálogo sistemático:
1. Judeu : História 909.04924

Seja um leitor preferencial **PAULUS**.
Cadastre-se e receba informações
sobre nossos lançamentos e nossas promoções:
paulus.com.br/cadastro
Televendas: **(11) 3789-4000 / 0800 016 40 11**

1ª edição, 1995
6ª reimpressão, 2023

© PAULUS – 1995

Rua Francisco Cruz, 229 • 04117-091 – São Paulo (Brasil)
Tel.: (11) 5087-3700
paulus.com.br • editorial@paulus.com.br

ISBN 978-85-349-0446-9

Abreviaturas

AB	Anchor Bible
ANRW	*Aufstieg und Niedergang der römischen Welt*, ed. H.Temporini and W. Haase
Bib	*Biblica*
CBQ	Catholica Biblical Quarterly
DSS	Dead Sea Scrolls
HSM	Harvard Semitic Monographs
HTR	Harvard Theological Studies
IDB	Interpreter's Dictionary of the Bible
IDBSup	Interpreter's Dictionary of the Bible, Supplement
IEJ	Israel Exploration Journal
Int	Interpretation
JAAR	Journal of the American Academy of Religion
JBL	Journal of Biblical Literature
JJS	Journal of Jewish Studies
JNES	Journal of Near Eastern Studies
JR	Journal of Religion
JRS	Journal of Roman Studies
JSJ	Journal for the Study of Judaism
LCL	Loeb Classical Library
NovT	Novum Testamentum
NTS	New Testament Studies
SNTSMS	Society for New Testament Studies Monograph Series
TC	Theological Currents
TDNT	Theological Dictionary of the New Testament

Livros apócrifos

2 Bar	2 Baruc
1 Enoc	1 Enoc
1-2 Mac	1-2 Macabeus
4 Esd	4 Esdras
Sl. Sal.	Salmos de Salomão
Sir	Sirac (Ben Sirac)
T. Issacar	Testamento de Issacar
T. Levi	Testamento de Levi
T. Rúben	Testamento de Rúben
T. Simeão	Testamento de Simeão

Manuscritos do Mar Morto

1QM	Milhamah (Manuscrito da Guerra)
1QpHab	Pesher (comentário) sobre Habacuc de Qumrã Gruta 1
1QSa	Apêndice de 1QS (Regra da Comunidade ou Manual de Disciplina)
4QFlor	Florilégio (ou *Midrashim escatológico*) de Qumrã Gruta 4
4QpNa	Pesher (comentário) sobre Naum de Qumrã Gruta 4
4QTes	Testemunhos texto de Qumrã Gruta 4

Josefo

C. Ap	Contra Apion
Ant.	Antiguidades Judaicas
G.J.	Guerra Judaica

Agradecimentos

Desejamos expressar nosso reconhecimento ao Professor William R. Poehlmann pelos seus valiosos comentários e leitura crítica do manuscrito do capítulo, e a Joseph Buschini, Mary L. Malone e James Tracy, cada um dos quais fez uma leitura atenta e crítica de uma parte substancial de uma primeira versão do manuscrito. Nossos agradecimentos também a John J. Collins e Adela Yarbro Collins, que, na condição de editores, fizeram preciosas sugestões e comentários. Finalmente, desejamos expressar nosso reconhecimento pelo apoio parcial a este projeto, através do Faculty Development Grants, da University of Massachusetts, de Boston e da University of Kansas.

Introdução

Motivos e finalidades

Dois fatos que ocorreram na Palestina judaica em meados do século I da nossa era foram altamente significativos para a história posterior: a vida e a morte de Jesus de Nazaré e a grande revolta judaica de 66-70. Jesus de Nazaré, um profeta judeu da longínqua região da Galileia, tornou-se a figura central do que veio a ser o cristianismo e se tornou a fé e a instituição religiosa estabelecida predominante do Ocidente. Pouco mais de uma geração após a crucificação de Jesus, o povo judeu irrompeu numa revolta maciça contra a dominação romana, que levou mais de quatro anos para ser debelada. A consequente devastação da Palestina, que incluiu a destruição do templo e de grande parte da cidade de Jerusalém, resultou num grande ponto de virada tanto para a tradição religiosa judaica como para a cristã. Em reação contra o espírito apocalíptico e o ímpeto revolucionário, sábios fariseus moderados lançaram os fundamentos não só de uma sociedade judaica reconstruída, mas também daquilo que veio a ser o judaísmo rabínico. Além disso, em consequência da supressão romana da revolta judaica, o movimento cristão nascente afastou-se de Jerusalém e do templo como centro geográfico e simbólico.

Em ambos os eventos os camponeses judeus foram a força dinâmica, a fonte original da mudança histórica e das suas ramificações. Jesus era originário da aldeia camponesa de Nazaré. A julgar pela tradição dos evangelhos sinóticos, que raramente mencionam outra cidade além de Jerusalém, ele passou a maior parte da sua carreira andando de uma aldeia para outra. Na forma mais característica do seu ensino, as parábolas, tira analogias das experiências da vida camponesa na Galileia. Do mesmo modo, na revolta judaica, se excetuarmos a eclosão da insurreição em Jerusalém, foram os camponeses que forneceram a imensa maioria daqueles que originariamente expulsaram os romanos e resistiram à reconquista romana do país.

De fato, em qualquer sociedade tradicional como o era a da Palestina judaica do século I da era cristã, os camponeses constituem 90 por cento ou mais da população.[1]

Entretanto, até muito recentemente a moderna suposição ocidental era a de que as pessoas comuns pouco tinham que ver com a realização da história.[2] À medida que se tomava algum conhecimento da existência dos camponeses, comumente se acreditava que eram simplesmente gente muito conservadora, que seguia seu modo de vida tradicional e "vegetava nos dentes do tempo". Os tratados padrão da história judaica e do cenário da vida de Jesus e dos evangelhos quase sempre discutem grupos e figuras da classe dominante e do estrato letrado médio da sociedade, p. ex., os herodianos, os sumos sacerdotes e os saduceus, os fariseus, os essênios (particularmente destacados depois da descoberta dos manuscritos do mar Morto em 1947) e habitualmente também os zelotas.[3] Mas todos esses grupos tomados juntos constituíam apenas uma pequena fração do povo judeu no tempo de Jesus. Nossos manuais pouco ou nada trazem sobre os outros 90 por cento, muitos dos quais, temos razão para crer, forneceram a força motriz da história daquele período. As razões para tal lacuna, tal ignorância do grosso da população num período de resto intensamente estudado, não são difíceis de identificar. A mais decisiva foi a orientação básica seguida pelos estudos do Novo Testamento. Sendo um campo cujo objetivo principal tem sido o de interpretar literatura sacra, em geral concentrou-se quase exclusivamente em literatura e consequentemente com a atenção voltada para as elites dominantes e outros grupos instruídos que produziram documentos literários ou neles aparecem. A outra razão óbvia para a negligência do povo comum é a escassez de fontes e de provas.

Mas os camponeses judeus eram predominantemente analfabetos e não produziam literatura, com exceção, talvez, dos ditos de Jesus de Nazaré e dos relatos sobre ele, que foram lembrados e desenvolvidos em forma oral até ser fixados por escrito nos evangelhos do Novo Testamento. Consequentemente, nós, modernos, não temos quase nenhum acesso ao que diziam e faziam os camponeses. Todavia, apesar do fato de que as pessoas comuns da época não produziram nada equivalente aos manuscritos do mar Morto dos essênios, ou às normas da *halakha* dos fariseus, ou aos apocalipses de certos outros escribas, uniam-se em certos tipos de grupos e movimentos, conforme sabemos pelo historiador judeu Josefo, pela tradição cristã dos evangelhos e outros relatos fragmentários. Por isso a *primeira* razão para escrever este livro é analisar e apresentar alguns dos movimentos e líderes entre o povo comum no período tardio do segundo templo.

INTRODUÇÃO

Uma segunda razão para o presente estudo é que a história judaica da Palestina necessita ser criticamente reexaminada, depois de ter sido demonstrado que o antigo conceito de "zelo" é uma ficção histórica, sem base em provas históricas. Desde pelo menos o início do século, o conceito de "os zelotas" teve um papel importante em obras acadêmicas sobre a história judaica antiga e o cenário do Novo Testamento, bem como nas ideias acadêmicas e populares a respeito de Jesus. Não obstante as advertências de alguns notáveis estudiosos americanos,[4] firmou-se em importantes manuais e enciclopédias da área a ideia de que no tempo de Jesus existira um movimento políticorreligioso de liberação nacional chamado "os zelotas".[5] Segundo a interpretação usual dos estudiosos, o partido zelota era o mesmo que a Quarta Filosofia fundada por Judas da Galileia em oposição ao alistamento para o tributo estabelecido juntamente com a dominação romana direta no ano 6 d.C. Seus membros, alternadamente chamados "sicários" e "salteadores"por Josefo, provocaram agitações pela libertação judaica, até finalmente desencadear a revolta em massa de 66. Esta posição teve uma importante função nas preocupações de muitos teólogos e biblistas modernos. Como supostos advogados fanáticos da revolução violenta contra os romanos, os "zelotas" serviam como um bom contraste para destacar Jesus de Nazaré como um sóbrio profeta de amor pacifista aos nossos inimigos. Especialmente nas últimas duas décadas, muitos estudiosos europeus e americanos, respondendo a protestos internos e movimentos de libertação nacional do Terceiro Mundo, tentaram repelir qualquer implicação de que Jesus tivesse advogado qualquer tipo de resistência ativa à ordem estabelecida, contrastando Jesus com os "zelotas".[6] Os "zelotas", líderes de um povo judeu unido contra a dominação romana, também serviram como precedente histórico para a causa sionista e o moderno estado judaico, ao lutar pela sua sobrevivência contra estados vizinhos hostis. A antiga fortaleza de Massada, onde supostamente o último bando restante dos zelotas resistiu heroicamente ao cerco romano, finalmente cometendo suicídio em massa para não se render aos conquistadores estrangeiros, tornou-se um símbolo de convocação para Israel moderno: "Massada nunca mais cairá!"[7]

Infelizmente para esses estudos (e os interesses dos seus autores), "os zelotas", como movimento de rebelião contra o domínio romano, não apareceram antes do inverno de 67-68 d.C., isto é, antes da metade da grande revolta.[8] Simplesmente não há provas de um movimento organizado, religiosamente motivado, que tivesse defendido a revolta armada contra Roma entre 6 e 66 d.C. Por outro lado, durante os sessenta anos anteriores à revolta houve uma série de movimentos e eventos separados e desconexos. Entre estes diversos movimentos, o grupo chamado de sicários e os grupos corretamente chamados de salteadores não eram só diferentes dos zelotas propriamente ditos, mas representaram também movimentos sociais distintos (conforme explicaremos adiante).[9] O reconhecimento de que "os zelotas" são uma elaboração acadêmica moderna e têm pouca relação com a história judaica real no primeiro século da nossa era exigirá várias reformulações e uma abertura para novas percepções da sociedade judaica daquele século.

Primeiramente, a maior parte das ideias que se julgavam características dos zelotas, quase todas relativamente bem atestadas em nossas limitadas fontes, provavelmente eram ideias comuns do judaísmo palestinense. Com exceção dos sumos sacerdotes e dos saduceus, os vários grupos judaicos da época distinguiam-se menos por quaisquer diferenças de concepções político-teológicas e de orientação escatológica que pelas suas ações ou aplicações de tais ideias e seus interesses socioeconômicos particulares. Em segundo lugar, uma vez removida a trave dos "zelotas" dos nossos olhos, poderá ser possível discernir significativas semelhanças (bem como diferenças) entre Jesus e um ou outro dos diversos movimentos que até agora eram reunidos, formando artificialmente um monolítico movimento de libertação. Terceiro, o símbolo de chamada de Massada, como o último baluarte de resistência dos zelotas, pode ficar sem qualquer base histórica. Quarto, a oposição ao domínio romano da Palestina judaica pode ter sido bem mais difundida e espontânea, embora talvez politicamente menos consciente do que se imaginava anteriormente, quando se acreditava que a oposição estava concentrada unicamente no movimento organizado dos zelotas, que supostamente queria provocar a revolução sessenta anos antes do seu acontecimento efetivo. Quase todos os movimentos e eventos tinham orientação antirromana. Especialmente os movimentos mais organizados, liderados por profetas ou messias populares, buscavam conscientemente um tipo particular de libertação. Finalmente, quase todos os movimentos separados eram grupos populares dirigidos contra a elite judaica dominante e contra a dominação romana.

Depois de verificado que a consideração dos "zelotas" como frente unificada de libertação que se estendeu por várias décadas é uma ficção moderna, sem base na evidência histórica, em que termos entendemos agora os acontecimentos da sociedade judaica no primeiro século d.C., em particular o ambiente de Jesus e a resistência à dominação romana, que finalmente eclodiu numa revolta generalizada? A situação da sociedade judaica era claramente mais complexa do que se imaginava com a ideia de um único movimento organizado de resistência. A inquietação social assumiu várias formas sociais concretas. Portanto, em termos mais concretos, a segunda razão do presente estudo é examinar e delinear essas formas sociais concretas de agitação social. Dos movimentos para serem estudados, os mais conscientes e deliberados politicamente foram a Quarta Filosofia e os sicários, ou "homens de punhais", que executaram um programa de assassinato simbólico contra membros da aristocracia sacerdotal no final da década de 50 e na década de 60 — um movimento liderado e aparentemente composto por elementos da "intelligentsia". Mas bem mais frequentes e importantes foram os numerosos movimentos entre os camponeses. Além do banditismo, largamente difundido, que se tornou epidêmico pouco antes da revolta de 66-70, havia movimentos populares que parecem ter sido características da sociedade judaica. Estes incluem movimentos messiânicos e movimentos proféticos, bem como a ocorrência de um tipo de profetas populares que lembram os grandes profetas oraculares das Escrituras hebraicas. Uma leitura e análise dos limitados testemunhos desses movimentos e líderes deverá ajudar-nos a obter um sentido mais claro do que estava ocorrendo entre o povo no tempo de Jesus e imediatamente antes da grande revolta.

Uma terceira razão para este estudo também se refere à descrição desses movimentos populares. O estudo do Novo Testamento, já orientado para *literatura* sagrada, procura interpretar o *sentido* de palavras, profecias, histórias, símbolos etc. das Escrituras. Assim sendo, é levado a concentrar-se em ideias e na história de ideias, ajudado pela sua estreita relação com a teologia. Além disso, a interpretação da significação de Jesus para a fé e a teologia cristã é de importância central para o estudo do Novo Testamento. Assim, até mesmo estudos crítico-históricos da cristologia neotestamentária, que interpretam os papéis e os títulos aplicados a Jesus, tendem a concentrar-se nas "esperanças" do "messias" ou "profeta escatológico", etc.[10] Estamos agora tomando consciência de duas ironias em relação a tal procedimento. As provas dessas "esperanças" são tomadas da literatura, isto é, de material produzido por grupos letrados, como os fariseus, que (pelo menos no início) evidentemente não estavam interessados em Jesus e no seu movimento, quando não eram simplesmente hostis a ele. Mais importante que isso, nas últimas décadas compreendeu-se que antes do tempo de Jesus, existem pouquíssimas provas textuais (ou outras) daquelas "descrições de funções" sinteticamente construídas que Jesus cumpriu tão bem.[11] É possível que as peças mais seguras de provas disponíveis, anteriores à época de Jesus, como material comparativo para a interpretação cristológica do seu papel ou dos seus papéis e da sua significação sociorreligiosa não sejam as "expectativas" encontradas na literatura judaica, escrita por intelectuais, mas os líderes e movimentos concretos reais entre os camponeses de duas ou três décadas após a atividade do próprio Jesus.

Há ainda uma quarta razão, mais atual, para o material que este livro apresenta. Cada geração faz novas e diferentes perguntas à história bíblica e outras tradições significativas para nós. Nos países do Atlântico Norte, em que os camponeses quase desapareceram na onda da industrialização e urbanização do século XX, só recentemente redescobrimos a existência desta classe. A elite aristocrática ou as classes governantes das sociedades tradicionais quase sempre olharam os homens do campo, que tornaram possível seu próprio estilo de vida mais luxuoso, como de certa forma inferiores ao de seres plenamente humanos. Muitos de nós no Ocidente moderno simplesmente esqueceram a existência de uma classe camponesa. Marx e seus primeiros seguidores estavam cientes da realidade dos camponeses, mas não tinham muito respeito por eles ou confiança neles (como força revolucionária). Lênine, porém, e especialmente Mao entenderam que os camponeses podiam ser mobilizados para derrubar os regimes autocráticos ou imperialistas que os tinham oprimido. Apesar disso, mesmo após a experiência francesa no Vietnã e na Argélia, foi uma surpresa para os americanos que os camponeses pudessem ser, como diz Barrington Moore, a dinamite que destrói a ordem antiga.[12] Com a recente experiência americana no Vietnã, com o surgimento da teologia da libertação e das comunidades de base na América Latina e com a nossa crescente conscientização de que regimes fortemente repressivos na América Latina e outras partes do mundo podem despertar uma resistência organizada, particularmente entre os camponeses, estamos intensificando nosso interesse pelos camponeses israelitas e judeus que aparecem tão destacadamente na história bíblica. Assim, à medida que o material a seguir nos ajudar a esclarecer as condições e eventos entre os camponeses judeus da época e, mais indiretamente, a iluminar a atividade de Jesus e do seu movimento, o livro poderá ser relevante para algumas questões novas, que atualmente estão sendo propostas à história bíblica.

Métodos e limitações

Este estudo sobre movimentos e líderes populares é limitado e simples. Utilizando as técnicas usuais de análise crítico-histórica, procuramos delinear a história social de grupos selecionados. Talvez o aspecto mais característico — e problemático — deste estudo é o seu enfoque deliberado em grupos populares. A consciência da classe

INTRODUÇÃO

camponesa e o interesse por ela são relativamente recentes, mas não de todo inéditos, nos estudos bíblicos e na história judaica. Em anos recentes alguns estudiosos da Bíblia Hebraica trataram do antigo Israel em termos de uma sociedade camponesa.[13] Também há indicações de que especialistas do Novo Testamento e historiadores da história judaica estão compreendendo que a sociedade palestinense nos primeiros séculos a.C. e d.C. consistia predominantemente em camponeses, e estão começando a levantar as questões sociológicas apropriadas.[14] Mas, reconhecida a importância dos camponeses na história bíblica, as pessoas querem saber muito mais do que realmente é possível. Desde o início precisamos reconhecer que há sérias limitações no nosso estudo. Estamos limitados de certo modo tanto pelas fontes disponíveis como pelo estágio elementar de desenvolvimento dos nossos instrumentos analíticos na sua aplicação às fontes.

Os camponeses judeus não deixaram documentos literários, exceto, conforme já mencionado, a sua influência nas tradições dos evangelhos. O acúmulo de provas arqueológicas no estágio atual é extremamente limitado, embora os arqueólogos do período estejam começando a deslocar uma parte maior das suas pesquisas dos sítios urbanos da classe dominante para os vestígios deixados pelos produtores agrícolas em aldeias e cidades. A fonte principal do nosso conhecimento fragmentário permanecem os relatos de Josefo nas suas histórias do povo judeu e da Guerra Judaica.[15] Mas mesmo esta fonte é difícil pelo fato de que é tendenciosa contra o povo comum, quando não hostil a ele. Josefo escreveu do seu ponto de vista de ex-general das forças judaicas na Galileia, lutando contra os romanos, depois que ambiguamente tentou conter o avanço da revolta, ao prever a vitória romana. Foi em Roma e para os vencedores romanos e suas classes superiores que ele escreveu, nos termos destes, sobre a longínqua província estrangeira da Judeia. Da mesma forma, também são evidentes as suas simpatias básicas para com os níveis superiores da sociedade judaica. Quanto aos camponeses, que ocupam tanto espaço na sua narrativa da *Guerra*, estes, segundo a sua sugestão, deviam cuidar de produzir alimentos e deixar a condução de negócios sérios aos homens bem nascidos e educados, como ele Josefo.

Certos aspectos literários das obras de Josefo também dificultam o uso do seu material. Tanto a *Guerra Judaica* quanto as *Antiguidades Judaicas* seguem modelos literários e cada uma delas contém alusões ocasionais a autores notáveis.[16] Estes dois aspectos, entre outros, servem para realçar a posição de Josefo como autor e apologista. Mas, ao mesmo tempo, tendem a obscurecer, intencionalmente ou não, exatamente aquilo que queremos descobrir. Por exemplo, conforme já foi assinalado há muito tempo, a descrição de João de Gíscala, importante para o presente estudo (ver capítulo 5), parece fortemente influenciada pela caracterização de Catilina por Salústio, apesar do fato de Josefo ter tido relações diretas com João, por quem nutria profunda aversão. Para complicar ainda mais a nossa leitura de Josefo, embora isso não constitua um problema especial nos capítulos seguintes, há o fato de que uma comparação da *Guerra*, das *Antiguidades* e da *Vida*, altamente apologética, revela muitas contradições ou diferenças de ênfase, algumas das quais afetam diretamente o nosso material. Os motivos diferentes de cada uma dessas obras explicam algumas dessas tensões. Mas em geral essas obras são em favor próprio, próromanas, defensivas da elite judaica, certamente antirrevolucionárias e na verdade anticamponesas. Portanto, a nossa fonte primária apresenta uma série de complicações e coloca exigências aos instrumentos analíticos.

A instrumentação conceitual apropriada para compreender as realidades político-sociais ainda se encontra num estágio elementar de desenvolvimento nos campos dos estudos bíblicos e da história judaica. Naturalmente, estamos cada vez mais buscando a ajuda das ciências sociais.[17] Mas precisamos manter uma certa perspectiva crítica em relação àquilo que tomamos emprestado.

Um aspecto em que o nosso uso de métodos científico-sociais pode ser limitado refere-se ao tipo de sociedade que estudamos. Foi só a partir dos anos 50 e 60 que as ciências sociais descobriram as "sociedades camponesas" como tipo social distinto. Como escreveu um dos líderes dessa descoberta: "Parece-nos que um tipo de sociedade que existe há 6000 ou 7000 anos, isto é, desde o começo da civilização, merece reconhecimento em si mesma, não como uma forma 'intermediária' ou 'transitória', mas como genuína forma social e cultural, da qual fez parte mais da metade das pessoas que viveram desde o início dos tempos".[18] Podemos certamente recolher uma boa quantidade de generalizações antropológicas, sociológicas e materiais comparativos sobre sociedades camponesas. Todavia, impõe-se extrema cautela precisamente quanto às extrapolações de certos estudos etnográficos e modelos sociológicos gerais. No presente certamente não é possível nenhuma tentativa de uma sociologia completa da sociedade palestinense. Efetivamente, enquanto não forem feitas análises arqueológicas, antropológicas e sociológicas mais detalhadas da sociedade judaica palestinense, nosso conhecimento será tão limitado que tais comparações e contrastes deverão permanecer tentativas, e provisórias.

Em segundo lugar, para entender os conflitos sociais subjacentes que se manifestaram em movimentos entre os camponeses judeus, não

INTRODUÇÃO

podemos simplesmente adotar o método da sociologia funcional-estrutural, até recentemente tão em voga nos Estados Unidos[19] e que fornece uma parte do método sociológico atualmente usado no estudo do Novo Testamento.[20] O que pede explicação, especialmente numa sociedade "tradicional" como a da Palestina judaica sob o domínio romano, não é o equilíbrio de todo o sistema e a "função" dos vários grupos dentro desse sistema, mas a agitação social e os frequentes protestos e até insurreições populares. As características salientes desse período são a agitação e a revolta. A força dinâmica nessa situação, religiosa e politicamente — para repetir a questão —, parecem ter sido os movimentos no meio camponês.

Um terceiro aspecto, em relação ao qual podemos adotar apenas uma aceitação e adaptação qualificada das ciências sociais é o caráter comparativo geral e muitas vezes abstrato de muitos estudos sociológicos. Em termos particulares, isso se pode aplicar mesmo a certos aspectos do método comparativo geral de Max Weber, até quando o seu objetivo é a explicação de mudanças históricas de grande escala — por exemplo, no caso do uso do conceito de "carisma". O conceito de "liderança carismática" seria aplicável à maioria dos líderes populares discutidos nos capítulos seguintes. Estes líderes aparecem em tempos de crise. Surgem em oposição aos líderes institucionais tradicionais estabelecidos da sociedade. Além disso, um portador de carisma assume a tarefa que lhe cabe e exige obediência e seguimento em virtude da sua missão.[21] Tal conceito permite-nos discernir primariamente o que é semelhante entre líderes do primeiro século d.C. e, numa comparação intercultural, todos os outros "líderes carismáticos", em qualquer número de outras sociedades, em circunstâncias semelhantes. Reconhecemos a utilidade de uma abordagem comparativa que reúne ilustrações de vários contextos históricos para construir um quadro composto ou geral de liderança e de movimentos.

Entretanto, tentamos evitar o uso direto de tais conceitos das ciências sociais (bem como conceitos tradicionais teologicamente determinados). Se quisermos chegar a uma visão mais precisa do contexto social e da história social da Palestina judaica do século I, a passagem para conceitos sociológicos mais abstratos poderá obscurecer em vez de elucidar o material. Assim, por exemplo, é difícil ver qual a vantagem que se ganha rotulando todos os profetas com o termo geral e altamente abstrato de *"intermediários"*, se estivermos interessados em discernir sua relação particular com o seu contexto social.[22] Efetivamente a adaptação que Worsley fez do conceito de carisma de Weber, para referir-se às relações sociais no contexto social, estimula a particularização em vez da abstração. O carisma, longe de ser um atributo de personalidade individual, deve ser entendido como uma relação social. "Os seguidores... aderem a um líder apropriado porque ele articula e consolida as suas aspirações." [23] Mas tais "aspirações" serão historicamente específicas e portanto culturalmente determinadas. Assim, podemos concluir que a melhor maneira de obter precisão em nossa compreensão dos grupos e líderes do tempo de Jesus é procurar ver como grupos particulares de pessoas reagiram a circunstâncias históricas particulares e como tradições judaicas características podem ter determinado tal reação. Esta tentativa de descrever o que era característico nas formas sociais dos movimentos populares judeus também exigirá algum estudo dos possíveis padrões ou protótipos das tradições da antiga sociedade judeu-israelita, que podem ter influenciado (e que podem ajudar a esclarecer) esses aspectos característicos dos movimentos e líderes populares. Quer dizer, nossa tentativa de delinear formas sociais particulares exigirá atenção para as características particulares da herança histórico-cultural judaica, bem como uma perspectiva comparativa.

Por causa das limitações de documentação e de método, só podemos tentar apresentar uma simples tipologia social e histórica dos movimentos e líderes entre o povo comum no período tardio do segundo templo. A análise social nos capítulos que seguem é necessariamente bem elementar. O procedimento consiste basicamente em discernir com a maior precisão possível as formas sociais características assumidas pelos movimentos e líderes populares, e apresentar o material disponível de acordo com os tipos ou formas sociais particulares que parecem ter sido as mais notáveis.

O estudo também é escrito com um enfoque de sensibilidade nas preocupações dos camponeses e uma correspondente tentativa de avaliação crítica do ponto de vista dos grupos dominantes e letrados, que geralmente está representado na maioria das fontes literárias existentes (com a notável exceção dos Evangelhos). Ao mesmo tempo, sempre que possível, apresentamos as fontes primárias, apesar do fato de serem principalmente do problemático Josefo. Julgamos que os estudantes/leitores deveriam ter as principais fontes diretamente diante de si. Mas a maioria não tem um exemplar das histórias de Josefo à mão, e as referências pertinentes encontram-se espalhadas em diversos "livros" das narrativas de Josefo. Também deveriam ter a oportunidade de fazer seu próprio julgamento sobre as fontes e as questões históricas. Todas as traduções de Josefo são novas e procuram evitar as qualidades tendenciosas das traduções anteriores.

INTRODUÇÃO   17

Ao longo da apresentação dessa tipologia de grupos e líderes judaicos são necessariamente abordados diversos outros assuntos. Assim, embora os capítulos que seguem não pretendam explicar as causas da revolta de 66-70, uma vez que isso já foi feito anteriormente, tratam todavia de muitas dessas causas. Mas fazem-no apenas secundariamente e em decorrência da tentativa de esclarecer certos movimentos entre os camponeses nesse período. Em segundo lugar, são descritos e analisados apenas alguns movimentos, pois não pretendemos de forma alguma apresentar uma história social completa da Palestina judaica do século I d.C. Em terceiro lugar, não é nosso *objetivo* fornecer um contexto para compreender Jesus. Mas como o próprio Jesus falou a camponeses e circulou principalmente entre eles, a nossa descrição de um certo número de aspectos da vida e da experiência camponesa tem como consequência a apresentação de material adequado, talvez até necessário, para interpretar a mensagem e as atividades do Jesus de Nazaré histórico e do seu movimento. Finalmente, ainda que esta também não seja uma história revisionista da Palestina do primeiro século da era cristã, seus esboços de formas particulares de inquietação social e resistência podem servir como tratamento parcial da história judaica palestinense que levou à revolta de 66-70. Mas o estudo baseia-se numa releitura muito importante das fontes disponíveis em relação aos "zelotas".

No capítulo primeiro apresentamos um esboço do cenário histórico dos movimentos, não só do período da dominação romana, mas também, ainda que brevemente, da história (bíblica) anterior de Israel e da Judeia. Este cenário ampliado é importante porque a história e as tradições históricas das quais emergiu o povo judeu da época romana informou suas memórias e esperanças. O contexto histórico mais imediato da reforma helenizante, a perseguição helenística e a resistência popular contra ela constituiu o divisor de águas histórico crucial do apocalipticismo, que manifestamente permeou grande parte da sociedade naquele tempo e posteriormente. Também foi um divisor de águas do envolvimento mais ativo do povo comum na periódica agitação político-social da época.

O capítulo segundo focaliza o mais rudimentar dos grupos ao qual deu origem o distúrbio econômico-social, isto é, o banditismo social. A frequência do banditismo social em sociedades agrárias tem sido de muitas formas um índice do grau de mudança econômico-social ou ruptura das condições dos camponeses. Por isso a análise das circunstâncias econômico-sociais da sociedade judaica palestinense no início do capítulo 2 também pode ajudar-nos a averiguar por que tantas pessoas estavam prontas a formar outros movimentos, mais sofisticados, bem como simplesmente a fugir para as montanhas, juntando-se a bandos de salteadores. A compreensão dessas condições econômico-sociais é importante para entender qualquer um desses movimentos. Os camponeses não têm a tendência de tomar medidas tão drásticas, de abandonar suas casas e terras, a não ser que seus antigos padrões de vida não sejam mais toleráveis ou possíveis. A maior parte do capítulo 2 é dedicada a um exame do banditismo social, não só como um fenômeno interessante em si mesmo, mas também como sintoma revelador da ruptura da vida das pessoas por fatores que estão fora do seu controle e da sua compreensão.

Os capítulos 3 e 4 examinam vários movimentos e líderes que parecem representar formas sociais particulares, todas características da sociedade palestinense. Por isso é importante explorar de que forma qual deles estava moldado pelas tradições histórico-culturais de Israel e da Judeia. Por esta razão os dois capítulos começam respectivamente com uma descrição da herança israelita de movimentos messiânicos populares e profetas populares de dois tipos. Ao mesmo tempo, como os líderes messiânicos e proféticos serão os mais atraentes para comparação com Jesus de Nazaré, esses esboços podem servir para a segunda finalidade de fundo sobre os modos como Jesus era ou veio a ser entendido. O segundo passo em cada capítulo é examinar as circunstâncias que podem ter dado origem ao renascimento dessas formas particulares da herança cultural ou da memória do povo. Naturalmente esses esboços mais precisos de condições sociais pressupõem o cenário do capítulo 1 e a discussão das condições econômico-sociais no início do capítulo 2. Finalmente, o restante dos capítulos 3 e 4 é dedicado aos vários movimentos ou figuras concretas que pertencem aos respectivos tipos: reis/messias populares e seus seguidores, profetas populares e seus movimentos, e profetas oraculares.

O capítulo 5 é incluído por causa do destaque que o falso conceito de zelotas assumiu nos campos do Novo Testamento e da história judaica. Ainda que partes do seu tema não sejam rigorosamente movimentos camponeses, parece importante descrevê-los porque, anti-historicamente, foram juntados como "os zelotas". Não são apenas diferentes dos zelotas, mas emergem de estratos sociais muito diferentes. Assim, examinaremos, com a precisão que o espaço permite, primeiro a Quarta Filosofia (um grupo na resistência ao censo de 6 d.C.), depois os sicários ou assassinos (um grupo terrorista dos anos 50) e finalmente os zelotas propriamente ditos, que emergiram como grupo somente no meio da revolta judaica, não antes do inverno de 67-68.

Do começo ao fim procuramos escrever tendo em vista nossos estudantes e nossos colegas acadêmicos. Assim tentamos equilibrar a

INTRODUÇÃO   19

apresentação analítica com a narrativa. Também nos esforçamos para evitar termos técnicos e a frequente referência à literatura secundária. Aqueles que estiverem interessados em apresentações mais documentadas com referências mais elaboradas e entrosamento com os campos de estudos neotestamentários e da história judaica poderão consultar as notas de referência aos artigos que representam as primeiras manifestações públicas da pesquisa em que se baseiam os capítulos.

Notas

1. Ver, por exemplo, G. Sjoberg, *The Preindustrial City* (New York: Free, 1960/1966), p. 110.
2. Ver B. Moore, *Social Origins of Dictatorship and Democracy* (Boston: Beacon, 1966), pp. 453-83.
3. Uma amostra representativa poderia incluir G. Bornkamm, *Jesus of Nazareth* (New York: Harper "Row, 1960), pp. 34-44; R.A. Spivey and D.M. Smith, *Anatomy of the New Testament*, 3ª ed. (New York: Macmillan, 1982), pp. 13-34; E. Schürer, *The History of the Jewish People in the Age of Jesus Christ* (175 B.C.-A.D. 135), vol. 2, rev. and ed. G. Vermes, F. Millar, and M. Black (Edinburgh: Clark, 1979).
4. K. Lake "Appendix A: The Zealots", in T*he Beginnings of Christianity*, 5 vols., ed. K. Lake and F. J. Foakes-Jackson (London/New York: Macmillan, 1920-1933), 1:421-25; S. Zeitlin, "Zealots and Sicarii", *JBL* 81 (1962): 395-98.
5. Uma amostra representativa: K. Kohler, "The Zealots", in *The Jewish Encyclopedia* (New York: Funk & Wagnalls, 1905); W. R. Farmer, "Zealot", IDB 4:936-39; H. Merkel, "Zealot", *IDBSup* 979-82; e as obras citadas na n. 3.
6. P. ex., O. Cullmann, *Jesus and the Revolutionaries* (New York: Harper & Row, 1970), que também reproduz o artigo de Kohler (ver n. 5) como apêndice; M. Hengel, *Was Jesus a Revolutionist?* (Philadelphia: Fortress, 1971) and *Victory over Violence* (Philadelphia: Fortress, 1973), sendo que ambos se baseiam na sua obra anterior, *Die Zeloten* (Leiden: Brill, 1961).
7. Ver, por exemplo, Y. Yadin, M*asada: Herod's Fortress and the Zealots' Last Stand* (New York: Random House, 1966). S. Applebaum, "The Zealots: the Case for Revaluation", *JRS* 61 (1971): 156-70, é basicamente uma reapresentação do ponto de vista sintético padrão.
8. Ver S. Zeitlin, na n. 4; esp. M. Smith, "Zealots and Sicarii: Their Origins and Relations", HTR 64 (1971): 1-19; M. Stern, "Sicarii and Zealots," in *World History of the Jewish People*, 1st ser., vol. 8, ed. M. Avi-Yonah (New Brunswick: Rutgers University, 1977), chap. 8, and *Encyclopedia Judaica*, ed. C. Roth et al., suppl. vol., 1972 (Jerusalém: Keter, 1974), pp. 135-52, está ciente de que a evidência histórica não apoia um grupo unificado contínuo chamado os zelotas, mas parece defender a continuidade de algum tipo de movimento de resistência através do conceito de "zelo".
9. Ver R.A. Horsley, "Josephus and the Bandits", *JSJ* 10 (1979): 37-63, and "The Sicarii: Ancient Jewish Terrorists", JR 59 (1979): 435-58.
10. P. ex., O. Cullmann, *The Christology of the New Testament*, rev. ed. (Philadelphia: Westminster, 1964); F. Hahn, *The Titles of Jesus in Christology* (New York: World, 1969).
11. Ver M. de Jonge, "The Use of the World 'Anointed' in the Time of Jesus", *NovT* 8 (1966): 132-48; E. Rivkin, "Messiah, Jewish", *IDBSup* (1976): 588-91.
12. B. Moore, S*ocial Origins of Dictatorship and Democracy* (ver n. 2).
13. Ver G. Mendenhall, *The Tenth Generation* (Baltimore: Johns Hopkins, 1973); N. Gottwald, *The Tribes of Yahweh*: *A Sociology of the Religion of Liberated Israel*, 1250-1000 B.C. (Maryknoll: Orbis, 1979 Trad. bras., *As tribos de Iahweh: uma sociologia da religião de Israel liberto*, Paulus, S. Paulo, 1986.); M. Chaney, "Ancient Palestinian Peasant Movements and the Formation of Premonarchic Israel", in *Palestine in Transition: The Emergence of Ancient Israel*, ed. D. N. Freedman and D. F. Graf (Sheffield: Almond, 1983), pp. 39-89.
14. P. ex., S. Applebaum, "Judaea as a Roman Province: the Countryside as a Political and Economic Factor," in *Aufstieg und Niedergang der römischen Welt*, 2nd ser., vol. 8, ed. H. Temporini and W. Haase (Berlin: de Gruyter, 1977), pp. 355-96.
15. Para um resumo da vida e das obras de Josefo, ver E. Schürer, *History of the Jewish People*, vol. 2, pp. 43-63, com bibliografia (antiga). Alguns estudos recentes incluem T. Rajak, *Josephus:*

The Historian and His Society (Philadelphia: Fortress, 1984); S.J. D. Cohen, *Josephus in Galilee and Rome: His Vita and Development as a Historian* (Leiden: Brill, 1979), com bibliografia; H. Attridge, *The Interpretation of Biblical History in the Antiquates Judaicae of Flavius Josephus*, HDR 7 (Missoula: Scholars, 1976).

16. Em relação à *Guerra Judaica*, temos o paralelo da *Guerra das Gálias* de Júlio César; em relação às *Antiguidades Judaicas*, temos as *Antiguidades Romanas* de Dionísio de Halicarnasso. Os autores aos quais se acredita haver alusões incluem Sófocles, Heródoto, Tucídides, Demóstenes.

17. Além de Chaney e Gottwald (ver n. 13), ver J. Gager, K*ingdom and Community: The Social World of Early Christianity* (Englewood Cliffs: Prentice-Hall, 1975); H.C. Kee, *Christian Origins in Sociological Perspective: Methods and Resources* (Philadelphia: Westminster, 1980); E. Schüssler--Fiorenza, *In Memory of Her: A Feminist Theological Reconstruction of Christian Origins* (New York: Crossroad, 1983, Trad. bras., *As origens cristãs a partir da mulher*, Paulus, S. Paulo, 1992).

18. G.M. Foster, "What is a Peasant?" in *Peasant Society: A Reader* (Boston: Little, Brown, 1967), p. 12.

19. P. ex., R. Dahrendorf, "Out of Utopia: Toward a Reorientation of Social Analysis", in *American Journal of Sociology* 64 (1958): 115-27, and *Class and Class Conflict in Industrial Society* (Stanford: Stanford University, 1959); A. Gouldner, *The Coming Crisis of Western Sociology* (New York: Basic, 1970); M. Harris, *The Rise of Anthropological Theory: A History of Theories of Culture* (New York: Crowell, 1968), chap. 19.

20. P. ex., G. Theissen, *Sociology of Early Palestinian Christianity* (Philadelphia: Fortress, 1978).

21. Ver *From Max Weber*, ed. H. H. Gerth and C. W. Mills (New York: Oxford, 1958), pp. 245-52; H. C. Kee, *Christian Origins*, 54-56.

22. R. R. Wilson, *Prophecy and Society in Ancient Israel* (Philadelphia: Fortress, 1980), com bibliografia. Trad. bras., *Profecia e sociedade no antigo Israel*, Paulus, S. Paulo, 1993.

23. P. Worsley, *The Trumpet Shall Sound: A Study of Cargo Cults in Melanesia*, 2nd ed. (New York: Schocken, 1968), xii-xiv.

1.
Fundo histórico

Até o clímax dos acontecimentos finais em Jerusalém, Jesus de Nazaré havia circulado principalmente entre os camponeses judeus das aldeias da Galileia. As narrativas dos Evangelhos, que contam a sua atividade, sempre impressionaram, pela sua marcante diferença, aqueles que conhecem a literatura do mundo grego e romano. A vida retratada é bem diferente do mundo urbano e cosmopolita. Como escreve um grande estudioso, "a narrativa apresenta um mundo de duas classes, a dos muito ricos e a dos pobres. Há o homem rico, ou príncipe, com seu administrador, e os camponeses que têm dívidas de cem medidas de óleo ou trigo" (ver Lc 16,1-6).[1] Contraste semelhante encontra-se na parábola do rei e dos dois devedores em Mt 18,23-35. A história do filho pródigo (Lc 15,11-32) "reflete uma economia de pequenos camponeses — alguns servos contratados e um único animal reservado para uma festa especial."[2]

O fato de as narrativas evangélicas sobre as ações e as palavras de Jesus serem tão diferentes da literatura "clássica" da Grécia e de Roma tem claras implicações para nós como leitores, mesmo que só estejamos interessados na Bíblia como literatura, mas especialmente se nossos interesses se estenderem às vidas concretas das pessoas descritas nos Evangelhos. Conforme explica ainda nosso especialista nos clássicos,

> É um princípio da moderna crítica literária considerar o poeta ou autor em relação com a sua audiência. Cristo dirige-se primariamente às multidões, e as suas ilustrações devem ter sido escolhidas tendo em mente as preocupações destas... Se a escala de riqueza e a proporção do cenário da Galileia parece diferente do padrão da riqueza organizada das áreas mais desenvolvidas do mundo helenístico, isso provavelmente reflete tanto a situação real quanto a predisposição do escritor ou locutor.[3]

Todavia estes comentários não valem simplesmente para os Evangelhos, Jesus e a Galileia, mas para a sociedade judaica da Palestina em geral no primeiro século d.C. A Palestina judaica era claramente uma sociedade camponesa. Josefo explica no seu *Contra Apion*:

Não somos um povo marítimo e não gostamos de comércio ou de relações com outros, resultantes do comércio. Nossas cidades estão situadas longe do mar e cultivamos intensivamente a terra fértil que possuímos (1.60).

Josefo simplesmente supõe que aqueles que efetivamente cultivam a "terra fértil" são camponeses judeus, que vivem nas "cidades densamente distribuídas" e "aldeias densamente povoadas" das quais fala em outro lugar (ver *G.J.* 3.43).

Mas uma sociedade camponesa não é simplesmente uma questão de duas classes estáticas, ricos e pobres. Os pobres produzem "excedentes" que são controlados pelos ricos, com a consequência de que se tornam quase inevitáveis os conflitos entre os dois grupos. Os ricos e poderosos tendem a usar e abusar do seu poder de maneira prejudicial e injusta para os camponeses. Os produtores rurais desenvolvem hostilidades e ressentimentos que fazem com que os poderosos temam que os pobres se vinguem. Além do repetido aparecimento dessa situação nas histórias de Josefo (conforme veremos nos capítulos seguintes), as duas classes também são claramente ilustradas nos Evangelhos. Por exemplo, as palavras iniciais de Jesus no "Sermão da Montanha" de Lucas oferecem esperança para os camponeses, mas soam bastante ameaçadoras para os poderosos:

"Bem-aventurados vós, os pobres, porque vosso é o Reino de Deus...
Mas, ai de vós, ricos, porque já tendes a vossa consolação!" (Lc 6, 20.24)

Podemos supor que a parábola de Jesus sobre a vinha (Mc 12, 1-9) apenas exemplifica bem as tensões existentes naquela sociedade, com a sua escalada para confrontos violentos entre os ressentidos arrendatários e o proprietário da vinha. À luz de tal estrutura social e o seu potencial para o conflito, não surpreende que, quando "os sumos sacerdotes e os escribas e os anciãos", confrontados face a face com Jesus no templo por ocasião da Páscoa, estivessem mais que apreensivos no seu tratamento com ele, "porque tinham medo do povo" (Mc 11, 27-33).

De fato, os grupos dominantes judeus tinham boas razões para "ter medo do povo", pois o povo simples não estava dócil e passivamente resignado à situação da sua vida. As pessoas tinham *ideais* sobre como *devia ser* sua vida, e uma *memória* que informava e sustentava esses ideais. Lembravam a época em que seus antepassados eram livres e não estavam sob o controle de senhores domésticos ou estrangeiros. Recordavam-se também de conflitos anteriores, em que seus ancestrais tinham sido subjugados, mas conseguiram com êxito reafirmar a sua liberdade. A Bíblia Hebraica está repleta de tais histórias dos antigos camponeses israelitas e judeus. Ainda que os camponeses judeus não soubessem ler o hebraico (exceto aqueles poucos que se tornaram escribas ou fariseus), evidentemente conheciam as histórias e lembravam sua própria história em forma oral. A diferença entre a Bíblia na sua forma escrita estabelecida e a memória popular do seu conteúdo tem um paralelo na distinção comumente feita pelos antropólogos entre a "grande tradição" e a "pequena tradição".[4] Numa sociedade como a da antiga Palestina judaica, da mesma forma que a do antigo Israel antes dela, havia dois níveis de tradição cultural. No nível oficial, na religião estabelecida e na administração política, um grupo profissional de escribas e sacerdotes sistematizava e codificava reflexivamente as memórias e episódios importantes, bem como leis e documentos oficiais. Mas no nível popular também eram lembradas memórias, lendas e costumes. Além disso, os dois níveis de tradição eram interdependentes. Já há muito tempo se sabe, nos estudos bíblicos, bem como na antropologia, que o fato de a elite dominante patrocinar a literatura e dar forma escrita às memórias de um povo não significa que ela mesma origina todas as tradições culturais. Mais ainda, depois que as tradições receberam forma escrita fixa, mesmo oficial, esta forma não se torna o único meio pelo qual essas tradições particulares serão transmitidas. Por exemplo, certas histórias sobre os ancestrais de um povo podem originar-se entre narradores tribais de histórias, depois receber forma literária épica através de escribas ou sacerdotes estabelecidos, forma que por sua vez pode influenciar a continuação da forma oral da epopeia entre o povo comum. A "grande" e a "pequena" (ou popular) tradição podem desenvolver diferentes ênfases e usos para certos materiais culturais, mas geralmente há uma interação contínua entre elas. De fato, é precisamente porque podemos confiadamente supor esta interação no caso da tradição bíblica judaica que podemos falar de uma memória cultural camponesa como fator presente nas suas ações e interações históricas.

 No campo dos estudos teológicos e bíblicos já é um truísmo que para a fé israelita e judaica a história do povo foi uma grande arena em que ele se encontrou e interagiu com Deus e a vontade de Deus. Por isso, para entender os movimentos e líderes populares entre os camponeses do primeiro século d.C., pode ser especialmente importante esboçar a história da qual emergiu esse povo e que formou a sua memória e moldou os seus ideais. Ao mesmo tempo não devemos esquecer a estrutura social de duas classes que persistiu desde os tempos do Israel bíblico até a Palestina judaica. Pois tal estrutura, quando mais de 90 por cento são camponeses dominados por uma pequena minoria, está sujeita a tensões quase inevitáveis que são um fator maior no seu desenvolvimento histórico.

As origens de Israel
como camponeses livres em aliança com Deus

Quando os relatos bíblicos das origens descrevem líderes como Moisés, Josué e outros libertadores, está claro que Israel se originou como um povo livre e independente, sem uma classe dominante acima de si. O êxodo foi manifestamente a história paradigmática (depois celebrada anualmente na festa da Páscoa) que identificava o seu Deus como aquele "que te fez sair do país do Egito, da casa da servidão" (Ex 20,2). Na sua origem, os israelitas haviam fugido da escravidão a governantes estrangeiros. Com Josué tinham entrado na posse independente da sua terra, ajudados por Deus na derrubada dos reis e cidades (p. ex., Jericó) que então dominavam a terra prometida. De acordo com um dos relatos, Josué havia dito ao povo que, típico para camponeses, causava pavor à sua classe dominante: "Aproximai-vos e ponde o pé sobre o pescoço destes reis... Não temais nem vos acovardeis; sede fortes e corajosos" (Js 10, 24-25).

Os primitivos israelitas, sob a liderança de Javé (e Moisés, Josué, Débora e outros) não só estabeleceram sua independência como um campesinato livre de qualquer classe dominante, mas também formaram uma aliança com Javé e entre si para manter esta liberdade. Considerada como tendo sido feita originalmente por Deus no Sinai, através da mediação de Moisés e renovada em Siquém através da liderança de Josué (e periodicamente depois), a aliança "sinaítica" ou "mosaica" funcionava como uma constituição para o antigo Israel. O próprio Deus era o seu senhor e objeto de lealdade exclusiva: "Não terás outros deuses...". Porque *Deus* era o verdadeiro rei, não podia haver nenhuma instituição humana de realeza, nenhum estado no antigo Israel. O seu senhor dinâmico, transcendente também não estava vinculado a nenhum espaço particular: o Israel tribal não tinha um culto estabelecido num templo. A organização social geral e a coerência políticorreligiosa era dada pela aliança, através da sua renovação periódica e pela cooperação na guerra para manter a independência. Embora ameaçados por conquistas externas e pela desintegração interna, os camponeses livres e independentes de Israel conseguiram manter-se por mais de 200 anos na região montanhosa, onde os carros de guerra dos reis cananeus remanescentes não podiam subjugá-los efetivamente (Jz 5).[5]

Através da memória coletiva do povo, finalmente fixada na forma dos relatos bíblicos, estas circunstâncias dos camponeses (livres de senhores e reis, independentes de dominação estrangeira, vivendo sob o governo de Deus numa ordem social justa e igualitária), tornaram-se um ponto de referência para as gerações subsequentes, um ideal utópico com que comparavam a sujeição posterior a reis e impérios estrangeiros e a julgavam contrária à vontade de Deus. Conforme acreditavam gerações israelitas posteriores, a julgar por aqueles que falaram em seu nome, como os profetas bíblicos, o Deus de Israel permaneceu interessado em conservar seu povo livre de escravidão estrangeira e opressão interna.

Estabelecimento da monarquia em Israel e protesto profético

A idade do ferro (aprox. 1200-1000 a.C.) trouxe uma séria ameaça para a independência de Israel. Com nova tecnologia militar, os guerreiros filisteus podiam operar eficazmente na região montanhosa. No decorrer do século XI estenderam a sua hegemonia desde a planície costeira sobre quase toda a Palestina. Israel resistiu com sucesso, mas só depois que o povo adotou formas políticorreligiosas centralizadas: o líder carismático Davi foi reconhecido como o *messias*, o ungido de Javé. Depois de liderar uma resistência bem-sucedida contra os filisteus, conquistou finalmente toda a Palestina, até as restantes cidades-estados cananeias. Davi estabeleceu um estado monárquico em Israel, uma realeza com as características imperiais das nações que Israel até então tinha considerado a grande ameaça para o seu modo de vida mais igualitário. Agora a monarquia ocupava uma posição de intermediária entre os israelitas e o seu Deus. Agora as tribos de Israel, anteriormente livres, eram governadas a partir da capital Jerusalém, a "cidade de Davi". A legitimação divina da nova ordem monárquica estava agora centrada no templo construído por Salomão, o filho de Davi, em Sião, a montanha sagrada. A monarquia era entendida como divinamente ordenada através de um oráculo profético em que Deus prometera perpetuar a dinastia davídica para sempre (ver 2Sm 7,14). Além disso, a transformação de "Israel" numa grande nação, conforme representada pela monarquia davídica, era vista como a realização de uma antiga promessa aos grandes antepassados das tribos de Israel, Abraão, Isaac e Jacó/Israel.

Mas os camponeses israelitas não se submeteram com facilidade à nova forma monárquica. Houve duas revoltas generalizadas contra o próprio messias Davi[6] e, no fim do governo perdulário de Salomão, dez tribos israelitas rebelaram-se e formaram um reino separado, inicialmente menos absolutista, no Norte, o reino de *Israel*. Mas a dinastia davídica continuou a governar o pequeno reino de Judá por 400 anos.

No reino do norte, os camponeses israelitas, ou pelo menos parte significativa deles, parece nunca se ter resignado à sujeição monárquica. Ali os clássicos profetas oraculares Amós e Oseias não só condenaram os governantes por causa da sua opressão do povo, mas criticaram a própria instituição da realeza (p. ex., Am 5,10-11; Os 8,1.4.8). Assim fazendo, estavam voltando aos ideais do primitivo Israel, usando como critérios os princípios da aliança mosaica original. Ainda que os camponeses do reino de Judá pareçam ter-se ajustado rapidamente à monarquia (ver 1Rs 11 e 21), também lá os profetas oraculares condenaram os soberanos por práticas injustas e tratamento opressivo do povo simples (p. ex., Mq 3,9-12; Is 3,13-15). Também neste caso, está claro que os critérios do julgamento foram os antigos princípios da aliança mosaica, visto que invocaram a sentença divina e a destruição iminente da monarquia por causa da violação da aliança.

O curso efetivo dos acontecimentos confirmou as acusações e sentenças proféticas: o reino setentrional de Israel caiu em poder dos assírios em 722 a.C.; o enfraquecido reino meridional de Judá foi conquistado pelos babilônios em 587 a.C., seu templo foi destruído, a família real e a maior parte da classe superior foram levadas ao exílio na Babilônia. Enquanto isso foi uma tragédia para as classes dominantes, não há razão para acreditar que os camponeses judeus tivessem o mesmo sentimento. Se Jeremias, originário de uma família sacerdotal comum de Anatot, representa o ponto de vista dos camponeses, estes viam o templo, com seu numeroso pessoal e sofisticado aparato cerimonial, com suspeita. Podem ter visto a destruição de Jerusalém e do templo como um merecido castigo da classe dominante pelos seus abusos e pela sua exploração. O próprio Jeremias pronunciou uma sentença contra o templo e a classe dominante por ignorar a aliança mosaica (ver Jr 7 e 26). O fato de que as profecias de Jeremias e os oráculos de outros profetas foram lembrados e colecionados, e posteriormente aceitos na Escritura canônica, validou a tradição popular do protesto profético.

A Judeia sob o império persa: o estabelecimento da aristocracia sacerdotal à frente da comunidade do templo

Pouco depois da perda da independência de Judá e da deportação da classe dominante para Babilônia, os babilônios foram conquistados pelos persas, sob Ciro, em 539 a.C. Depois, sob o comando de Dario I, a

Pérsia estabeleceu sobre o Oriente Médio um controle que duraria por quase 200 anos. Os persas revogaram a política babilônica de deportações em grande escala das elites nativas e imposição de uma religião oficial do Estado. Permitiram aos exilados voltar aos seus países de origem e continuar seus costumes locais e sua religião. Para os judeus isso possibilitou a reconstrução dos muros de Jerusalém e do templo. Mas esses projetos de obras significavam trabalho intensificado para os camponeses, bem como o restabelecimento da antiga estrutura social hierárquica, com Jerusalém novamente como o centro administrativo, social e religioso. No tempo de Neemias (aprox. 445 a.C.) haviam se desenvolvido agudas divisões socioeconômicas em que os mais abastados se aproveitavam dos judeus mais pobres (ver Ne 5,1-5). Neemias implantou uma reforma em benefício dos camponeses, mas esse alívio foi só temporário.

Politicamente, os judeus viviam sob um governador oficialmente nomeado, de início um herdeiro da dinastia davídica. Mas, pelo menos desde a época de Neemias, o governador era simplesmente um judeu não davídico ou outro funcionário imperial. As esperanças messiânicas de restauração do reino davídico passaram para o segundo plano. Entretanto, com autorização imperial direta, o escriba real Esdras reorganizou a comunidade judaica em torno da lei que ele tinha trazido da Babilônia (provavelmente uma versão antiga do que agora conhecemos como Torá ou Pentateuco). Esta continha material da tradição popular que havia sido oficialmente sancionado pelo governo "teocrático" da aristocracia sacerdotal e era em seu favor.

Por causa da extinção da liderança davídica, bem como pelo fato de que agora a autoridade religiosa e civil estava centralizada no templo, os sumos sacerdotes tornaram-se os administradores do governo e o próprio sumo sacerdócio emergiu como a cabeça da sociedade judaica. Juntamente com esta transformação, o poder político e econômico passou mais firmemente para as mãos das principais famílias sacerdotais. Efetivamente, a custódia do tesouro no templo, que servia como banco de depósitos e centro do culto, deu à classe sacerdotal superior uma sólida base financeira para aumentar o seu poder e influência, tanto interna quanto externamente. No fim do império persa, o sumo sacerdote era reconhecido como o representante político e econômico, bem como o chefe étnico e religioso dos judeus. Na verdade o que começou sob os persas continuou durante os impérios helenísticos e até no império romano, isto é, a Judeia funcionava como uma comunidade do templo, sob o controle político externo de um governo imperial. Para os camponeses, essa situação significava impostos religiosamente sancionados para sustentar o templo e seu complexo aparato cúltico regular e de ocasiões especiais, todos obrigatórios (ver Eclo 7,31). Encontravam-se sujeitos a uma autoridade cada vez mais distante das suas preocupações cotidianas. Mas, até o fim do império persa, houve pouca pressão cultural, menos ainda coerção política, e os judeus podiam viver segundo as tradições mosaicas.

Domínio helenístico: sujeição política, imperialismo cultural e rebelião popular

A dominação dos babilônios e dos persas empalidece em comparação com a opressão que veio em consequência da conquista de Alexandre Magno e seus sucessores macedônios (a "quarta besta", Dn 7,19), pelo menos para os camponeses judeus. Os impérios helenísticos dos sucessores de Alexandre trouxeram um programa sistemático de maior exploração econômica e de uma política geral de imperialismo cultural que ameaçou o modo de vida tradicional dos judeus. A elite sacerdotal dominante, que manteve sua posição social privilegiada, atraída pelas glórias da civilização helenística, começou a comprometer-se cultural, religiosa e politicamente. O resultado na sociedade judaica foi um distanciamento cada vez maior entre a elite sacerdotal e os camponeses, que acabou provocando um revolta popular e deu o tom para os seguintes 300 anos da história social e religiosa judaica.

No século III a.C. a Judeia era controlada pelos Ptolomeus, que dominavam o Egito e a Síria meridional. Depois caiu sob o controle dos Selêucidas, que dominavam desde a Síria até a Pérsia no início do século II a.C. Politicamente, os imperadores helenísticos mantiveram para a Judeia as disposições estabelecidas pelos persas, permitindo basicamente que os judeus vivessem de acordo com suas leis avitas e confirmando o governo aristocrático sacerdotal. Mas economicamente a Judeia não tardou a sentir os efeitos adversos da dominação ptolemaica, que incluía um aumento do encargo tributário, um peso suportado principalmente pelos camponeses. Entretanto as intrusões desagregantes da civilização helenística, juntando-se com as pressões econômicas, acabaram criando tensões intoleráveis na sociedade judaica. Assim, por exemplo, Alexandre e seus sucessores fundaram numerosas cidades helenísticas na Palestina, com seus cidadãos de língua grega e sua elite local, que controlava a população nativa, que não tinha direitos próprios de cidadania nas cidades. Ainda que Jerusalém inicialmente não tivesse sido transformada numa cidade helenística, os imperadores helenísticos governavam através de alianças com a classe dominante, a aristocracia sacerdotal. Por exemplo, o sumo sacerdote era responsável pela cobrança dos impostos. Assim o povo judeu via seu próprio representante, seu mediador com seu verdadeiro rei divino (Deus), colaborando estreitamente com um império pagão estrangeiro. Além disso, atividades de empreendimentos aumentaram a atratividade das formas culturais helenísticas. A ascensão da família dos Tobíadas (ver Josefo, *Ant*. 12. 154-236) ilustra eloquentemente como, lado a lado com a tradicional autoridade teocrática, um novo tipo de poder, baseado na influência, financeira podia obter sucesso e ter acesso aos círculos dominantes de Jerusalém. Os padrões helenísticos gerais de vencer no mundo foram progressivamente incorporados por judeus eminentes e, correspondentemente, os costumes dos antepassados, os ensinamentos éticos da Torá passavam a ser esquecidos. Os comprometimentos das influências culturais que acompanhavam tal colaboração político-econômica só podem ter exacerbado a alienação entre os camponeses judeus e a aristocracia sacerdotal.

"Reforma" helenística pela aristocracia judaica

Os acontecimentos que prepararam e culminaram na revolta macabaica foram muitas vezes interpretados simplesmente como uma questão de perseguição religiosa por um império pagão hostil e uma subsequente rebelião dos judeus para recuperar a sua liberdade religiosa. Mas a situação foi muito mais complexa. E, como a reforma helenística, a resistência popular, o decreto imperial e a guerra de libertação, constituiu uma virada crucial para a história judaica posterior; temos de dedicar uma atenção mais que superficial à complexidade das forças e à significação dos fatos.

Pouco mais de duas décadas depois que tinham assumido o controle da Palestina, os selêucidas estavam em desesperada necessidade de fundos e também precisavam consolidar o seu poder em face aos povos orientais cada vez mais inquietos. Naturalmente, voltaram-se para as "cidades" helenizadas, governadas pelas aristocracias abastadas, em busca de apoio, e assim estavam dispostos a perseguir uma política de helenização mais ativa. Em 175 a.C. a nobreza judaica sacerdotal e leiga, desejosa de gozar os benefícios da civilização helenística, aproveitou a ascensão ao poder de Antíoco IV Epífanes (Deus manifesto) como a ocasião propícia para realizar uma "reforma". Primeiro conseguiram que Josué, o irmão do sumo sacerdote Onias III, que tomou o nome grego de Jasão, depusesse Onias mediante a compra do sumo sacerdócio para si, oferecendo a Antíoco consideravelmente mais que o tributo usual de 300 talentos. Depois Jasão ofereceu a Antíoco mais 150 talentos "se lhe fosse dada a permissão, pela autoridade real, de construir um *gymnasion* e um *ephebion*, bem como de fazer o levantamento dos antioquenos de Jerusalém... Tão logo assumiu o poder, começou a fazer passar os seus irmãos de raça para o estilo de vida dos gregos" (2Mc 4, 9-10; ver também 1Mc 1,13).

Assim Jasão e o partido da reforma transformou Jerusalém numa cidade helenística chamada Antioquia (em honra do pretenso fundador Antíoco IV). Organizaram a corporação dos cidadãos, provavelmente recrutados entre as famílias sacerdotais superiores e a elite interessada em "modernizar" a sociedade. A fundação de um *gymnasion* e a instituição de um *ephebion* era essencial para a constituição da cidade helenística. Neles se oferecia educação apropriada para o treinamento de jovens, visando a sua participação na corporação dos cidadãos, de acordo com o padrão grego habitual. O *gymnasion* foi construído diretamente abaixo da cidadela na própria colina do templo. "Os mais nobres entre os jovens" foram induzidos "a usar o chapéu grego" (o chapéu de sol simbólico de Hermes), e "os sacerdotes já não se mostravam interessados nas liturgias do altar! Antes, desprezando o santuário e descuidando-se dos sacrifícios, corriam a tomar parte na iníqua distribuição de óleo no estádio, após o sinal do disco. Assim, não davam mais valor algum às honras pátrias, enquanto consideravam sumas as glórias helênicas" (2Mc 4,12. 14-15). Os judeus helenizantes, envergonhados do símbolo de sua tradicional aliança com Deus, agora constrangedoramente evidente, quando participavam nus dos jogos, procuravam "remover as marcas da circuncisão e abandonaram a sagrada aliança" (1Mc 1,15).

A Judeia não era mais um *ethnos*, um povo que se distinguia dos outros, vivendo de acordo com suas leis avitas, não participando nem cultural nem economicamente da civilização dominante. Jerusalém (juntamente com a Judeia) era agora uma *polis*, cuja corporação de cidadãos gozava de governo autônomo e participava do comércio entre cidades e compartilhava as instituições e celebrações culturais com outras cidades do império.

Resistência popular e o programa de supressão da lei judaica

Para a maior parte da população judaica, a reforma helenística não envolvia apenas atividades culturais superficiais, que atingiam principalmente a classe ociosa. A reforma era uma ameaça à sua própria existência e identidade. Quando os Selêucidas assumiram o controle da Palestina, Antíoco III havia concedido aos judeus permissão de viver "de acordo com suas leis avitas". Mas agora, pelo menos para os que eram contrários à reforma, Jasão e a aristocracia helenizante "suprimiu os privilégios reais concedidos aos judeus... e, abolindo as instituições legítimas, introduziu costumes contrários à Lei" (2Mc 4,11). Como habitantes da nova *polis* de Antioquia, os judeus não cidadãos tinham certos direitos econômicos, mas não tinham mais direitos políticos. Ainda que a Lei de Moisés não fosse abolida, foi, contudo, completamente relativizada, pois a nova *polis*, com suas tradições gregas, havia substituído a Torá como constituição operacional do Estado. Também o templo agora formava parte da nova *polis* e, ainda que possa não ter havido nenhuma reforma cúltica (em sentido mais estrito), sob a nova constituição, as decisões sobre assuntos religiosos (como sobre qualquer outra matéria) competiam à corporação aristocrática dos cidadãos e seu conselho de governo.

Essa evolução dos acontecimentos, que deixou a imensa maioria do povo judeu sem quaisquer direitos civis, dificilmente poderia ser uma questão indiferente. Além disso, essa reforma radical foi feita pelo sumo sacerdote, o mediador sagrado da relação especial entre Deus e o povo judeu, e uma instituição legitimada pelas "leis avitas" agora relativizadas. Os defensores tradicionais da lei tinham-na abandonado em troca de formas políticas e culturais estrangeiras.

Pressões de resistência começaram a surgir um pouco mais tarde, quando Menelau, líder de uma facção helenizante radical, conspirou para comprar o sumo sacerdócio para si, oferecendo 300 talentos mais que Jasão e mandando este para o exílio na Transjordânia. Levantar esse tributo significava que o povo era taxado a uma percentagem que subira para mais do dobro em quatro anos — tudo para pagar uma reforma que havia deteriorado gravemente seu modo de vida tradicional. Como ainda havia dificuldades para arrecadar o tributo prometido, Menelau conspirou com o seu irmão Lisímaco para apoderar-se dos tesouros e vasos do templo, que tinham sido acumulados durante gerações e não eram propriedade dos homens poderosos e governantes de Jerusalém, mas do povo como um todo e em última instância de Deus. Quando se espalharam informações sobre esses atos sacrílegos, finalmente irrompeu a resistência popular concentrada contra Lisímaco. "Como as turbas se sublevassem, repletas de ira, Lisímaco armou cerca de três mil homens ("cidadãos") e tomou a iniciativa dos atos de violência...Tomando consciência, porém, do ataque de Lisímaco, começaram alguns do povo a pegar em pedras, outros em bastões, e outros ainda lançavam mão da cinza que estava ao seu alcance, atirando-os confusamente contra os homens de Lisímaco" (2Mc 4,39-41). Assim o povo matou o "assaltante do templo" com vários outros e dispersou o restante dos "cidadãos".

A situação agravou-se quando o imperador Antíoco Epífanes, calorosamente aclamado pelos helenistas ao retornar de sua primeira campanha no Egito em 169 e, desesperado em busca de recursos, pilhou o templo. A resistência intensificou-se e, no ano seguinte, o povo conseguiu forçar Menelau e sua facção a refugiar--se na cidadela e fazer recuar Jasão e sua tropa de cerca de mil homens para além do Jordão, quando tentou retomar Jerusalém. Assim Antíoco não estava enganado quando deduziu que as notícias desses eventos significavam que a "Judeia estava em revolta" (2Mc 5,11). Quando voltou de sua segunda campanha no Egito, na qual foi humilhantemente repelido pelos romanos, atacou punitivamente Jerusalém, matando milhares em combates corpo a corpo, vendendo muitos judeus como escravos e deixando mercenários frígios no controle da cidade. Entretanto, a resistência continuou com êxito e foi necessário que mercenários mísios, sob o comando do general selêucida Apolônio, retomassem a cidade — fraudulentamente no sábado, quando os judeus, por observância religiosa, haviam deposto suas armas. Apolônio fortificou pesadamente a cidade e, tanto para punir os judeus como para proteger a cidade contra novas rebeliões, estabeleceu uma colônia militar como parte da *polis* de Antioquia em Jerusalém.

Mas o estabelecimento de uma colônia militar significava que os recintos sagrados do templo e outras áreas da cidade foram profanados pelas práticas religiosas das tropas sírias. Também significava que havia novos impostos e abusos de várias espécies, tais como o confisco de terras e casas dos judeus para dar lugar às forças de ocupação dos soldados--cidadãos sírios. Em vez de proteger a cidade, esta dessacralização de Jerusalém e mais a opressão do povo judeu comum só aprofundou a resistência e talvez a levou a uma organização mais sistemática. Nossas fontes falam de fuga em massa da cidade.

> Por sua causa fugiram os habitantes de Jerusalém e ela transformou-se em habitação de estrangeiros... e seus próprios filhos a abandonaram... (1Mc 1,38).

Tornou-se cada vez mais evidente que a crescente resistência estava enraizada na determinação do povo de manter seus costumes tradicionais e sua lealdade à Lei. Para atingir a raiz da resistência, Antíoco finalmente fez algo que não era característico dos soberanos helenísticos. Decretou o abandono compulsório dos costumes judaicos tradicionais e da observância da Lei. Isso envolveu a cessação do culto do templo, a dessacralização de coisas sagradas para os judeus, a queima de rolos da Torá e a propagação do paganismo pela força.

Ele enviou ordens para que todos adotassem os costumes estranhos a seu país... de tal modo que se olvidassem assim da Lei e subvertessem todas as tradições. Quanto a quem não agisse conforme a ordem do rei, esse incorreria em pena de morte (1Mc 1, 44. 49-50; ver também 2Mc 6,1-2).

O ressurgimento do apocalipticismo

A violenta repressão da resistência popular à reforma helenizante ordenada por Antíoco Epífanes causou uma intensa crise de fé para os judeus. Aceitar a reforma significaria abandonar a sua fé em Deus e sua obediência à Torá. Mas a resistência à reforma significava enfrentar a morte do martírio. Qualquer das duas alternativas parecia levar ao fim inevitável da fé judaica. Uma resposta a essa crise foi um ressurgimento do *apocalipticismo*. Desesperados para entender sua situação aparentemente impossível, alguns judeus fiéis buscaram uma *revelação* divina (grego: *apokalypsis*, donde o nosso termo "apocalíptico") para explicar por que as circunstâncias de sua vida se tinham tornado tão insuportáveis e que plano Deus tinha para libertá-los. A começar dessa época de crise para os judeus, houve um surto de literatura revelatória (apocalíptica). Análises recentes de especialistas estabeleceram com considerável precisão que a literatura apocalíptica, como a Assunção de Moisés, 1Enoc 85-90 (Apocalipse Animal), e possivelmente 1Enoc 92-105 (Epístola de Enoc) bem como o livro de Daniel foram escritos em conexão com a crise da reforma e da resistência à perseguição helenística. Esta literatura fornece pelo menos um sentido geral da interpretação de alguns judeus sobre a situação e sua motivação para resistir à perseguição. É de importância crucial apreciar o caráter distintivo da expectativa escatológica (isto é, referente às "últimas coisas") envolvida no apocalipticismo. Não era simplesmente só a busca urgente de uma revelação, mas também uma convicção consoladora e muitas vezes fortalecedora de que a libertação divina, até mesmo a realização da história, estava prestes a acontecer.

Um elemento importante na motivação dos judeus que persistiam na sua devoção à Lei foi provavelmente os seu ardente desejo do cumprimento das antigas promessas de Deus a Israel: que poderiam viver sem ser molestados na terra prometida, que seriam um grande povo e até que através deles outros povos receberiam as bênçãos divinas (Is 42,1-7; 49,1-6). Continuaram na ideia tradicional de que o cumprimento das promessas de Deus estava condicionado ao cumprimento das disposições da aliança mosaica da parte deles. Mas também sabiam que sua falha em guardar a aliança não podia ser a *única* causa do seu sofrimento e perseguição. No decorrer de toda a crise eles tinham permanecido fiéis. Contudo, estavam sendo perseguidos e martirizados precisamente porque aderiam à Lei, mesmo quando a sua própria alta aristocracia sacerdotal, em aliança com as autoridades imperiais, a tinham abandonado. Portanto, era necessário encontrar uma interpretação mais transcendente para a sua perseguição. Estavam numa crucial necessidade de uma *revelação* da sua história, que estava se tornando tão desastrosa.

Ainda que as pessoas instruídas e letradas não tivessem o monopólio da revelação, as únicas fontes de que dispomos eram os produtos literários de mestres e escribas. Além disso, naturalmente, o próprio fato de que as esperanças de libertação e o recebimento da revelação tenha assumido forma literária indica que pessoas que eram versadas nas tradições dos antepassados e sabiam escrever, isto é, sábios, mestres, escribas estavam envolvidos na resistência. É provável que à medida que aumentava o distanciamento entre a aristocracia sacerdotal assimilacionista e os camponeses sob os impérios helenísticos, se tornou cada vez mais importante o papel dos escribas e sábios não ligados ao sistema do templo na interpretação da lei para a vida da comunidade. Por isso não será surpresa que, quando chegou a crise, havia grupos de "homens sábios" (*maskilim*), como os que aparentemente produziram o livro de Daniel (ver Dn 11,33), dispostos a "dar a compreensão a muitos". Em continuação com os profetas clássicos e pós-exílicos, o meio dessa revelação frequentemente consistia em sonhos e visões. Os visionários apocalípticos são apresentados como tendo tido sonhos ou experiências extáticas incomuns, em que receberam revelações de algum dos sábios prototípicos de eras passadas, como Enoc ou Daniel. Os conteúdos dos sonhos ou visões eram dramas fantásticos representados num cenário cósmico. Mas, da mesma forma como a moderna interpretação clínica relaciona os sonhos de um indivíduo com a vida deste indivíduo, eles acreditavam que suas visões se referiam às suas próprias experiências históricas funestas atuais. Alguns visionários declararam explicitamente que suas visões revelavam o plano misterioso (hebraico: *raz*; grego: *mysterion*) que Deus tinha para o cumprimento da história ("o que acontecerá no fim dos dias", ver Dn 2, 18-19. 28-29) e assim "explicavam" suas experiências presentes em termos de como elas se enquadravam no esquema divino geral.

Com suas experiências assim colocadas em perspectiva escatológica através de visões apocalípticas, os judeus podiam ver algum objetivo e sentido no seu sofrimento e morte, seja no martírio pela fé (como no caso dos *maskilim*), seja na resistência armada ao decreto imperial opressivo (como no caso dos *hasidim* e dos macabeus). Os que morressem martirizados não deixariam de ver a gloriosa realização do plano de Deus para o reino final de Deus, pois seriam ressuscitados para a vida eterna (ver Dn 12,1-3; refletido também no texto não apocalíptico de 2Mc 7). A crença judaica de que se poderia entrar no reino de Deus pela ressurreição dos mortos foi uma resposta apocalíptica criativa à situação existente imediatamente antes da perseguição de Antíoco ou durante ela.

Assim também, inspirados por tais visões apocalípticas, os visionários judeus e associados podiam oferecer feroz resistência a insuperáveis desigualdades, porque estavam convencidos de que eram instrumentos da batalha do próprio Deus contra o intolerável ataque pagão ao instrumento escolhido da salvação (2Mc 2,21; 1Mc 2,50; 3,16-22.54-67.60).[7] Parece que também havia uma revelação contínua sobre qual era a vontade divina na revolta judaica. No início da rebelião ativa alguns judeus ainda mantinham a observância do sábado no meio da luta, não oferecendo nenhuma resistência nesse dia às tropas Selêucidas, que não tardaram a descobrir quando atacar com mais sucesso (1Mc 2,29-38; 2Mc 6,11). Mas, na luta pela preservação do povo da fé e possivelmente sob a influência do forte impulso para a desejada realização escatológica, foi decidido autorizar o combate no sábado, independentemente da interpretação tradicional das leis sobre o sábado (1Mc 2,39-42).

Não temos meios para saber ao certo até que ponto as pessoas em geral estavam dominadas pela ardente expectativa da iminente intervenção divina para libertar um povo desesperado. Todavia, é difícil imaginar como os camponeses judeus poderiam ter suportado uma luta tão prolongada contra a imensa superioridade da potência militar selêucida, sem supor que pelo menos segmentos significativos do povo eram movidos por uma inspiração apocalíptica. Lutavam para restaurar o domínio de Deus que, devem ter acreditado, era iminente.

A revolta popular e a ascensão da dinastia asmoneia

A resistência, que já começara até antes do decreto oficial da helenização forçada, transformou-se rapidamente numa ampla revolta camponesa quando foi iniciada a perseguição. Embora a rebelião seja conhecida como a revolta macabaica pelo nome do seu líder, Judas, "o martelo" (macabeu), os macabeus, ou família asmoneia, não foram os seus instigadores ou os seus únicos líderes. Há alguma incerteza sobre se o termo *hasidim / assideus* (piedosos ou devotos), usado em algumas das nossas fontes, se refere de forma geral àqueles que permaneceram ativamente dedicados à Lei, ou mais precisamente a um grupo ou partido primariamente escribal ou sacerdotal, que exerceu liderança na rebelião e produziu literatura apocalíptica.⁸ Segundo 2Mc 14,6, eles, como os judeus em geral, incitavam à sedição e à guerra. Não parece que haja fundamento para ligar ou confinar os *hasidim* a um grupo de pacifistas sabáticos e/ou a um suposto grupo escribal ou sacerdotal que estaria disposto a negociar a paz, desde que pudessem ser obtidos os seus limitados objetivos cúlticos ou religiosos. Sua reputação de "valorosos homens de Israel" (1Mc 2,42) dificilmente teria sido conquistada de um dia para outro. Mesmo que se deva entender o termo *hasidim* como referente aos rebeldes fiéis em geral, pelo menos está claro que os *hasidim* envolvidos na rebelião ativa incluíam um número considerável de escribas (1Mc 7,12-13). Também está claro que, independentemente da liderança exercida por esses escribas, a imensa maioria dos combatentes da longa guerra de resistência deve ter sido constituída de pessoas comuns, isto é, camponeses.

Judas, "o martelo", o terceiro de cinco filhos de uma família sacerdotal, os asmoneus, logo se destacou como o líder carismático das forças rebeldes. Ele e outros fugitivos viveram por algum tempo no deserto. A partir desta base, desenvolvendo clandestinamente meios de recrutar homens das aldeias, ele e seus adeptos finalmente organizaram milhares de resistentes numa força de combate. Utilizando magistralmente a estratégia de guerrilha, Judas e seus bandos de soldados camponeses derrotaram até exércitos maiores enviados pelos selêucidas para esmagar a rebelião. Em batalhas decisivas por duas vezes derrotaram grandes expedições organizadas por Lísias, o vice-rei de Antíoco Epífanes, para a parte ocidental do império, e comandadas pelos seus melhores generais (1Mc 3,27-4,35). A resistência dos camponeses judeus só se expandiu e intensificou quando se tornou evidente que o plano selêucida era confiscar as terras daqueles que persistiam em viver de acordo com a sua lei mosaica tradicional, vendê-los como escravos a fim de levantar dinheiro para o tributo devido a Roma, e assentar estrangeiros no território confiscado (1Mc 3,35-36.41). Este plano selêucida mostra que o que estava em jogo não eram simplesmente as liberdades religiosas dos judeus, mas a própria existência da sociedade judaica tradicional. A revolta macabaica foi uma luta dos camponeses judeus pela sua própria sobrevivência socioeconômica.

Da sua parte, os bandos de guerrilha camponesa saqueavam as propriedades e expropriavam os bens da aristocracia helenizante (muitos deles tinham-se refugiado junto aos pagãos) e distribuíam os despojos "àqueles que haviam sido torturados, aos órfãos, às viúvas e também aos idosos, em partes iguais às suas próprias" (2Mc 8,30). Finalmente, liderados por Judas, recapturaram a própria Jerusalém. Imediatamente se puseram a purificar o templo, "escolheram sacerdotes sem mácula, observantes da Lei" e realizaram uma alegre festa para rededicar o santuário, a qual se tornou a base da festa anual do *hanukkah* (1Mc 4, 36-59).

Como celebração de vitória, a festa pode ter sido um tanto prematura. Quando alguns *hasidim* dentre os escribas tentaram uma aproximação com Alcimo, um aarônida legítimo designado sumo sacerdote em 162 a.C., este prendeu e matou sessenta deles (1Mc 7,12-18). Depois, em 160 a.C., um exército selêucida relativamente grande derrotou o exército camponês, matou Judas e perseguiu os seus seguidores (1Mc 9, 23-27). Formalmente, os Selêucidas e os helenizantes continuaram a governar. Mas a única maneira de a aristocracia judaica helenizante exercer um controle efetivo, mesmo módico, foi os Selêucidas manterem um grande exército de ocupação para defender os enclaves de helenizantes, pois os camponeses judeus continuaram sua prolongada guerrilha sob a liderança de Jônatas, irmão de Judas. Finalmente os Selêucidas concordaram em reconhecer a Judeia como um estado-templo semi-independente. Primeiro Jônatas, em 152 a.C., depois Simão, outro irmão de Judas Macabeu, conseguiu ser reconhecido como sumo sacerdote e como governador e comandante da Judeia, o que acabou transformando o líder rebelde num alto oficial imperial. Sob Simão foi finalmente tomada a guarnição militar selêucida na fortaleza de Jerusalém e assim estabelecida mais firmemente a independência política da Judeia.

Os camponeses judeus tinham suportado com êxito uma guerra de libertação nacional, provavelmente com uma significativa inspiração apocalíptica. Entretanto, o resultado não deve ter sido exatamente o que muitos erperavam. Explorando a continuação da popularidade da liderança vitoriosa dos macabeus, Simão fez com que uma assembleia nacional o proclamasse sumo sacerdote, comandante militar e líder perpétuo da nação, e conseguiu passar o governo ao seu filho João Hircano. Com isso estabeleceu a dinastia asmoneia, que durou quase um século. O que tinha começado como uma revolta de camponeses judeus, uma guerra de guerrilha contra os exércitos Selêucidas, terminou não na implantação do Reino de Deus, mas simplesmente no estabelecimento de uma nova dinastia de sumos sacerdotes.

Os asmoneus João Hircano (135-104 a.C.) e seu sucessor Alexandre Janeu (104-76 a.C.) seguiram uma política sistemática de expansão territorial. Transformaram os bandos de milícias camponesas de Judas Macabeu e seus irmãos, que haviam combatido pela autopreservação, num exército nacional para a conquista de territórios pagãos. Começando pelas cidades helenísticas da costa mediterrânea, gradativamente conquistaram a Samaria, a Galileia e muitas cidades a leste do rio Jordão, e assim finalmente estenderam o reino asmoneu até as antigas fronteiras do reino davídico. Além disso, os asmoneus não tiveram nenhuma compaixão desses territórios e suas populações, destruindo as cidades e forçando os seus habitantes a tornar-se judeus ou aniquilando-os.

É irônico que os primeiros asmoneus, que lutavam pela simples sobrevivência judaica contra uma helenização forçada, fossem agora seguidos por outros que podiam forçar os povos conquistados a se tornar judeus e paulatinamente adotaram formas helenísticas no seu regime, até acrescentando o título de rei ao de sumo sacerdote, no tempo de Alexandre Janeu. Também contrataram tropas mercenárias, vinculando, assim, o exército diretamente ao próprio rei-sumo sacerdote e destituindo a milícia dos camponeses. De fato, o regime asmoneu tornou-se semelhante a qualquer outro pequeno estado oriental semi-helenizado.

As origens da comunidade de Qumrã (essênios) e dos fariseus

Esse resultado mundano da sua luta de vida ou morte deve ter sido extremamente frustrante para aqueles que, no seu sofrimento sob a perseguição selêucida, tinham sido conduzidos pela esperança apocalíptica de libertação divina. Efetivamente, muitos dos combatentes rebeldes devem ter entrado na luta com a convicção de que combatiam de acordo com o *plana* divino, sob a bandeira da "ajuda de Deus" (2Mc 8,23). Mas o resultado, com o estabelecimento do regime asmoneu, dificilmente poderia qualificar-se como manifestação dos "santos do santíssimo", isto é, o reino de Deus.

Ainda que disponhamos de poucas ou de nenhuma fonte para avaliar a reação do grosso dos camponeses a esse resultado mundano, não é impossível que tanto os essênios quanto os fariseus tenham emergido daquele segmento da sociedade judaica a que pertenciam os *hasidim*, quando os asmoneus estabeleceram seu sumo sacerdócio e sua realeza. Formou-se ainda um terceiro grupo, isto é, o grupo aristocrático sacerdotal dos saduceus, possivelmente em reação aos fariseus.

Está cada vez mais claro que o grupo conhecido em fontes antigas como essênios era o mesmo da comunidade utópica que viveu no deserto de Qumrã, onde foram recentemente encontrados os seus escritos, os manuscritos do mar Morto. Talvez a explicação mais satisfatória para a origem da comunidade de Qumrã seja a de que, em reação direta à assunção ilegítima do sumo sacerdócio pelos asmoneus, numerosos *hasidim* se retiraram para o deserto junto ao mar Morto, a fim de continuar sua disciplinada preparação para o advento do reino de Deus.[9]

Os *hasidim* haviam lutado ombro a ombro com os asmoneus (contra os exércitos Selêucidas) para recuperar a liberdade dos judeus da opressão selêucida, certamente na convicção de que a teocracia e suas instituições sagradas estavam prestes a ser restauradas. O sumo sacerdócio sempre tinha sido ocupado por um sadoquita. A sucessão legítima só fora rompida pela reforma helenística. Os asmoneus eram uma família sacerdotal, mas não sadoquitas. Por isso, quando Jônatas aceitou a nomeação para o sumo sacerdócio e, depois, quando Simão se fez proclamar sumo sacerdote por uma assembleia nacional (advertindo contra qualquer oposição e proibindo assembleia pública na sua ausência), muitos *hasidim* devem ter ficado decepcionados. Agravado pela assunção ilegítima do sumo sacerdócio, o governo despótico dos asmoneus deve ter parecido um mero retorno ao problemático passado, em vez do advento do verdadeiro reino de Deus, que muitos esperavam com base nas visões apocalípticas. É provável que as invectivas contra o "Sacerdote Iníquo" na literatura de Qumrã sejam dirigidas ao asmoneu Jônatas ou a Simão.

Assim, os sacerdotes de orientação sadoquita e outros *hasidim*, cujas convicções enraizadas na tradição tinham sido insultadas e cujas esperanças de estabelecimento de uma teocracia fiel e legítima (reino de Deus), centrada no templo de Jerusalém, tinham sido frustradas, separaram-se do resto da sociedade judaica. Organizaram uma teocracia sacerdotal ideal no exílio, um "Israel verdadeiro" dirigido pelo único sacerdócio "legítimo". Conduzidos pelo seu "Mestre da Justiça", abandonaram Jerusalém e estabeleceram uma comunidade ascética utópica junto ao mar Morto. Com suas convicções apocalípticas intensificadas por novas revelações ao Mestre da Justiça, julgavam-se chamados por Deus segundo as palavras da antiga profecia do Segundo Isaías: "No *deserto* preparai o caminho do Senhor".

A descoberta dos manuscritos do mar Morto mudou consideravelmente nossa visão da sociedade judaica palestinense do final do período do segundo templo. Agora sabemos, por exemplo, que João Batista, Jesus e a primeira comunidade cristã não foram os únicos na sua intensa orientação escatológica, no sentido de que o cumprimento das promessas e das profecias era iminente. Aqui em Qumrã havia uma comunidade escatológica concreta. Esta acreditava que, através das novas revelações comunicadas ao Mestre, a significação das profecias escriturísticas havia se tornado clara. Efetivamente o que fora profetizado por Isaías, Habacuc ou Moisés aplicava-se ao seu tempo e estava se cumprindo na experiência da sua própria comunidade e em acontecimentos relacionados com ela. Como o resto de Israel tinha caído irremediavelmente sob o domínio do Príncipe das Trevas, somente eles permaneceram como o remanescente justo, o verdadeiro Israel. Julgavam que a realização final estava virtualmente próxima e eles tinham de estar em constante prontidão para a batalha final, em que Deus derrotaria as forças demoníacas, que então dominavam a história, e que todas as glórias de uma criação nova perfeita ("todas as glórias de Adão") seriam concedidas a eles.

Para cumprir seu papel de "preparar o caminho do Senhor" (Is 40), mantinham-se em constante estado de prontidão como a comunidade da *nova* aliança (cuidadosamente modelada de acordo com a aliança mosaica original). A vida da comunidade era conduzida com o máximo rigor, de acordo com uma interpretação extremamente estrita dessa nova aliança. Por esta razão os membros da comunidade dedicavam-se a um estudo intensivo da Torá e de outras escrituras. Fontes cristãs e reconstruções (polêmicas) frequentemente apresentaram os fariseus como intérpretes legais estritos. Mas, pelos manuscritos do mar Morto, sabemos agora que os essênios de Qumrã eram intérpretes ainda mais estritos e rigorosos da lei da aliança. A comunidade de Qumrã também observava rigorosamente certos rituais-chave na sua ansiosa esperança da realização escatológica. Tomavam banhos rituais regulares, aparentemente como forma de conservar sua pureza, na condição de comunidade que preparada o caminho do Senhor. Também cumpriam regularmente o ritual escatológico de um banquete messiânico, na esperança de que os Ungidos de Israel logo estariam presentes para dirigir a celebração da libertação final. O grupo era tão rigoroso e estável que se renovou através de várias gerações, por mais de 200 anos, uma longevidade incomum para comunidades utópicas. De fato a vida da comunidade essênia só chegou ao fim porque foi destruída pelas legiões romanas no fim da revolta judaica em 70 d.C.

Muitos *hasidim* ou judeus de ideias semelhantes que não se tornaram essênios podem bem ter emergido como fariseus, numa reação um pouco diferente à consolidação do poder político e religioso dos asmoneus.[10] Em vez de se retirarem para o deserto, esses judeus formaram um tipo de associação políticorreligiosa com a finalidade de fazer com que a lei mosaica fosse mais efetivamente aplicada na sociedade judaica. Aqueles que se tornaram fariseus provavelmente seguiam uma orientação escatológica semelhante à dos qumranitas, mas não estavam tão intensamente preocupados com a iminência da realização final do Reino. Embora os fariseus fossem menos dominados por elementos sacerdotais, ao menos não pelos de linhagem ou interesses sadoquitas, eram igualmente dedicados à lei mosaica como norma do povo de Israel. Mas enquanto

DOMÍNIO HELENÍSTICO   41

os essênios buscavam uma realização radical e absolutamente rigorosa da lei de Deus numa comunidade utópica, constituída somente por um resto de Israel, os fariseus queriam que a Torá governasse a vida da sociedade como um todo. Para atingir este objetivo, a Lei tinha de ser interpretada e aplicada à vida social, econômica e religiosa do povo. Assim os fariseus continuaram o trabalho dos escribas. Por tentarem atualizar e adaptar a lei mosaica, os essênios chamavam-nos de "intérpretes suaves". Josefo informa que, quando João Hircano (135-104) rompeu com eles, o reino era governado pelas "leis que [os fariseus] tinham estabelecido para o povo" (Ant. 13.296). Na sua obra de interpretação e aplicação da lei mosaica, os escribas fariseus provavelmente trabalhavam em continuidade com os escribas anteriores. Assim diz Josefo: "os fariseus transmitiram ao povo certas regras das gerações mais antigas que não estavam escritas nas leis de Moisés" (Ant. 13.297). É possível que se trate aqui de um primeiro estágio no desenvolvimento da "lei oral" (tradições orais das interpretações e aplicações da lei mosaica feitas pelos sábios antigos).

Portanto, a julgar por Josefo, pelo menos desde a época do seu rompimento com João Hircano, os fariseus provavelmente se tinham unido como um grupo com algum grau de cooperação, se não efetivamente como um partido políticorreligioso, que tinha alguma forma de organização interna.[11] Este mesmo fato também pode ter dado origem à formação dos saduceus como associação oposta aos fariseus. O rompimento entre os asmoneus e os fariseus pode ser visto como um resultado previsível da ascensão de uma nova aristocracia. As conquistas asmoneias da Palestina anteriormente não judaica ofereceram oportunidade para o enriquecimento de novos líderes, bem como de algumas famílias poderosas mais antigas. Os comandantes militares juntavam despojos e saques; os proprietários de terras expandiam as suas propriedades; novas famílias encontraram lugar na hierarquia do estado-templo. Assim se formou em torno de Hircano e dos seus sucessores uma nova aristocracia de riqueza e afluência, composta de novas famílias sacerdotais, altos oficiais militares e grandes proprietários de terras. Assim, no prazo de uma ou duas gerações depois da rebelião popular dos macabeus contra a helenização liderada pela aristocracia, reapareceu a mesma velha divisão entre a rica aristocracia e a massa do povo dominada pela primeira.

Sob Hircano ocorreu finalmente um realinhamento formal no governo, na sociedade e provavelmente também no culto do templo. De acordo com a história repetida por Josefo[12], os fariseus supostamente pediram a Hircano que se contentasse com a realeza (apenas o governo político) e renunciasse ao sumo sacerdócio (isto é, à autoridade sociorreligiosa), que ele detinha ilegitimamente, segundo os mesmos fariseus, pois era de uma família não sadoquita. Naturalmente a engenhosa sugestão dos fariseus parecia reconhecer o direito dos asmoneus de governar a Judeia. Todavia, como a verdadeira base do governo asmoneu não era o trono real (de Davi), mas o sumo sacerdócio tradicional (isto é, um estado judaico hierocrático, na tradição pós-exílica, em que o título real era primariamente um ornamento para impressionar os estrangeiros), a proposta dos fariseus na realidade solaparia a base da autoridade dos asmoneus. Em vez de renunciar ao sumo sacerdócio, Hircano simplesmente rompeu com os fariseus, cancelou as regras que eles tinham estabelecido para a sociedade e aliou-se ao partido aristocrático dos saduceus, recentemente formado. Não foram impostas formas legais e políticas helenísticas, mas tampouco a sociedade foi deixada sem lei. Os saduceus estabeleceram somente a Lei de Moisés como base da vida da sociedade, ou seja, a lei sem a extensa interpretação e aplicação através da lei oral dos escribas.[13] Com isso eliminaram a necessidade da interpretação legal dos fariseus, visto que esta interpretação era a função básica dos escribas na sociedade judaica. Desta forma houve um realinhamento: os asmoneus e os saduceus como partido da aristocracia abastada, de um lado, contra os fariseus, do outro. Estes últimos voltaram-se para o povo a fim de obter apoio, pois a vida cotidiana dos camponeses e do povo das cidades baseava-se na lei mosaica conforme *interpretada*, e a interpretação tinha estado nas mãos dos fariseus.

Os saduceus continuaram a desfrutar prestígio e poder junto aos asmoneus no reinado de Alexandre Janeu (104-76 a.C.), enquanto os fariseus aparentemente eram uma ativa força de oposição. Janeu empreendeu prolongadas guerras de conquista contra os povos circunvizinhos, guerras que drenaram recursos dos camponeses judeus e incitaram a oposição popular. Certo ano, na Festa dos Tabernáculos, o povo até atirou cidras no seu rei-sumo sacerdote, quando ele apareceu na cerimônia. Os fariseus podem ter contribuído com grande parte da liderança da revolta, que finalmente explodiu contra o regime opressivo de Janeu. Em resposta, o arrogante Janeu vingou-se de uma forma sem precedentes: mandou crucificar cerca de 800 dos seus opositores e chacinou suas mulheres e crianças diante dos seus olhos (Josefo, *Ant.* 13.372-83; 4QpNah 1). Depois disso, milhares de adversários de Janeu (incluindo muitos fariseus) fugiram do país e permaceram no exílio até a morte do soberano. Sob o governo da viúva e sucessora de Janeu, a rainha Salomé Alexandra, os fariseus voltaram ao poder e exerceram alguma influência, pelo menos no conselho de governo (Sinédrio). Na visão de um salmista escriba de uma geração mais tarde, foi a arrogância e a iniquidade dos asmoneus que trouxe o julgamento sobre a Judeia e Jerusalém — sob a forma da conquista romana.

Nações estrangeiras subiram no teu altar, pisotearam-no orgulhosamente com suas sandálias; porque os filhos de Jerusalém violaram as coisas santas do Senhor (Sl. Sal. 2, 2-3).

Dominação romana: opressão e revolta

A dominação romana da Palestina judaica começou com uma conquista violenta, seguida de um prolongado período de devastadoras lutas pelo poder. O controle da área era disputado por facções asmoneias rivais, pelo império dos partos a leste e até por facções rivais da guerra civil romana, que então assolava o Mediterrâneo Oriental e a Itália. Depois do governo duramente opressivo dos reis dependentes de Roma (Herodes e seus filhos), seguiu o governo direto dos governadores do império estrangeiro, algo que os judeus não tinham experimentado desde a conquista babilônica e persa inicial. Além disso, após meados do século I d.C. o comportamento da aristocracia sacerdotal judaica foi cada vez mais predatório. Para os camponeses judeus, a dominação herodiana e romana geralmente significava pesada tributação e, mais do que isso, uma séria ameaça para a sua existência, visto que muitos foram expulsos das suas terras. Significativamente, o período de mais interesse em relação a movimentos e líderes populares, como Jesus de Nazaré, está enquadrado por rebeliões camponesas de grande escala: as insurreições que seguiram à morte de Herodes no ano 4 a.C. e a maciça revolta contra Roma em 66-70 d.C., seguida de uma segunda grande revolta contra Roma em 132-135 d.C.

A conquista romana e o regime de Herodes

No decorrer do segundo e principalmente do primeiro século a.C., os romanos conquistaram ou herdaram os reinos helenísticos no Mediterrâneo Oriental. Neste processo Roma basicamente assumiu e perpetuou a civilização e o império helenístico já estabelecido no Oriente. Depois da conquista da Palestina por Pompeu em 63 a.C., os territórios judeus estiveram continuamente sob o controle romano, exceto os poucos anos do temporário sucesso da rebelião. Pompeu cercou Jerusalém e, quando a cidade e o templo caíram em suas mãos, violou o Santo dos Santos (*Ant.* 14.105). Os romanos "libertaram" e restauraram as cidades helenísticas e outras áreas da Palestina que tinham sido conquistadas e judaizadas pelos asmoneus. Os demais territórios judeus (Galileia, Pereia, Idumeia juntamente com a Judeia) foram submetidos ao tributo. À conquista de Pompeu seguiu um período de quase uma geração de distúrbios, em que facções asmoneias e exércitos romanos rivais disputavam o controle da área. Em determinado momento, os partos enviaram exércitos à Palestina em apoio de um dos líderes asmoneus rivais. Os efeitos desta e outras ações semelhantes da guerra civil na Palestina foram a repetida devastação do país, cobrança de impostos extraordinários e agitação social generalizada.

Na sua conquista inicial, e particularmente nas reconquistas subsequentes, os romanos trataram os habitantes brutalmente a fim de induzir o povo à submissão. Repetidamente, os exércitos romanos incendiaram e destruíram completamente cidades e massacraram, crucificaram ou escravizaram as suas populações. Por exemlo, quando Cássio conquistou Tariqueia, na Galileia, "escravizou cerca de trinta mil homens", diz Josefo, e posteriormente (43 a.C.) escravizou o povo de importantes cidades regionais, tais como Gofna, Emaús, Lida e Tamna (*Ant*. 14.120,272-75). Num caso, tal destruição foi feita simplesmente por causa da não obtenção, ou por atraso na obtenção, da arrecadação de impostos extraordinários, (*G.J.* 1.180,219-220). Várias décadas mais tarde Varo, legado da Síria, depois de capturar Séforis, "vendeu seus habitantes como escravos e incendiou a cidade" (*Ant*. 17.288-89). E mandou crucificar os rebeldes presos pelas tropas — cerca de 2.000 (*Ant*. 17.295).

Em 40 a.C., em meio ao caos político da guerra civil romana, o agressivo jovem Herodes consseguiu ser reconhecido como rei dos territórios judaicos da Palestina.[14] Chegou a isso graças a intrigas e manobras entre uma facção e outra durante a guerra civil, após um período de aprendizagem da *Realpolitik* palestina e romana com seu pai. Depois de submeter o resistente povo judeu com a ajuda das legiões romanas, tornou-se o protótipo da dominação imperial helenística como rei romano dependente. Na tradição judaica e cristã seu nome consta como símbolo de tirania opressora. De 37 a 4 a.C. manteve rigoroso controle do povo por meio de mercenários estrangeiros pessoalmente leais a ele, uma série estrategicamente disposta de fortalezas e colônias militares no interior do país e um serviço secreto de informantes. Grande admirador da cultura helenística, Herodes buscou e obteve fama como magnânimo construtor e benfeitor, tanto interna como externamente. Reconstruiu magnificamente o templo judaico (projeto que só foi concluído um pouco antes da grande revolta de 66-70). Mas, muito a contragosto dos seus súditos judeus, também construiu um teatro, um anfiteatro e um palácio real fortificado em Jerusalém, marcas ostensivas do helenismo. Construiu ainda várias novas cidades completas, como Cesareia Marítima e Sebaste, onde promoveu o culto do divino Augusto. Mais do que isso, doou templos e construções públicas em Atenas, Esparta, Rodes e outras cidades gregas. Naturalmente o custo desses grandes projetos de obras e da sua beneficência adicional para a família imperial e outros foi enorme. Por isso, além do apoio das extensas terras reais que acumulou ao obter o seu reino, impôs pesadíssimos encargos tributários à população camponesa judaica. Ainda que ocasionalmente tomasse medidas para aliviar esse encargo quase insuportável, na sua morte o país e o seu povo estavam virtualmente exaustos economicamente.[15]

Ao consolidar o seu poder, Herodes eliminou muitos membros da antiga aristocracia asmoneia e criou um nova aristocracia leal a si. Em particular, embora tivesse reduzido drasticamente os seus poderes, colocou no sumo sacerdócio novas famílias não sadoquitas diretamente vinculadas a ele por favores devidos. Sob o regime opressor de Herodes, os fariseus tiveram algum prestígio entre a população comum, porque não hesitavam em opor-se ao rei. Duas vezes recusaram-se a fazer um juramento de lealdade ao rei, que consideravam ilegítimo, visto ser "meio judeu" (pai idumeu, mãe árabe), helenizante e uma criatura de Roma (*Ant*. 15.368-71; 17.41-45). Mas como Herodes efetivamente acabou com qualquer participação real do povo judeu no processo político normal, os fariseus tornaram-se menos um partido político que uma associação solta de irmandades religiosas. Tentaram influenciar a vida social através de preceitos e do exemplo, mas já sem qualquer função ou autoridade política, se excetuarmos alguma representação no Sinédrio, cujos poderes aliás já eram bem reduzidos. Se durante os reinados de alguns asmoneus estiveram mais próximos dos camponeses (*Ant*. 13.298), agora tendiam a voltar-se para as suas próprias irmandades e escolas de interpretação religiosa legal (tendência que provavelmente continuou no periodo pós-herodiano do domínio romano direto).

Para que o implacável Herodes pudesse pagar os numerosos projetos de obras, frutos da sua apaixonada dedicação à cultura helenística, teve de forçar ao máximo a exploração econômica do país e do povo que dominava. Naturalmente o ônus recaiu pesadamente sobre a população rural, e foram muitos os descontentes. Mas Herodes manteve um rígido controle político e social, de tal modo que virtualmente não havia oportunidade sequer para protestos ou reclamações. Josefo escreve:

> Ficaram indignados com a sua dedicação a essas atividades, pois para eles isso implicava o desmantelamento da sua religião e a mudança dos seus costumes. Essas questões eram amplamente discutidas porque eles eram

constantemente provocados e incitados. Mas Herodes tratava tal situação muito cautelosamente, eliminando qualquer ocasião de agitação e forçando--os ao trabalho duro. Proibia reuniões públicas, grupos andando juntos e a vida comunitária normal. Toda atividade era vigiada. As punições para os que eram flagrados eram impiedosas e muitos foram levados pública ou secretamente para a fortaleza Hircânia e ali executados. Tanto na cidade como nas estradas abertas havia homens que espionavam aqueles que se encontravam... Os que recusavam obstinadamente a adaptar-se a essas coações sociais eram punidos das mais diversas maneiras... e aqueles que mostravam alguma coragem e indignação em relação à sua imposição [de juramento de lealdade], eliminava-os de qualquer maneira possível (*Ant.* 15.365-69).

Não surpreende, pois, que pouco se saiba de rebeliões ou mesmo de "inquietação" em tal "estado policial" rigidamente controlado. Mas alguns dos líderes escribas ou fariseus e especialmente as massas camponesas ferviam de rancor. Quando finalmente Herodes morreu em 4 a.C., o descontentamento profundo e longamente reprimido explodiu, primeiro em atos de desafio ao tirano moribundo e depois em revoltas populares espontâneas em toda a parte do reino.

Reis dependentes, governadores romanos e protestos populares (4 a.C. - 66 d.C.)

Depois que os romanos subjugaram as rebeliões judaicas que irromperam por ocasião da morte de Herodes, dividiram o reino deste entre os seus filhos. Herodes Antipas (4 a.C - 39 d.C.) foi estabelecido tetrarca das regiões da Galileia e da Pereia. Este é o Herodes cujo casamento João Batista condenou e o rei Herodes em cujo reinado Jesus desenvolveu as suas atividades. As áreas que lhe foram atribuídas haviam sido judaizadas depois da sua conquista pelos asmoneus, de modo que grande parte dos camponeses, especialmente na Galileia, era judaica na sua orientação e lealdade. Mas a população era mista, e o reino de Antipas incluía muitas cidades helenísticas. Além disso, continuando o patrocínio da cultura helenística do seu pai — à custa e para desgosto dos seus súditos judeus — reconstruiu Séforis (que os romanos tinham destruído em 4 a.C.) como uma cidade helenística, e fundou a cidade de Tiberíades na costa ocidental do lago da Galileia. Tiberíades tinha uma população mista e os judeus, profundamente escrupulosos, recusavam contato com os seus cidadãos, pois a cidade fora construída no lugar de um antigo cemitério judaico. Ainda mais que Tiberíades, Séforis (bem perto de Nazaré) era um centro de cultura helenística.

Os romanos deram a (Herodes) Arquelau o governo da Judeia e da Samaria, sob os protestos de uma delegação de anciãos judeus que

DOMINAÇÃO ROMANA: OPRESSÃO E REVOLTA

haviam pedido um governador romano em lugar dele. Depois de nove anos de governo impopular, os romanos depuseram Arquelau. Depois disso, até a grande rebelião de 66, com exceção de três anos de (Herodes) Agripa I (41-44), a Judeia e a Samaria foram governadas diretamente pelos romanos através de um governador nomeado pelo imperador. Agora o povo estava novamente sujeito ao tributo. Entretanto, por causa da sua fé fundamental de que não deviam estar subordinados a nenhum rei, mas somente a Deus, o domínio romano e particularmente o tributo eram ofensivos ao povo judeu. Alguns consideravam que tal situação era igual à escravidão.

Todo o período do governo romano direto de 6 a 66 d.C. foi marcado por um descontentamento generalizado e periódica turbulência na sociedade judaica palestinense. Este tempo é de especial interesse para os cristãos porque forma o contexto da vida e da atividade de Jesus, e para os judeus porque constitui o prelúdio imediato da formação do judaismo rabínico. Conforme já foi assinalado, o período enquadra-se entre as grandes insurreições camponesas de 4 a.C. e a maciça revolta judaica de 66-70 d.C. Nos capítulos seguintes, examinaremos as formas sociais assumidas pelos movimentos de descontentamento popular. Aqui podemos montar o cenário desses movimentos, descrevendo brevemente os protestos mais gerais e espontâneos que os judeus fizeram em várias ocasiões e examinado os efeitos da reação dos governadores romanos e da classe dominante judaica sobre o povo.

Os aspectos da "situação colonial" da dominação imperial romana na Palestina judaica que mais afetavam o povo eram o fato e o montante dos impostos e a sua relativa liberdade em relação a interferências externas no seu modo de vida religioso-político tradicional. Os romanos tinham bastante cuidado em ser sensíveis aos escrúpulos religiosos dos judeus no trato das questões judaicas da Palestina. Apesar disso, como era virtualmente inevitável numa situação de dominação imperial (tropas de ocupação, desentendimentos interculturais etc.), ocasionalmente caíam em provocações desastradas que inflamavam ainda mais a situação.

A sequência dos eventos sob Arquelau, filho de Herodes, em 4 a.C., já prefigura a vacilação e a inépcia dos governadores romanos posteriores, de Pôncio Pilatos até a irrupção da grande revolta, bem como o efeito que isso teve sobre o povo judeu. Arquelau, ao reivindicar o trono logo após a morte do seu pai, ouviu com aparente interesse os altos clamores do povo: apelos para baixar as elevadas taxas de impostos, soltar os prisioneiros políticos ainda detidos nas prisões do seu pai, substituir o sumo sacerdote corrupto por outro que agisse mais de acordo com a lei e restaurar a justiça suspendendo as ações repressivas do seu pai, como, p. ex., mandar executar brutalmente os líderes populares. Mas Arquelau irritou-se quando as multidões cresceram consideravelmente e se tornaram mais exigentes na festa da Páscoa. Quando ele quis dar uma demonstração de força para silenciar os líderes dos protestos, o povo apedrejou a sua coorte militar, ao que

> ele lançou todo o seu exército contra eles, a infantaria numa coluna através da cidade e a cavalaria nos campos. Enquanto todos estavam ocupados com os sacrifícios, os soldados subitamente se precipitaram sobre as pessoas matando cerca de 3.000 e dispersando o resto pelas montanhas adjacentes. (*G.J.* 2.12-13; ver também 2.1-13; *Ant.* 17.200-18).

Não é de surpreender que isso (juntamente com algumas outras molestações dos "guarda-costas" do governador romano) tivesse desencadeado uma revolta de "toda a nação" (*G.J.* 2.39-54; *Ant.* 17.250-68). De todas as partes acorreram camponeses a Jerusalém na festa de Pentescostes, algumas semanas mais tarde. Cercaram as tropas romanas e, dos pórticos do templo, lutaram valorosamente contra elas. Depois que os romanos queimaram e saquearam o templo, os judeus ainda mais furiosamente

> pressionaram o assédio, fazendo assaltos contra a fortaleza e, ao mesmo tempo, exigindo em altos brados que Sabino e seus seguidores se retirassem e não impedissem aqueles que finalmente estavam prestes a recuperar a sua independência nacional (*G.J.* 2.53).

Pouco tempo depois formou-se um movimento messiânico popular em cada região mais importante da Palestina judaica (assunto tratado no capítulo 3). O que havia começado como uma assembleia pacífica para pedir ao governante o reparo de injustiça acabou numa revolta camponesa generalizada. O povo, já frustrado na sua opressão, pela falta de resposta do soberano — ou antes pela sua resposta brutalmente repressiva — foi levado às mais desesperadas medidas de insurreições armadas.

Este tipo de fatos repetiu-se nas décadas subsequentes da dominação romana na Palestina judaica até o ciclo desembocar na grande revolta de 66. Os oficiais romanos raramente davam atenção aos protestos e apelos dos judeus. Às vezes os protestos eram espontâneos em resposta a algum incidente provocativo súbito, outras vezes mais moderados e até organizados.

Um incidente de meados do século oferece um bom exemplo de protesto espontâneo que, desconsiderado pelo governador Cumano, se transformou num motim e depois num aniquilamento brutal dos protestadores. O incidente também revela quão tensas eram as relações entre o povo judeu e as forças romanas de ocupação, particularmente na Páscoa, a festa em que os judeus celebravam a sua libertação da escravidão no Egito. Como de costume, os judeus eram obrigados a realizar a sua celebração debaixo dos olhos vigilantes das forças romanas de segurança estacionadas nos pórticos do templo, durante tais festas.

> Um dos soldados levantou o seu manto e se curvou indecentemente virando o traseiro aos judeus e fazendo um ruído tão indecente quanto a sua postura. Isso enfureceu toda a multidão, que aos gritos pediu a Cumano a punição do soldado. [Mas] Cumano, temendo que toda a população o atacasse, mandou vir reforços. Quando essas tropas se precipitaram nas colunatas, os judeus foram tomados de pânico, voltaram e fugiram do templo para a cidade. Mas comprimiram-se de tal modo nas saídas que se pisotearam uns aos outros e mais de 30.000 morreram esmagados. Assim a festa terminou em luto para toda a nação e perda para cada lar (*G.J.* 2.224-27; *Ant.* 20.105-12).

Habitualmente os apelos dos judeus consistiam em demonstrações mais deliberadas e organizadas. No começo do período, representantes de grupos dominantes (e talvez dos fariseus) estavam envolvidos em tais reclamações ou até eram os seus líderes. Assim, por exemplo, após a morte de Herodes, uma delegação de cinquenta anciãos judeus viajou a Roma para protestar contra o tirânico desgoverno do rei dependente de Roma, Herodes, e seu filho Arquelau, igualmente brutal, e pedir a "independência" da palestina judaica ligada à província da Síria e administrada por governadores nomeados dentre eles mesmos. Mas, apesar das objeções dos anciãos de que Arquelau tinha acabado de celebrar o início do seu governo com o massacre de 3.000 de seus súditos, os romanos nomearam mais reis subordinados herodianos (*G.J.* 2.80-100; *Ant.* 17.299-320). Uma década mais tarde, foram novamente "os líderes judeus e samaritanos" que acharam "intolerável sua crueldade e tirania e apresentaram acusações contra ela perante César" (*Ant.* 17.342). Os romanos substituíram o odiado Arquelau por sua própria administração e tributação.

Não há documentos sobre as duas décadas seguintes (6-26), mas o governo cruelmente repressivo de Pôncio Pilatos deixou uma viva impressão na memória do povo. O primeiro de diversos incidentes maiores provocados por este governador arrogante e insensível tornou-se um dos momentos mais dramáticos da história judaica do primeiro século da nossa era. Este pode ter sido um caso em que todo o povo tenha agido em uníssono, embora certamente seja significativo que Josefo não diga nada sobre o envolvimento, muito menos ainda sobre a liderança dos anciãos, dos notáveis, dos chefes dos sacerdotes ou dos líderes fariseus. Este é apenas um entre dois casos (conhecidos) de protesto bem-sucedido, isto é, em que o oficial romano tomou medidas para atender a queixa:

> Enviado por Tibério como procurador da Judeia, Pilatos introduziu em Jerusalém, durante a noite e às escondidas, as imagens de César conhecidas como estandartes. Quando amanheceu, isso causou uma enorme perturbação entre os judeus. Os que se aproximaram ficaram alarmados com o que viram, pois significava que tinham sido pisoteadas as suas leis, que não permitem que seja erguida qualquer imagem na cidade. À turba indignada da cidade veio juntar-se grande multidão de camponeses. Os judeus dirigiram-se a Pilatos em Cesareia e pediram-lhe que retirasse de Jerusalém os estandartes e respeitasse as leis dos seus ancestrais. Diante da recusa de Pilatos, lançaram-se ao chão em torno do seu palácio e assim permaneceram por cinco dias e cinco noites.
> No dia seguinte Pilatos sentou-se no tribunal, no grande estádio, e chamou a multidão como se quisesse dar-lhe uma resposta. Mas, em vez disso, deu a seus soldados armados um sinal previamente combinado para que cercassem os judeus. Ao verem-se num círculo de tripla fileira de soldados, os judeus ficaram estarrecidos. Pilatos declarou que mandaria matá-los se não aceitassem as imagens de César e deu um sinal ao soldados para que desembainhassem as espadas. Como se tivessem combinado entre si, os judeus jogaram-se ao chão, ofereceram suas nucas e declararam que preferiam morrer a transgredir a lei. Impressionado com a intensidade do seu fervor religioso, Pilatos ordenou a imediata retirada dos estandartes de Jerusalém. (*G.J.* 2.169-74).

Uma segunda provocação de Pilatos sobre a qual nos informa o filósofo judeu Filo de Alexandria parece ter sido um incidente separado, embora semelhante: a ereção de escudos ou placas votivas por Pilatos ostensivamente em honra do imperador no palácio de Herodes. Seguiu-se outro protesto maciço, desta vez aparentemente liderado por alguns membros da família de Herodes. Novamente Pilatos parece ter respondido relutantemente (*Leg. ad Gaium*, 299-305).

Outra grande provocação de Pilatos também originou um protesto em massa da parte do povo. Ele retirou fundos do tesouro sagrado do templo para pagar a construção de um aqueduto para levar água a Jerusalém. Milhares de judeus indignados reuniram-se no tribunal do governador para protestar. Desta feita, de forma mais característica para Pilatos, não estava disposto a ouvir:

> Como tinha previsto a agitação dos judeus, Pilatos colocara entre a multidão uma tropa de soldados disfarçados em vestes civis. Tinham ordem de não usar as espadas, mas bater nos agitadores com porretes. Do seu tribunal deu, então, sinal combinado. Muitos judeus foram mortos... (*G.J.* 2.176-77; *Ant.* 18.60-62).

O conflito potencialmente mais explosivo foi promovido pelo próprio imperador Gaio Calígula. "A guerra judaica" com Roma teria ocorrido um quarto de século mais cedo, se não tivesse havido uma combinação de persistência e paciência da parte dos camponeses judeus. Querendo ser aclamado como deus em todo o império, Gaio

> enviou Petrônio a Jerusalém para erguer estátuas suas no templo; se os judeus as recusassem, devia executar os opositores e reduzir toda a nação à escravidão (*G.J.* 2.185).

Quando Petrônio susteve a sua marcha em Ptolemaida a fim de passar ai o inverno com seu exército de duas legiões, "muitas dezenas de judeus dirigiram-se a Petrônio... com pedidos de não fazê-los transgredir e violar a lei dos seus pais" (*Ant.* 18.263). Evidentemente impressionado pela sua determinação de submeter-se antes à morte que deixá-lo prosseguir, Petrônio foi a Tiberíades para verificar a situação na Galileia. Novamente foi cercado por milhares que expunham seus pescoços e declaravam: "morreremos antes de violar nossas leis" (*Ant.* 18.271). Membros da família herodiana e alguns da aristocracia, aparentemente não envolvidos no início do protesto, finalmente se conscientizaram da seriedade da determinação do povo, e usaram sua influência junto a Petrônio em conferências privadas, insistindo que ele não levasse o povo ao desespero (*Ant.* 18.273-74; *G.J.* 2.193,199). Uma das principais preocupações da classe dominante, de acordo com Josefo, era de ordem muito prática e concreta: a economia. Ao que parece, um aspecto bastante persuasivo do maciço protesto popular, já então com várias semanas de duração, era o de que também se tratava de uma *greve* camponesa. Se os campos permanecessem sem semeadura por mais algum tempo, não haveria colheita e consequentemente não haveria meios para o tributo exigido. A aristocracia e os monarquistas, bem como os romanos, sabiam que isso significava "uma colheita de banditismo" (*Ant.* 18.272,274,87; *G.J.* 2.200; ver o capítulo seguinte sobre banditismo). Os protestos populares (que pelo menos na Galileia eram uma greve em massa dos camponeses) e a paciente e firme persistência do povo mostraram-se eficazes neste caso. Petrônio decidiu enfrentar a ira de Gaio em vez de devastar os camponeses judeus, privando, assim, o imperador das receitas provenientes destes (*Ant.* 18.287). Felizmente para o nobre Petrônio, a notícia da morte do imperador Gaio chegou antes da ordem de suicídio do imperador (*G.J.* 2.201-3; *Ant.* 18.303-9; ver também 18.276-309).

Pelo menos desde o tempo de Cumano (48-52 d.C.), os governadores romanos tornaram-se cada vez mais duros e intransigentes. Em um caso Cumano atendeu o maciço pedido popular de justiça. Um soldado das tropas, enviado para punir e prender aldeões que tinham sido muito lentos em prender salteadores, rasgou e queimou um rolo da Torá. Cumano, temendo que o protesto em massa pudesse transformar-se em nova revolta, apaziguou a multidão com a execução do soldado. Mas de resto Cumano era brutalmente repressivo, dando, assim, o tom para os seus sucessores como governadores. Conforme já foi dito, ele ordenara às suas tropas atacar os agitadores no templo, por ocasião da Páscoa. Depois, numa fase posterior do seu mandato, a inércia de Cumano em resposta a um protesto dos líderes judeus da Galileia, em relação a um ataque samaritano a alguns peregrinos, foi o fator principal da escalada do incidente que se transformou num conflito maior, quando mandou suas tropas contra a considerável força dos camponeses judeus e seus líderes salteadores (*Ant.* 20.118-24; *G.J.* 2.232-40).

Dos relatos de Josefo pode-se deduzir que, depois dos primeiros apelos das delegações de anciãos judeus contra os herodianos em 4 a.C. e 6 d.C., quase todos os protestos foram feitos pelo povo simples, pela classe inferior dos habitantes de Jerusalém, pelos camponeses ou por ambos. Em um ou dois casos, membros da aristocracia ou da família real envolveram-se num apelo às autoridades romanas sobre conflitos com os samaritanos no governo de Cumano. Depois disso, a julgar pelos relatos de Josefo, os círculos dominantes judaicos e outros judeus notáveis não fizeram nenhuma tentativa de desempenhar um papel mediador, quando as tensões e mesmo os conflitos entre os governantes (e judeus) e o povo judeu como um todo, nas décadas de 50 e 60, caminhavam para a grande revolta.

Na verdade, as ações dos grupos governantes judeus aumentaram a alienação e o conflito, já exacerbado pela intransigência e pelas medidas repressivas dos governadores romanos. Naturalmente as famílias dos sumos sacerdotes, os herodianos e grande parte da aristocracia abastada estavam empenhados na colaboração mutuamente benéfica, com o sistema imperial romano, para manter o controle da Palestina judaica. Quando a ordem social começou a desmoronar, a elite dominante não só não fez nenhuma tentativa de representar os interesses do povo, mas contribuiu para o colapso da sociedade de maneira violentamente predatória, produzindo uma virtual "guerra de classes" (ver *Ant.* 20.181). Facções rivais de sumos sacerdotes mantinham bandos contratados de rufiões e ocasionalmente entravam em choque. Mas o líder de uma das facções, Ananias, conseguiu manter o controle usando sua grande riqueza para comprar apoio (*Ant.* 20.213). Também os herodianos tinham as suas quadrilhas (ver *Ant.* 20.214). Um reflexo do efeito que esse comportamento teve sobre os camponeses, os sacerdotes inferiores e os escribas pobres está preservado no Talmude: Abba Saul ben Bothnith repetiu uma lamentação de Abba Joseph ben Hanan (que atuou em Jerusalém antes da revolta):

> Ai de mim por causa da casa de Boethus,
> ai de mim por causa das suas aduelas.
> Ai de mim por causa de Hanan,
> ai de mim por causa dos seus cochichos.
> Ai de mim por causa da casa de Kathros,
> ai de mim por causa das suas canetas.
> Ai de mim por causa da casa de Ishmael ben Phiabi,
> ai de mim por causa dos seus penas.
> Porque eles são sumos sacerdotes, e seus filhos são tesoureiros, e seus genros são supervisores do Templo, e seus servos batem no povo com porretes (B. Pesahim 57a; T. Menahoth 13:21)

Tais práticas das famílias dos seus sacerdotes e dos herodianos claramente exacerbaram a desintegração da ordem social, por cuja manutenção eram supostamente responsáveis.

Mas os governadores romanos também contribuíram para aumentar as tensões. De Félix (52-60) a Floro (64-66), tornaram-se cada vez mais repressivos e intransigentes. Até o fim, sob o sinuoso Floro, que desafiou, e até forçou, o povo judeu para a revolta total, o povo continuou a reclamar e a protestar contra as suas condições e o tratamento recebido, enquanto seus líderes ostensivos, sumos sacerdotes e nobreza, permaneciam inertes ou colaboravam para a sua opressão. Quando o legado da Síria visitou Jerusalém na Páscoa em 64 d.C., o povo fez um protesto desesperado declarando que Floro era a ruína do país (*G.J.* 2.280). Mas os círculos judaicos dominantes, incluindo os herodianos e os chefes dos sacerdotes, foram insensíveis aos apelos do povo para que se unissem a ele no protesto contra o desgoverno de Floro. Em vez disso, a classe dominante judaica economizou suas energias para pedir aos romanos e ao rei Agripa II o envio de tropas para acabar com a rebelião, depois que o povo finalmente entrou em desespero.

A grande revolta (66-70)

Inicialmente a revolta judaica foi um sucesso. As tropas romanas foram rapidamente expulsas de Jerusalém, da Judeia e da Galileia. Foi basicamente uma revolta camponesa. Os sacerdotes de nível inferior e alguns outros habitantes de Jerusalém participaram intensamente no começo. Mas a participação de membros da aristocracia leiga ou sacerdotal, como o capitão do templo, Eleazar, era uma rara exceção. Como deixa claro Josefo, especialmente na sua *Vida*, os chefes dos sacerdotes, os anciãos e "fariseus notáveis" (como ele próprio) tentaram secretamente implementar uma estratégia moderada e mediadora. Isto é, assumindo ostensivamente a *liderança* da revolta (até mesmo a preparação da defesa contra o inevitável ataque de Roma), procuraram controlar e canalizar as energias rebeldes do povo até que pudessem negociar com os romanos. Mas não conseguiram controlar a situação por muito tempo e seguiu-se a "Guerra Judaica", que custou aos romanos três anos inteiros para reconquistar o país. O próprio Josefo, que foi o "general" posto no comando da Galileia, simplesmente desertou para o lado dos romanos, após as batalhas iniciais, e ajudou os romanos a reconquistar o seu próprio povo. Muitos outros judeus notáveis ou chefes dos sacerdotes fizeram o mesmo.

Entretanto, os camponeses judeus, inspirados por esperanças apocalípticas, não admitiam ser privados da sua liberdade do domínio opressivo estrangeiro e nacional. Através de ondas sucessivas e em vários grupos, até rivais entre si, tomaram a Cidade Santa e atacaram os grupelhos dos sumos sacerdotes ilegítimos e seus opressores ricos. Um grupo, o dos chamados zelotas, realizou uma eleição, por sorteio, de um novo sumo sacerdote legítimo que, embora sendo um simples canteiro, era de uma genuína família sadoquita. Não é de surpreender que os habitantes de Jerusalém não tivessem gostado da tomada da cidade pelos camponeses. Surgiu uma luta entre grupos rivais pelo controle da cidade. Depois de gastar muita energia e sangue combatendo-se uns aos outros, os grupos principais conseguiram por fim cooperar na última e inútil resistência ao prolongado cerco romano. Finalmente a cidade caiu sob o poder de Roma no ano 70, embora os romanos levassem mais três anos para extinguir os bolsões restantes da resistência, incluindo os sicários em Massada (*G.J.* 7.311).

A revolta judaica e a devastadora reconquista romana foi o ponto de virada decisivo para o desenvolvimento do judaísmo rabínico. Exceto os fariseus, nenhum partido ou grupo de liderança judeu sobreviveu à guerra. Alguns (p. ex., chefes dos sacerdotes saduceus) foram eliminados pelos grupos rebeldes, outros pelo exército da reconquista. Entretanto, inicialmente liderado por Yohanan ben Zakkai, que tinha abandonado Jerusalém durante a revolta, um grupo reunido em Jabne lançou os fundamentos do que viria ser conhecido como judaísmo rabínico. Durante várias décadas após a revolta, estes primeiros rabinos colecionaram e organizaram suas interpretações e aplicações legais (*halakot*). A *Mishna* do judaísmo foi um produto importante deste processo.

Ainda que o país estivesse devastado e a Cidade Santa destruída pelos romanos, a paixão pela liberdade não morreu entre os camponeses judeus. Tampouco o espírito apocalíptico. Ainda eram cultivadas as visões apocalípticas e escritas as revelações, pelo menos em círculos intelectuais. Visionários como os que produziram 4 Esdras, com toda a probabilidade escrito poucas décadas depois da primeira revolta, manifestamente ainda continuavam a esperar a intervenção divina em favor do povo. Mas, especialmente entre os camponeses, muitos recusavam abandonar a busca ativa do ideal de uma sociedade justa, livre de dominação e opressão estrangeira. Em 132-135, sessenta e dois anos depois da devastadora derrota pelas legiões romanas, organizaram novamente uma revolta popular maciça, conhecida pelo nome do seu líder, o messias Bar Kokeba (ver detalhes no fim do capítulo 3). No fim de três anos de guerra de atrito, os romanos novamente devastaram a Palestina judaica. Após o aniquilamento militar romano dos camponeses rebeldes, a liderança rabínica conseguiu amainar e suprimir um impulso-chave da revolta: o apocalipticismo. Assim, a segunda derrota devastadora da rebelião popular judaica marcou o fim de um período altamente dinâmico de 300 anos da história judaica, um período que também viu o nascimento de duas grandes religiões: o judaísmo rabínico e o cristianismo.

O legado histórico que o povo judeu herdou do antigo Israel foi a liberdade da dominação estrangeira e a opressão interna. Entretanto, a experiência histórica, especialmente sob o império helenístico e o romano, foi de dominação, exploração e até perseguição. Ainda que a classe dominante sacerdotal às vezes tivesse comprometido, ou até abandonado, as tradições sagradas do povo, pelo menos uma parte substancial dos camponeses judeus, juntamente com muitos escribas e sacerdotes comuns, lembrando-se de sua herança, permaneceram leais à aliança do povo com Deus, resistiram à opressão e reafirmaram a sua liberdade. As memórias dos tempos antigos, "bíblicos", bem como de reafirmações mais recentes de independência do povo, como as da rebelião contra Antíoco Epífanes e da resistência a Alexandre Janeu, provavelmente foram mantidas vivas e inspiraram a periódica resistência aos romanos e, às vezes, à sua própria aristocracia sacerdotal.

Agora pretendemos explorar mais aprofundadamente algumas das principais formas sociais que a agitação e a resistência popular assumiu na sociedade judaica em torno do tempo de Jesus. Mas, ao fazer isso, desejamos ir além dos tratados padrão desse período. Estes na verdade sugerem que os únicos grupos importantes do contexto foram aqueles que deixaram registros literários, p. ex., os essênios ou outro tipo de letrados, como os fariseus, ou que Jesus pode ser entendido principalmente em comparação com os "zelotas". O período foi muito mais complexo. E ainda que as fontes sejam limitadas, oferecem-nos pelo menos algum acesso aos vários tipos de grupos e líderes que atuaram na sociedade judaica no tempo de Jesus, especialmente entre os camponeses.

Notas

1. N. Sherwin-White, *Roman Law and Roman Society in the New Testament* (Oxford: Oxford University, 1963), p. 139.
2. Ibid., p. 140.
3. Ibid., p. 141.
4. Ver R. Redfield, *Peasant Society and Culture* (Chicago: University of Chicago, 1969), pp. 70-72; E. R. Wolf, *Anthropology* (New York: Norton, 1974), 73-74; aplicado à ascensão da monarquia davídica, por J. W. Flanagan, "The Relocation of the Davidic Capital", JAAR 47 (1979): pp. 225-27.
5. Como um bom tratamento da história da formação de Israel com mais detalhes, ver J. Bright, *A History of Israel*, 3ª ed. (Philadelphia: Westminster, 1981; Trad. bras., *História de Israel*, Paulus, S. Paulo, 1995.); para uma análise sociológica mais explícita das origens de Israel, ver N. Gottwald, *The Tribes of Yahweh* (Maryknoll: Orbis, 1979; Trad. bras., *As tribos de Iahweh*, Paulus, S. Paulo, 1986.); e também, incluindo uma perspectiva literária, *The Hebrew Bible — A Socio-Literary Introduction* (Philadelphia: Fortress, 1985; Trad. bras., *Introdução socioliterária à Bíblia Hebraica*, Paulus, S. Paulo, 1988).
6. Ver 2Sm 13-20.
7. É interessante notar que essa ideologia da "guerra santa", não incomum em obras apocalípticas, como Daniel, está refletida na historiografia de estilo helenístico da revolta judaica contida em 2Mc (ver 2Mc 8,15.23). Ver também P. D. Miller, *The Divine* Warrior *in Early Israel*, HSM 5 (Cambridge: Harvard University, 1973).
8. Ver J. J. Collins, *The Apocalyptic Vision of the Book of Daniel*, HSM 16 (Missoula: Scholars, 1977), pp. 201-5; G. W. E. Nickelsburg, "Social Aspects of Palestinian Jewish Apocalypticism", in *Apocalypticism in the Mediterranean World and the Near East*, org. D. Hellholm (Tübingen: Mohr, 1983), pp. 641-54. Embora tenha sido muito comum ver tanto os fariseus quanto os essênios como rebentos diretos dos *hasidim*, as provas disponíveis não o confirmam solidamente. Todavia, é uma explicação plausível das suas origens.
9. Ver G. Vermes, *The Dead Sea Scrolls in English* (Baltimore: Penguin, 1968), pp. 13, 30 e *The Dead Sea Scrolls: Qumran in Perspective* (Philadelphia: Fortress, 1981), 125-30; F.M. Cross, *The Ancient Library of Qumran and Modern Biblical Studies*, The Haskell Lectures 1956-57, rev. ed. (Garden City: Anchor, 1961), pp. 51-52.
10. Ver a discussão em J. Neusner, *From Politics to Piety: The Emergence of Pharisaic Judaism* (Englewood Cliffs: Prentice Hall, 1973), pp. 45-66, e *The Rabbinic Traditions about the Pharisees before 70*, 3 vols. (Leiden: Brill, 1971); E. E. Urbach, *The Sages: Their Concepts and Beliefs*, 2 vols., 2ª ed. (New York: Humanities, 1979). Para uma avaliação diferente, ver E. Rivkin, *A Hidden Revolution: The Pharisees' Search for the Kingdom Within* (Nashville: Abingdon, 1978).
11. Ver *G.J.* 1.107-14; *Ant.* 18.11-17; 13.288-98; 13.399-418.
12. *Ant.* 13.288-98. Uma história talmúdica paralela (*Qidd.* 66a) é contada em relação a Alexandre Janeu.
13. Seguindo Josefo (*Ant.* 13.297; 18-16), geralmente se considera que os saduceus obedeciam a só o que estava escrito na Escritura. Mas dificilmente os saduceus poderiam ter tomado esses textos literalmente, sem alguma forma de interpretação. Os saduceus podem ter diferido dos fariseus na extensão da sua tradição interpretativa e na autoridade a ela atribuída.
14. Ver A. Schalit, *König Herodes, der Mann un sein Werk*, Studia Judaica 4 (Berlim: de Gruyter, 1969).
15. Ver a discussão das condições econômicas deste período no cap. 2.

2.
Banditismo social judeu antigo

Quando Judas e o "destacamento" enviado pelos sumos sacerdotes prenderam Jesus no jardim do Getsêmani, Jesus perguntou retoricamente (segundo Mc 14, 48 e par.): "Como a um bandido, saístes para prender-me com espadas e paus?" A seguir, depois do seu julgamento e condenação, foi crucificado entre dois "bandidos" (Mc 15, 27). Por que Jesus teria sido apresentado preso e crucificado como se fosse um bandido? A julgar pelos relatos de Josefo e outras informações, os salteadores constituíam um fator importante na sociedade judaica. Eles figuraram com destaque na ascensão de Herodes ao poder. Em meados do século I forneceram liderança aos camponeses judeus que buscavam justiça, quando o governador romano era muito lento para agir. Depois, atingindo proporções epidêmicas nos anos 50 e 60, os salteadores representaram uma parte significativa das forças de combate que expulsaram as tropas romanas da Judeia no verão e no outouno de 66. A coisa mais importante que Josefo menciona sobre diversos governadores romanos é que eles trataram do fênomeno do banditismo.

Características e condições do banditismo social

É basicamente através da obra de Eric Hobsbawm que chegamos a entender o banditismo social nas sociedades camponesas como uma forma de rebelião pré-política.[1] O banditismo social surge em sociedades agrárias tradicionais, em que os camponeses são explorados por governos e proprietários de terras, particularmente em situações nas quais os camponeses são economicamente vulneráveis e os governos administrativamente ineficientes. Esse banditismo pode aumentar em épocas de crise econômica, incitado pela fome ou elevada tributação, por exemplo, bem como em períodos de desintegração social, talvez resultante da imposição de um novo sistema político ou econômico-social. Hobsbawm vê credibilidade histórica nas lendas populares de que os bandidos fazem justiça, muitas vezes funcionam como campeões da justiça para o povo simples e geralmente gozam do apoio dos camponeses locais. Efetivamente, em vez de ajudar as autoridades a capturar os bandidos, o povo poderá protegê-los. Os salteadores geralmente compartilham, e às vezes simbolizam, o senso fundamental de justiça do povo simples e suas lealdades religiosas básicas. Às vezes o banditismo se une ao milenarismo e em algumas circunstâncias históricas acompanha ou lidera revoltas camponesas.

Os bandidos sociais emergem de incidentes e circunstâncias em que aquilo que é imposto pelo Estado ou pelos governantes locais é percebido como injusto ou intolerável. Mas, subjacentes a tais incidentes, há condições socioeconômicas gerais, em que muitos camponeses são marginalizados e vulneráveis. Sempre se trata de um fenômeno rural. Diz Hobsbawm: "O banditismo social é encontrado universalmente em sociedades baseadas na agricultura... e compõe-se predominantemente de camponeses e trabalhadores sem terra, dominados, oprimidos e explorados por outros — proprietários, cidades, governos..."[2] Além disso, o bandido social só aparece antes de os pobres terem alcançado consciência política ou adquirido métodos mais eficazes de agitação social. Condições econômico-sociais agudas oferecem circunstâncias favoráveis. O banditismo ocorre regularmente em áreas e períodos de ineficiência administrativa que dão espaço para os que são declarados proscritos, enquanto um regime altamente controlado e repressivo pode conseguir eliminar os bandidos, por mais intoleráveis que sejam as condições.

As crises econômicas provavelmente aumentam a escalada do banditismo. Os camponeses que não conseguem acompanhar os crescentes impostos ou arrendamentos são excluídos da terra e se tornam sujeitos às exações dos proprietários e governantes. As carestias podem significar a ruína para os camponeses, forçando muitos a procurar outros meios de vida. Mesmo transformações que ocorrem no nível internacional ou imperial da economia, totalmente inexplicáveis ou incontroláveis para os camponeses, podem causar um declínio repentino ou contínuo na sua condição. O deslocamento social causado pela guerra civil, a desagregação de toda a sociedade por uma conquista estrangeira, ou a ascensão ou imposição de novas classes dominantes e estruturas sociais podem trazer uma dramática escalada do banditismo. O declínio do poder efetivo do regime pode produzir resultados semelhantes.

O contexto econômico-social do antigo banditismo judeu apresentava exatamente essas condições. Além disso, essas mesmas condições forneceram o contexto e as condições prévias para os outros grupos populares, por serem examinados mais adiante. Sentimo-nos forçados a perguntar por que tantas centenas, tantos milhares de camponeses judeus estavam dispostos a abandonar suas casas para seguir um profeta no deserto ou levantar-se em rebelião contra seus senhores judeus e romanos, quando era dado o sinal por algum "rei" carismático, ou fugir para as montanhas, juntando-se a algum bando de salteadores. Em geral os camponeses não tomam iniciativas tão drásticas, a não ser que as condições tenham-se tornado tais que eles não possam mais seguir seus padrões tradicionais de vida. Assim, nossa análise das condições econômico-sociais que dão origem ao banditismo social podem servir simultaneamente como uma consideração das condições de outros movimentos populares judeus no tempo de Jesus.

Estudos recentes das condições dos camponeses em países que tiveram "revoltas camponesas" de grande escala no século XX verificaram que, como a vida camponesa é economicamente tão marginal, mudanças graves nessas condições frequentemente são um fator-chave que afeta a inquietação camponesa. Isso de forma alguma torna o nível de privação econômica e de opressão um simples índice do grau de resistência e rebelião. As expectativas de um grupo particular, as condições políticas da sociedade e a consciência política do povo, entre outras coisas, são fatores importantes em quase toda situação. Todavia, mudanças nas condições econômicas são de particular importância, simplesmente por causa da estrutura básica da maioria das sociedades camponesas, em que os camponeses vivem economicamente num nível de subsistência ou quase.

Estudos sobre revoltas camponesas e suas condições indicam também que a "classe camponesa" numa determinada sociedade nunca é uma massa homogênea de pessoas. Há diferenças de comportamento e de perspectivas entre ricos e necessitados, entre arrendatários e proprietários, entre artesãos e agricultores, entre aqueles que apenas estão endividados e aqueles que foram forçados a deixar suas terras e entrar na classe dos assalariados. Da mesma forma, há variações na maneira como mudanças sociais de grande escala tocam as pessoas, mesmo numa determinada aldeia. Mas os dados disponíveis para os camponeses judeus da Palestina sob o domínio romano e o estágio rudimentar dos estudos nesta área fazem com que não seja possível realizar uma análise muito precisa das condições e mudanças econômicas, muito menos uma análise detalhada das formas como os diferentes estratos de camponeses reagiram a certas mudanças. Podemos descrever as condições gerais dos camponeses judeus e notar certas grandes mudanças nessas condições e os efeitos das circunstâncias políticas a longo prazo sobre a vida camponesa em geral.

Para entender por que a agitação popular assumiu certa forma específica, como o movimento messiânico ou profético, é necessário examinar mais de perto as tradições características da sociedade judaica, com base nas quais as pessoas reagiam às crises da sua vida (ver capítulos 3 e 4). No presente capítulo examinaremos primeiro as circunstâncias gerais que estavam modificando as condições da vida camponesa judaica. A seguir, em parte como meio de ilustrar como a vida camponesa estava sendo desintegrada, e em parte como maneira de nos familiarizarmos com as condições da vida camponesa, examinaremos a ocorrência e a crescente frequência do banditismo social no período entre a conquista romana em 63 a.C. e a revolta popular contra Roma.

As condições socioeconômicas do banditismo social judeu e outros movimentos populares

Como parte da sua mensagem da vinda do reino de Deus, Jesus exortou os seus ouvintes: "Por isso vos digo: Não vos preocupeis com a vida, quanto ao que haveis de comer, nem com o corpo, quanto ao que haveis de vestir... Pelo contrário, buscai o seu Reino, e estas coisas vos serão acrescentadas" (Lc 12,22.31; Mt 6,25.33). Obviamente os camponeses judeus do tempo de Jesus preocupavam-se com o que iriam comer e o com que iriam vestir. O que fornecia os meios para ter o que comer e o que vestir era a terra, ou o acesso a ela. Mas, para muitos camponeses da época, o acesso à terra tinha-se tornado problemático.[3] Para poder viver, o camponês tinha de ter terra onde pudesse cultivar não só o suficiente para sobreviver até a próxima colheita, mas também grãos extras em quantidade suficiente para a semeadura da safra seguinte, o suficiente para alimentar um animal de tração (caso tivesse algum), o suficiente para vender ou trocar para outras necessidades que não podia satisfazer com seus produtos, e ainda um extra suficiente para eventuais cerimônias por serem celebradas para ajudar a explicar e regular a vida. E além dessas necessidades para o sustento da vida da família ou da aldeia de um ano para o outro, esperava-se que os camponeses produzissem mais, isto é, um "excedente". A razão para esse excedente era a de que os camponeses "são cultivadores rurais cujos excedentes são transferidos a um grupo dominante, que os usa para pagar o seu próprio padrão de vida e distribuir o restante a grupos da sociedade que não cultivam, mas precisam ser compensados pelos seus bens e serviços específicos".[4] Quando tantos camponeses judeus da época de Jesus se inquietavam com o que comer e vestir, sua preocupação estava diretamente relacionada com o montante de excedentes que os governantes exigiam, a maneira como exigiam e como os camponeses viam o caráter, a legitimidade e o comportamento dos vários tipos de elites dominantes, que os seus excedentes estavam mantendo. Naturalmente a maneira como os camponeses judeus reagiam tinha muito que ver com o modo como eles pensavam que tais relações deviam ser e como se desenvolviam na realidade.

A obrigação primária dos camponeses judeus era o tradicional dízimo. O sustento do sistema sacerdotal e do complexo aparato do templo em Jerusalém era entendido como uma obrigação para com Deus. Praticamente desde os primórdios da civilização, no antigo Oriente Médio, a terra era vista como propriedade do deus da área específica ou dos deuses da sociedade em geral. Os templos eram as casas dos deuses, e os seres humanos, conforme explicado no final do mito babilônico da criação, "Enuma Elish"[5], tinham sido criados como servos dos deuses para que estes pudessem dedicar-se ao negócio de manter a ordem e a estabilidade do cosmo e ainda ter tempo de banquetear-se de modo conveniente ao seu importante papel no universo. Assim a responsabilidade da imensa maioria do povo era produzir grande abundância de bens para serem levados aos depósitos dos templos, onde os sacerdotes e "os grandes" cuidavam e alimentavam os deuses.

De maneira semelhante, também o antigo Israel considerava a terra como pertencente ao seu Deus, Javé. Porque Deus lhes tinha dado a terra, eles deviam devolver uma parte do seu produto em gratidão pela benevolência de Deus. Entretanto, na ordem da aliança mosaica original do antigo Israel, Javé havia especificamente recusado a construção e manutenção do complexo aparato de um templo institucionalizado e seu sacerdócio, sustentado, naturalmente, pelos excedentes dos camponeses. Em vez disso, os dízimos ou ofertas a Deus no antigo Israel eram usados em festas religiosas. Considerava-se que nessas festas Deus compartilhava das doações juntamente com os que as traziam. Eram também usadas para ajudar os pobres, as viúvas, os sem-terra, bem como os sacerdotes e levitas locais. Mas sob a monarquia, os reis davídicos, como regentes de Deus, reivindicaram para si tanto os produtos da terra como a mão de obra que o povo supostamente devia a Deus, e com isso mantiveram o culto e o sacerdócio.

Quando em 587 a.C. os babilônios destruíram o templo de Jerusalém, juntamente com o resto de Jerusalém e seus arredores, exilaram a classe dominante, o monarca e os sacerdotes do templo. Mais tarde, os persas, evidentemente seguindo uma política imperial padrão, decidiram que seria bom reconstruir a "casa" do Deus de Israel — isto é, "o deus que está em Jerusalém" — e reintegrar na sua posição de domínio na

Judeia aqueles que cuidariam do seu culto. Os descendentes dos antigos grupos dominantes de Judá, especialmente dos antigos sacerdotes de Jerusalém, puderam assim restabelecer-se à frente da sociedade judaica, agora centralizada no templo reconstruído. Os camponeses judeus — que tinham ficado na terra durante o exílio da classe dominante — ofereceram alguma resistência inicial, mas gradativamente consentiram na restauração. Em agradecimento pelo restabelecimento do povo na terra prometida, foi renovada a aliança com Deus, desta vez enfatizando menos a assistência aos pobres que a preocupação com a casa de Deus e os seus sacerdotes. Além de uma grande variedade de ofertas específicas, o povo obrigou-se a

> levar cada ano ao Templo de Javé as primícias de nosso solo e as primícias de todos os frutos de todas as árvores; bem como... os primogênitos de nosso gado graúdo e de nosso gado miúdo ao Templo de nosso Deus, sendo destinados aos sacerdotes em função no Templo de nosso Deus. Além disso, a melhor parte de nossas moeduras, dos frutos de toda árvore, do vinho novo e do azeite, levaremos aos sacerdotes, nas dependências do Templo de nosso Deus; e o dízimo de nossa terra, aos levitas — são os próprios levitas que recolherão o dízimo em todas as nossas cidades agrícolas... Pois é para estas salas que os filhos de Israel e os levitas levam as contribuições de trigo, de vinho e de azeite; lá se acham também os utensílios do santuário, dos sacerdotes em serviço, dos porteiros e dos cantores... Não mais negligenciaremos o Templo de nosso Deus (Ne 10,36-40).

Embora seja difícil fazer um estimativa exata da extensão dessas obrigações para cada família ou clã em todas essas contribuições e dízimos, está claro que equivaliam a uma elevada proporção dos seus produtos, tudo em obrigações políticorreligiosas para com a hierarquia e outros sacerdotes e suas atividades.[6] Em geral o povo levava essas obrigações a sério. Por exemplo, até depois do começo da grande revolta, os judeus da Galileia voluntariamente entregavam seus tributos aos sacerdotes. Pouco depois que ele e outros emissários de Jerusalém haviam chegado para assumir os negócios na Galileia, Josefo observa: "Meus colegas, tendo acumulado grande quantidade de dinheiro dos dízimos que tinham recebido como seu direito sacerdotal, decidiram voltar para casa..." (*Vida*, 63), enquanto, naturalmente, ele recusou receber tais dízimos "que me eram devidos como sacerdote" (*Vida*, 80). Os fariseus observavam rigorosamente as leis sobre dízimos e tributos e evidentemente insistiam para que o resto do povo fizesse o mesmo. Houve, sem dúvida, algumas reclamações e mesmo inobservância e evasão. Mas é digno de nota no discurso de Jesus contra os fariseus que, embora ele caricaturize a sua minuciosidade sobre as leis do dízimo — pagando o dízimo até de plantas como a hortelã, o endro e o cominho —, apenas

CARACTERÍSTICAS E CONDIÇÕES DO BANDITISMO SOCIAL 63

critica a sua negligência da justiça e da misericórdia, não a obrigação básica de pagar o dízimo (ver Lc 11,42; Mt 23,23). De maneira semelhante como muitas sociedades camponesas consideravam o seu rei, o povo comum via o templo e o sumo sacerdócio como símbolos altamente positivos da unidade do povo e da sua união com Deus, guardião da ordem social correta. Se fossem injustiçados, os maus assessores ou ministros do soberano é que deviam ser acusados, não a monarquia, o sumo sacerdócio ou o templo. Podemos, assim, razoavelmente supor que os camponeses judeus aceitavam sua obrigação primária e tradicional do dízimo e outros deveres de sustentar o sacerdócio e o aparato do templo.

Naturalmente, sob o império persa e o helenístico, toda a sociedade teve de pagar um certo valor de tributo à administração imperial. É provável que este fosse cobrado por taxação adicional sobre os dízimos e sacrifícios básicos. Sob os selêucidas, o total do tributo havia sido um terço dos cereais e a metade do vinho e do óleo. Mas sob o regime nativo asmoneu provavelmente as obrigações globais dos produtores judeus foram reduzidas. Por isso foi uma dramática mudança de circunstâncias quando Roma conquistou a Palestina judaica e a submeteu ao tributo. Agora o tributo romano era sobreposto aos dízimos e outros impostos devidos ao templo e ao sacerdócio. Em um dos documentos oficiais preservados por Josefo, lemos:

> [Julio] Gaio César, Imperador pela segunda vez, ordenou que eles deviam pagar um imposto pela cidade de Jerusalém, excluindo Jope, todo ano, exceto o sétimo, que eles chamam de ano sabático, porque durante esse ano não colhem frutos das árvores nem semeiam. [Ele também decretou] que no segundo ano eles deviam pagar o tributo em Sidon, no valor de um quarto do produto semeado; além disso, também deviam pagar dízimos a Hircano [II] e seus filhos, da mesma forma como os pagavam aos seus antepassados (*Ant*. 14.202-3).

Os produtores agrícolas judeus estavam agora sujeitos a uma dupla tributação, provavelmente bem acima de 40 por cento da sua produção. Ainda havia outros impostos romanos que pesavam sobre o povo, mas o tributo era o dreno maior.

Vindo, como veio, imediatamente após um período de ostensiva independência nacional sob os asmoneus, a dominação romana era vista como totalmente ilegítima. O tributo era considerado uma extorsão. De fato foi chamado simplesmente de escravidão por doutrinadores militantes como Judas da Galileia, que organizou uma resistência ativa ao censo, quando os romanos assumiram a administração direta da Judeia em 6 d.C.[7] Mas virtualmente toda a sociedade deve ter odiado intensamente o tributo. Até a aristocracia sacerdotal — que de resto colaborava com o governo romano da Palestina, mas cujas receitas estavam efetivamente em competição com a taxação romana — ajudou a organizar protestos contra a tributação excessiva. Naturalmente, os sumos sacerdotes não se lembraram de reduzir sua própria tributação, ainda que não precisassem mais manter forças militares e a administração política completa de um estado independente. Para os romanos o tributo era uma questão extremamente séria. Qualquer falta de pagamento era considerada equivalente a uma rebelião, a que Roma habitualmente reagia com força punitiva. Assim os produtores agrícolas judeus permaneceram sujeitos a essa dupla tributação durante todo o período, uma grave e contínua drenagem dos seus recursos.

Mas, além desta constante drenagem da dupla taxação, a conquista romana impôs outras pressões sobre a economia agrícola. Primeiro, as necessidades da guerra civil romana exigiram a cobrança de impostos especiais, grandes somas para serem levantadas quase imediatamente. Em segundo lugar, muitas vezes os exércitos romanos devastavam as aldeias e suas populações. Por exemplo, quatro centros regionais (Gofna, Emaús, Lida e Tamna), atrasados na arrecadação de impostos especiais pedidos por Cássio, foram simplesmente reduzidos à escravidão (*G.J.* 1.219-22; *Ant.* 14.271-75). Também na área de Emaús, um general romano, Maqueras, irritado com líderes judeus rivais, matou todos os judeus que encontrou na sua retirada de Jerusalém a Emaús (*G.J.* 1.317-19; *Ant.* 14.436). Em terceiro lugar, a devastação direta causada pelos exércitos romanos era agravada por outras devastações resultantes das lutas entre facções asmoneias rivais que buscavam o controle da Judeia, bem como decorrentes do longo esforço de Herodes para conquistar o seu "reino" com a ajuda dos exércitos romanos. Enquanto o impacto imediato de qualquer uma destas arrecadações especiais ou das devastações pode ter sido individual ou coletivamente limitado, certamente teve um efeito duradouro sobre a capacidade de certas famílias ou aldeias de permanecer economicamente viáveis.

A "libertação" romana das cidades helenísticas, que haviam sido submetidas pelos asmoneus no segundo século a.C., com toda a probabilidade teve um impacto permanente sobre os camponeses judeus. Os romanos também restauraram alguns territórios anteriores dessas cidades, isto é, áreas rurais ou aldeias sujeitas a elas. Inicialmente apenas um número limitado de judeus que repentinamente se viram sujeitos de uma cidade helenística restaurada deve ter atravessado as fronteiras como refugiados. Mas com o passar do tempo e uma situação de crescente demanda de excedente de produtos criada pela conquista romana, um efeito provável foi um fluxo contínuo de refugiados para as áreas ainda sob autoridades judaicas.[8] Não é difícil imaginar as várias maneiras como a superpopulação resultante no território judeu agora reduzido deverá ter colocado novas demandas à terra, à sua produtividade e aos produtores: mais bocas para alimentar, maior demanda para fins caritativos e dízimos, desapropriação e mais subdivisão da terra.

O regime de Herodes, o Grande, pôs fim à agitação político-social através da sua repressão. Mas a complexa administração e a munificência diplomática de Herodes, juntamente com seus ambiciosos projetos de construção, agravaram a carga tributária dos produtores camponeses. O pagamento aos romanos continuou. Os dízimos para os sacerdotes e o templo permaneceram. Ainda que Herodes patrocinasse algum "desenvolvimento econômico" de novas áreas no sul e no nordeste, isso pode ter sustentado apenas uma fração do custo dos seus vastos projetos construtivos (p. ex., o templo, cidades helenísticas inteiramente novas). Não é, pois, de admirar que os representantes da aristocracia judaica, em delegação a Roma após a morte de Herodes, se tivessem queixado de que ele tinha virtualmente esgotado o país (*Ant.* 17.304-8).

O efeito de cada uma dessas pressões sobre a produtividade e a subsistência dos camponeses judeus deve ter sido o de endividá-los. Se uma família camponesa, após entregar 40 por cento ou mais de sua colheita, não tivesse o suficiente para sobreviver até a próxima colheita, teria de tomar emprestado cereais para alimentar-se ou para semear na próxima semeadura. Membros da família podem ter procurado empregar-se como mão de obra assalariada de um proprietário maior. Mas como indica a parábola de Jesus em Mt 20, havia muito mais pessoas procurando emprego que o número daquelas que podiam ser contratadas (um dos efeitos da superpopulação já assinalada). Sob tais pressões econômicas, com falta de produção para atender as demandas da subsistência e dos excedentes, os camponeses eram obrigados a pedir emprestado. O empréstimo contínuo deve ter aumentado significativamente a dívida de uma família, com grande risco de perda total da terra. Depois cairia na classe do proletariado rural, a dos trabalhadores diaristas sem terra, ou se tornaria um arrendatário meeiro, talvez no seu próprio pedaço de terra anterior.

A julgar pelas parábolas de Jesus (p. ex., Mc 12,1-9; Mt 20, 1-16), era exatamente isso o que estava acontecendo com os camponeses. Naquele tempo a forma predominante de ocupação da terra provavelmente ainda era a propriedade familiar independente, naturalmente com vários graus de endividamento. Mas outras formas tinham-se tornado importantes, a tal ponto que podiam ser usadas como ilustrações vivas a partir das quais os ouvintes podiam facilmente concluir a analogia visada. Grandes propriedades fundiárias administradas por administradores e cultivadas por arrendatários era um fenômeno comum. Uma oferta excessiva de trabalhadores estava à espera de qualquer emprego, mesmo até a undécima hora do dia. Mesmo que alguns trabalhadores não fossem sem-terra, e apenas procurassem suplementar a sua produção insuficiente com uma "renda extra", tanto no caso dos trabalhadores como no dos arrendatários, é evidente que os camponeses tinham perdido ou estavam ameaçados de perder sua própria terra. Dada a demanda de excedentes (impostos), o mecanismo através do qual se perdia a terra era o endividamento, outro fenômeno conhecido pelas parábolas de Jesus.

Em contraste com esta situação, no Israel antigo, nas estipulações da aliança mosaica para impedir a perda da terra dos camponeses através de endividamento, havia disposições que previam a remissão das dívidas e dos escravos de dívida cada sétimo ano (ver Ex 21,2; Dt 15,1-18; Lv 25, 35-42). Além disso, caso as pessoas ainda perdessem suas terras, apesar do perdão sabático, havia (supostamente) o Ano do Jubileu, uma proclamação de liberdade, segundo a qual cada pessoa devia voltar à herança familiar original (ver Lv 25, 8-24). Embora haja sérias dúvidas sobre se o Ano Jubilar realmente era observado, tratava-se claramente de um ideal na cabeça do povo. A remissão sabática das dívidas foi, sem dúvida, tomada com algum grau de seriedade no período tardio do segundo templo. Por causa da dupla tributação, judaica e romana, agravada pelas demandas de Herodes, havia considerável pressão para os camponeses tomarem empréstimos. Mas, como a remissão sabática era levada a sério, os potenciais credores relutavam em conceder empréstimos nos últimos anos antes do ano sabático. Supondo a historicidade da sua promulgação (que foi questionada), este foi o contexto e o objetivo do *prosbul* estabelecido pelo sábio fariseu Hillel, no reinado de Herodes. Para que os camponeses desesperados pudessem conseguir os empréstimos necessários dos credores relutantes, Hillel criou um artifício com o que se podia contornar as disposições da lei da remissão sabática das dívidas.

> [Um empréstimo garantido por] um *prosbul* não é cancelado [pelo sétimo ano]. Esta é uma das coisas que Hillel, o Velho, ordenou. Esta é a fórmula do *prosbul*: Eu vos declaro, fulano e fulano, juízes em tal lugar, que em relação a qualquer dívida devida a mim, eu a cobrarei quando quiser (M. Shevuot 10.3-4).

O efeito de curto prazo de tal dispositivo era sem dúvida o alívio dos camponeses famintos e sobretaxados. O efeito de longo prazo era a dívida permanente.

Entretanto, uma classe camponesa endividada era mais um mecanismo com o que os ricos e poderosos podiam extrair ainda mais excedentes dos produtores. Pois estes não tinham de deduzir apenas 40 por cento ou mais do total da sua colheita, mas ainda pagar empréstimos e os juros (supostamente ilegais) sobre os empréstimos. Desta forma, apenas concedendo empréstimos, os ricos podiam fazer os seus devedores nas aldeias produzir os bens necessários para o seu estilo de vida mais ocioso em Jerusalém (100 medidas de óleo aqui, 100 medidas de trigo lá, como na parábola de Jesus em Lc 16,5-7).

Ironicamente, a opulência que assim se acumulava para os ricos e poderosos sacerdotes, os herodianos e outros em Jerusalém, contribuía ainda mais para a espiral do endividamento dos camponeses, a perda das suas terras e o crescimento de grandes propriedades fundiárias. Como decorrência dos dízimos e outras obrigações para com os sacerdotes e o templo — através do pagamento de empréstimos e de juros sobre estes e até por meio de contribuições que os judeus da diáspora de todo o mundo enviavam ao templo — grande abundância de riquezas afluía a Jerusalém e ali se acumulava. Mas não havia mecanismos por meio dos quais esses recursos pudessem ser canalizados para as pessoas mais necessitadas. A maior parte das contribuições para os pobres vinha das próprias aldeias e pequenas cidades. Pelo contrário, uma parte das riquezas de excedentes era usada em artigos de luxo ou simplesmente armazenada no tesouro do templo, sob a forma de metais ou objetos valiosos. Mas grande parte dessa fortuna obviamente também era "investida" em terras. E a forma como isso era feito consistia em empréstimos a juros elevados aos camponeses necessitados, muitos dos quais acabavam perdendo suas terras avitas para os credores.

Outro fator que contribuiu poderosamente para a agitação popular e que está estritamente relacionado com o endividamento camponês e a perda das terras foram as secas periódicas e a fome resultante. Houve uma grande seca e fome em 25-24 a.C. e outra muito severa nos últimos anos da década de 40 do século I d.C. A rainha Helena de Adiabene (uma convertida ao judaísmo), numa peregrinação a Jerusalém, deu alguma ajuda aos habitantes de Jerusalém (ver *Ant.* 20.51-53,101). Mas a prolongada carestia indubitavelmente levou muito mais camponeses ao endividamento e fez com que muitos acabassem perdendo todos os seus bens. Conforme veremos, a miséria do final da década de 40 quase certamente foi um fator importante da crescente agitação social nas décadas de 50 e 60 do século I d.C.

Um fator final que contribuiu para a turbulência da sociedade do primeiro século d.C. e a disposição dos camponeses judeus para aderir aos vários movimentos foi o caráter ilegítimo, a posição comprometida e o comportamento explorador da classe dominante judaica. Mesmo em condições de penúria e exploração, camponeses submissos poderiam continuar a aceitar a autoridade dos governantes estabelecidos da sociedade. Mas este não foi o caso da sociedade judaica do século I d.C. Conforme observa Josefo em conexão com o seu relato sobre a desapropriação dos dízimos ainda na própria eira pelos servos dos sumos sacerdotes: "Hostilidade e partidarismo dominava entre os sumos sacerdotes por um lado, e os sacerdotes e líderes das massas de Jerusalém, por outro" (*Ant*. 20.180).

Apesar das tensões entre classes na sociedade judaica, o templo era fundamentalmente um *símbolo* altamente positivo para a maioria dos judeus na Palestina, como o era também o sacerdócio em geral. Mas principalmente por causa da importância do templo como símbolo políticorreligioso, os sumos sacerdotes do período tardio do segundo templo e a administração do templo em geral pareciam de legitimidade questionável. Os asmoneus, originariamente líderes da revolta popular contra a elite helenizante, eram usurpadores não sadoquistas do cargo do sumo sacerdócio. Das famílias sacerdotais introduzidas por Herodes e que monopolizaram os altos cargos sacerdotais até a revolta judaica, algumas não eram sequer famílias judaicas da Palestina, mas famílias poderosas da diáspora. Mais grave foi o seu comportamento cada vez mais explorador em relação aos sacerdotes comuns e ao povo em geral, conforme assinalou Josefo. Uma das principais razões para esse tipo de comportamento foi o fato de que a aristocracia sacerdotal devia a sua posição de riqueza e poder aos romanos. Em consequência e a fim de permanecer à frente da sociedade judaica, tinha de colaborar com o sistema imperial romano. Sua posição comprometida tornou-se dramática pouco antes da explosão da revolta em 66 d.C. O tributo estava atrasado. Conforme já observamos, para os romanos isso era o equivalente a uma rebelião. Assim a própria aristocracia tentou apressadamente arrecadar o tributo de uma população que não estava nada disposta a "ceder a César..." Não admira, pois, que a insurreição generalizada que explodiu algumas semanas depois fosse dirigida tanto contra a aristorcracia sacerdotal quanto contra os romanos. Mas a aristocracia, se não os romanos, estava bem ciente das circunstâncias de grande pressão em que se encontravam os camponeses e certamente estava consciente da conexão direta entre a impossibilidade do povo de produzir o suficiente para atender as pesadas exigências dos impostos e a existência e o crescimento do banditismo. Anteriormente, após uma prolongada greve camponesa em protesto contra a ordem do imperador Gaio de erguer uma estátua de si mesmo como deus no templo, alguns membros da família de Herodes alertaram Petrônio, legado da Síria, sobre que, se a paralisação continuasse por mais tempo, "surgiriam incursões de bandidos — pois os campos não estavam plantados — e o pagamento do tributo se tornaria impossível" (*Ant.* 18.274; todo o episódio: *Ant.* 20.261-78; *G.J.* 2.184-203).

Banditismo social na Palestina

Em condições tão difíceis para os camponeses judeus, não surpreendem os surtos de banditismo. A delegação de Roma a Pompeu (64 a.c.) para "pacificar" o Mediterrâneo Oriental inaugurou uma nova era de dominação estrangeira para os judeus. Também iniciou um período de uma geração de extrema agitação política e socioeconômica na Palestina. A solução dada por Pompeu para a situação política da Palestina deixou o último rei — sumo sacerdote asmoneu, Hircano — apenas com o núcleo rural e basicamente judeu do reino asmoneu. Conforme já indicado acima neste capítulo, isso provocou uma aguda escassez de terra para os camponeses judeus, particularmente nas áreas limítrofes.

Em 57 a.C. o procônsul da Síria, Gabínio, mal-afamado por suas extorsões, concedeu à nobreza local poderes de governo nas suas respectivas regiões, o que colocou os camponeses sob a pressão direta da sua própria gente. Como era de prever, numerosas pessoas cerraram fileiras em torno de Aristóbulo, o asmoneu rival, em 56-55, mas Gabínio esmagou a rebelião. Todavia, só depois da consolidação do poder de César em Roma, o primeiro-ministro de Hircano, Antípatro (pai de Herodes), conseguiu poder suficiente para governar efetivamente a Palestina (48-47).

Não causa nenhuma surpresa o crescimento do banditismo no rastro desse período de guerra civil e lutas políticoeconômicas. "Ezequias, um líder salteador com um bando muito grande, estava assolando a região da fronteira síria" (*G.J.* 1.204). Os galileus que aderiram ao bando de salteadores liderado por Ezequias provavelmente eram vítimas e fugitivos da mudança da situação social e política bem como do poder, recentemente adquirido, da nobreza local (*G.J.* 1.204-11; *Ant.* 14.159-74). Este "bando muito grande" de salteadores atacava principalmente ao longo da fronteira síria — pelo menos até que a consolidação do poder nas mãos de Antípatro encerrou o período de fraqueza do governo central. Herodes, delegado pelo seu pai Antípatro, para governar a Galileia, logo capturou e matou Ezequias e numerosos dos seus salteadores, para grande satisfação dos sírios e consternação dos camponeses galileus, como veremos.

Uma década mais tarde vemos novamente Herodes reprimindo salteadores e outros rebeldes na Galileia. "Salteadores que viviam em cavernas estavam devastando grande parte da zona rural e infligindo aos habitantes calamidades não menores que as de uma guerra" (*G.J.* 1.304). Como na Itália e em outras áreas do império romano, também na Galileia apareceram numerosos salteadores na esteira da retomada da guerra civil. Além disso, os impostos romanos especiais, inesperadamente cobrados por Cássio e rigorosamente arrecadados por Herodes, foram um fator agravante na Galileia. Da mesma forma como os camponeses anteriormente haviam aderido à causa de Aristóbulo contra Hircano e Antípatro, assim agora tomaram o partido do seu filho Antígono, quando os partos o instalaram no poder em 40-39 d.C. Herodes recrutou um exército para retomar o controle em 39-38 d.C. Os salteadores galileus perseguidos por Herodes em 38 d.C. eram claramente uma parte importante da contínua oposição a Herodes, quando este procurava consolidar seu poder como rei dependente dos romanos. Esses salteadores não eram um bolsão isolado de resistência, mas uma forma muito característica da contínua e ampla resistência popular a Herodes. Antes da descoberta, pelos especialistas, da realidade social do banditismo, afirmava-se que nessa situação os salteadores deviam ser simplesmente identificados com os partidários restantes de Antígono, outro rival asmoneu. Mas tal explicação não dá conta da complexidade da situação da resistência camponesa na Galileia. Pois Josefo diz claramente que, depois que a "Galileia" (a nobreza local) passou para o seu lado, Herodes primeiro tomou as fortalezas e só depois agiu contra a grande força dos salteadores (*G.J.* 1.303-4).

Considerando essas circunstâncias não é difícil deduzir quais eram os habitantes atacados pelos bandidos (*G.J.* 1.304). Os candidatos menos prováveis são os camponeses que viam como inimigos Herodes e a nobreza local da Galileia, e não os bandidos. Os habitantes atacados pelos salteadores foram a elite local da Galileia. Embora o povo simples tivesse afogado muitos deles no lago da Galileia, evidentemente os notáveis tinham feito algum progresso em restabelecer o seu controle. Os salteadores acharam necessário retirar-se para as cavernas dos escarpados penhascos perto da aldeia de Arbela. Mas continuaram suficientemente fortes para molestar a nobreza local e constituíram uma ameaça para o controle total de Herodes sobre a Galileia. Na verdade os salteadores ou não eram bastante fortes ou não sentiam coragem suficiente para atacar Herodes e todo o seu exército, quando este avançava contra as suas fortalezas. Entretanto, Herodes, com sua força militar superior, conseguiu matar muitos dos bandidos e rechaçar outros para além do rio Jordão. Aqueles que escaparam refugiaram-se na sua fortaleza quase inacessível nas cavernas. Depois de algum tempo, Herodes finalmente descobriu um meio de atacar esses salteadores nas suas cavernas, um episódio que Josefo narra com grande satisfação (*G.J.* 1.304-13; *Ant.* 14.415-30).

> Por meio de cordas fez descer [sobre os penhascos] os mais valentes dos seus homens em grandes cestos até alcançarem as entradas das cavernas; então mataram os salteadores e suas famílias e lançaram tições de fogo contra aqueles que resistiam... Nenhum deles se entregou voluntariamente, e dos que foram retirados à força muitos preferiram a morte ao cativeiro [*G.J.* 1.311]...Um velho que tinha sido capturado dentro de uma das cavernas com sua mulher e sete filhos... ficou na entrada e matou cada um dos seus filhos à medida que apareciam na boca da caverna e finalmente sua mulher. Depois de jogar os cadáveres precipício abaixo, lançou-se também a si mesmo, submetendo-se antes à morte que à escravidão (*Ant.* 14.429-30).

Possuímos poucas ou nenhuma evidência sobre o banditismo durante o longo reinado de Herodes. Mas isso não significa que não havia bandidos nesse período. A presença de alguns salteadores no movimento popular messiânico na Pereia, após a morte de Herodes, sugere que ocasionalmente pode ter havido alguns bandidos nas áreas mais afastadas. Mas o regime de Herodes era realmente "eficiente". Manteve um controle social rigoroso e opressivo através de uma rede de fortalezas em todo o reino, um numeroso exército, uma polícia de segurança e até um sistema de informantes. Consequentemente, apesar das duras exigências econômicas impostas pelo regime herodiano, era extremamente difícil a emergência do banditismo. Uma atividade prolongada dos bandidos era impossível e nenhuma ação subversiva de qualquer forma podia evitar de ser detectada por muito tempo. Um dito farisaico atribuído ao período herodiano expressa bem o clima predominante: "Ama o trabalho e odeia o poder e não te faças conhecido do governo" (Pirke Abot 1.10)

Nossa fonte principal, Josefo, fornece poucas informações sobre o período que se estende desde a deposição do filho e sucessor de Herodes na Judeia, Arquelau, até o fim do reinado de Agripa I (6-44 d.C.) Talvez a sua própria falta de fontes para o período explique em parte por que não fala de nenhuma atividade importante de bandidos até quase a metade do século. Consequentemente também é difícil determinar até que ponto possa ter sido típica a tropa de salteadores liderada por Tolomau pelo fim desse período, ou que circunstâncias especiais possam ter cercado essa atividade de banditismo. Além da pesada carga da dupla tributação, a situação de dominação estrangeira frequentemente era ainda agravada por incidentes ofensivos. Por causa dos costumes e sensibilidades religiosas incomuns dos judeus, a política romana geral era tratá-los com delicadeza. Infelizmente, porém, ocorriam periódicas provocações da parte de soldados hostis ou dos samaritanos e particularmente dos governadores romanos mais insensíveis e implacáveis. Pôncio Pilatos, o mais notório, governador de 26 a 36 d.C., e dificilmente o sujeito indeciso apresentado nos evangelhos cristãos, provocou alguns dos incidentes maiores e imediatamente suprimiu com impiedosa violência militar qualquer atividade suspeita entre o povo, tais como protestos e movimentos proféticos (*Ant.* 18.55-62, 85-87; *G.J.* 2.169-77).

Se a tradição do evangelho cristão em Mc 15, 27 for historicamente confiável, "e com ele crucificaram dois bandidos",[9] isso prova a existência de algum banditismo durante a vida de Jesus e a administração de Pôncio Pilatos. Algum tempo depois, o grupo de salteadores liderado por Tolomau fazia incursões principalmente na Idumeia e ao longo da fronteira da Arábia (*Ant.* 20.5). Deve ter sido um bando de proporções consideráveis. Josefo chama Tolomau de "salteador-chefe", um termo que só aplica a Ezequias antes dele e a Eleazar depois dele, visto que ambos foram líderes de grandes tropas de salteadores. Outros grupos além daquele liderado por Tolomau certamente existiram em diversos pontos do país na época. Além da captura e da execução de Tolomau, uma das coisas que Josefo inclui sobre a administração de Fado (44-46 d.C.) foi a eliminação de grupos de salteadores de "toda a Judeia" (*Ant.* 20.5). Josefo também exagerou o sucesso de Fado, pois mais tarde menciona que o líder bandido Eleazar ben Dinai esteve ativo por vinte anos antes de finalmente ser capturado sob o procurador Félix (52-60) (*Ant.* 20.160-61). Assim, ainda que não tenhamos um conhecimento certo da força do banditismo durante todo o período de Arquelau a Agripa I, sabemos que houve considerável atividade de bandidos na década de quarenta e de cinquenta.

O banditismo aumentou agudamente em meados do século. É quase certo que esse fenômeno se deve à grave fome que ocorreu sob o procurador Tibério Alexandre (46-48 d.C.) A fome, conforme já foi assinalado, é uma das circunstâncias econômicas especiais que quase seguramente resulta num surto de banditismo — especialmente no caso dos camponeses judeus já oprimidos pelo peso da dupla tributação, da dominação estrangeira e de provocações ocasionais. Juntando certos comentários incidentais de Josefo, podemos reconstruir vários aspectos significativos da expansão do banditismo judeu. Um líder e seus sequazes podia operar por um período considerável de tempo sem ser capturado, conforme ilustrado pela carreira de vinte anos de Eleazar (*G.J.* 2.253). Outros bandos além do de Eleazar foram suficientemente poderosos para empreender operações bastante audazes. Entre as desordens provocadas pelo banditismo, "na estrada pública que vai a Bet-Horon alguns salteadores atacaram um certo Estêvão, empregado de César, e roubaram-lhe a bagagem" (*G.J.* 2.228). A ousadia de tais grupos de salteadores pode bem ter decorrido do tamanho desses grupos, certamente considerável. Eleazar tinha numerosos adeptos ("muitos associados", *G.J.* 2.253) que ele "organizara numa companhia" (*Ant.* 20.161). Eleazar e Alexandre tinham um número de sequazes suficientemente elevado para empreender uma expedição maciça de retaliação contra Samaria em favor dos camponeses judeus (*G.J.* 2.235; *Ant.* 20.121). Além disso, as medidas tomadas pelas autoridades para capturar ou punir os grupos existentes de salteadores provocava o surgimento de mais banditismo. "Muitos deles [camponeses judeus] aderiram ao banditismo por temeridade, e em todo o país havia ataques, e entre os mais afoitos, revoltas" (*G.J.* 2.238). Finalmente, o número total de salteadores deve ter sido considerável nos anos seguintes à carestia, período em que Cumano (48-52) e Félix (52-60) dedicaram grande energia à eliminação do banditismo. Embora, após a ação militar de Cumano contra a expedição dos camponeses judeus e salteadores a Samaria, "o povo tivesse sido disperso e os salteadores se tivessem refugiado nas suas fortalezas" [Josefo acrescenta significativamente], "a partir de então toda a Judeia estava infestada de salteadores" (*Ant.* 20.124). Félix capturou o salteador-chefe Eleazar, que por vinte anos havia saqueado o país, bem como muitos dos seus companheiros, e enviou-os a Roma para serem julgados. O número de salteadores que ele crucificou... foi enorme" (*G.J.* 2.253).

Nos últimos anos antes da revolta, o banditismo judeu multiplicou-se em proporções epidêmicas, apesar das, se não por causa das medidas tomadas pelos governadores romanos. As condições na administração de Albino (62-64) eram precisamente de natureza a favorecer a difusão do banditismo (ver *G.J.* 2.272-73; *Ant.* 20.215). Além do ódio geral da dominação romana, ricos e pobres estavam agudamente polarizados (ver *Ant.* 20.180, citado acima). Albino agravou ainda mais a situação com uma cobrança extraordinária de impostos. Seu predecessor, Festo (60-62), tinha estabelecido uma política repressiva e prendido muitas pessoas, até por ofensas triviais. Albino inverteu essa política e aceitou resgates pagos pelos parentes de muitos prisioneiros. O efeito direto dessa política administrativa incoerente não escapou a Josefo: "Assim a prisão ficou vazia de reclusos, mas depois o país ficou infestado de salteadores" (*Ant*. 20.215). O procurador seguinte, Géssio Floro, adotou comportamento semelhante, apenas mais pública e afrontosamente. Para Josefo e outros judeus abastados, a administração de Floro assemelhou-se a uma parceria com os salteadores. Josefo afirma que agora "a maioria do povo" (*hoi polloi*) praticava o banditismo, e que cidades inteiras eram arruinadas (*Ant*. 20.255). O banditismo evidentemente cobrou o seu preço da elite, pois muitos judeus ricos deixaram suas propriedades em busca de ambientes mais seguros entre os gentios. Tendo pouco que perder com a crescente desordem, uma parte considerável da população se tornara marginal. A expansão do banditismo tornou-se um fator maior que levou à explora da revolta maciça contra os romanos. Por exemplo, grandes grupos de salteadores já eram uma força dominante na Galileia, quando Josefo chegou para assumir a organização da defesa em 66-67.

Relações entre salteadores e camponeses

Geralmente os bandidos sociais têm o apoio e até a proteção da sua aldeia ou do povo em geral. Periodicamente podem mesmo unir-se sem problema à sua comunidade. Ainda que as autoridades peçam a ajuda local para capturar os salteadores, o povo muitas vezes não colabora e pode até efetivamente protegê-los. Frequentemente só é possível prender ou matar salteadores através de meios especiais, como traição ou embuste. O povo simples local tende a ver um fugitivo da justiça estrangeira dos ricos e poderosos, como uma pessoa honrada, vítima de injustiça ou até como um nobre herói. Um salteador bem-sucedido pode mesmo ser para as pessoas um símbolo de esperança de que a sua opressão não é inevitável.

Além disso, como assinala Hobsbawm, há um fundo histórico atrás das lendas de que os salteadores fazem justiça. Entre os ricos dos quais o salteador rouba — pois o pobre tem pouca coisa para ser roubada — estão os habituais inimigos dos pobres: ricos proprietários de terras e senhores, prelados eclesiásticos e clérigos que na ociosidade vivem do trabalho e dos dízimos dos camponeses, e governantes estrangeiros e outros que subverteram o padrão de vida tradicional. Alguns magnânimos Robin Hoods, como Pancho Villa, efetivamente dão aos pobres. Mas além desta simples redistribuição de bens, há numerosas outras maneiras de os salteadores servirem de defensores e campeões do povo simples.

Os bandidos sociais geralmente também compartilham os valores fundamentais e a religião da sociedade camponesa da qual continuam fazendo parte, pelo menos marginal. Podem ser defensores da fé e do que é justo. Não são inimigos do rei ou do papa, desde que, naturalmente, o rei não seja um déspota estrangeiro ou ilegítimo por outras razões segundo a orientação tradicional dos camponeses. O bandido é visto como justo e não pode estar em conflito com a justiça ou a sua fonte divina. Na verdade, o bandido pode representar uma justiça divina que os camponeses raramente experimentaram, mas pela qual podem continuar a esperar de uma forma não sem relação com fantasias bíblicas:

> As escrituras eu cumpri,
> Ainda que vida má levei.
> Quando os nus eu vi,
> Vesti-os e alimentei-os.
> Às vezes com uma vistosa capa de inverno,
> Às vezes com burel cinza;
> Os nus eu vesti e os famintos alimentei,
> E os ricos de mãos vazias despedi.[10]

Em resumo, contra o regime injusto e opressor da elite local ou de um governo distante, o povo simples protege seus parentes e amigos que se meteram em dificuldades com a lei e a ordem oficial, por intransigência ou má sorte. O salteador social é considerado um herói da justiça e um símbolo da esperança do povo pela restauração de uma ordem mais justa.

A longa duração da carreira de Eleazar ben Dinai e a forma da sua captura final confirmam a tese de Hobsbawm de que os salteadores geralmente gozam do apoio dos camponeses.[11] Foi só por meio de um ardil, oferecendo-lhe falsa segurança, que o procurador Félix conseguiu capturar o astucioso salteador-chefe. É certo que o terreno inacessível das montanhas da Judeia, que usou como sua base de operações, lhe oferecia boa proteção. Mas Eleazar não tinha medo de agir abertamente na zona rural da Judeia e da Samaria. Para ele ter mantido uma carreira de vinte anos evidentemente teve de contar com a proteção dos camponeses.

Ezequias e seus seguidores, quase um século antes, oferecem o exemplo mais claro de salteadores como heróis inocentes, vítimas da lei e da ordem imposta pelo jovem Herodes. Numerosos parentes dos salteadores fizeram a longa viagem da Galileia a Jerusalém, onde "no templo as mães dos homens que tinham sido mortos por Herodes diariamente pediam ao rei-sumo sacerdote e aos anciãos que levassem Herodes a julgamento no Sinédrio pelo que havia feito" (*Ant.* 14.168). Era de esperar que mães desoladas chorassem seus filhos mortos, mesmo que tivessem sido hediondos criminosos executados por autoridades políticas legítimas. Mas neste caso a reação popular foi muito além da lamentação pelos mortos, para transformar-se numa grande demonstração, uma viagem de três dias, de justa indignação pelo exercício tirânico do poder por Herodes. O povo comum considerava os salteadores homens honrados, injustamente assassinados. Entre o material de Hobsbawm há uma oração das mulheres de San Stefano pela salvação de um bandido da Calábria: "Musolino é inocente/Eles o condenaram injustamente;/Oh! Madonna, oh São José,/Que ele esteja sempre sob a vossa proteção.../ Oh! Jesus, oh! minha Madonna..."[12]

Mas os camponeses judeus não só apoiavam os bandidos e neles viam vítimas heroicas da injustiça, como ainda os protegiam e estavam dispostos a sofrer as consequências de tal atitude. Na Palestina, como de resto em outras partes do império, os governadores romanos esperavam que os funcionários nativos locais prendessem os salteadores e criminosos. Os líderes das aldeias judaicas não atendiam às expectativas imperiais. Quando bandidos assaltaram o empregado de César, Estêvão, perto de Bet-Horon, os aldeões locais, em vez de perseguirem e prenderem os marginais, protegeram-nos. Por isso o procurador Cumano mandou que os habitantes (pelo menos os anciãos da aldeia) fossem levados a Jerusalém algemados e vingou-se mandando saquear as suas aldeias. Na expedição de saque, um soldado romano queimou um exemplar da Torá, um episódio famoso que provocou grande protesto de todo o povo judeu. Entretanto, mesmo antes do protesto contra a queima da Torá, é evidente que os camponeses locais da área de Bet-Horon estavam dispostos a sofrer as consequências da proteção aos salteadores (*Ant.* 20.113-17; *G.J.* 2.228-31). Josefo indica claramente esse relacionamento, ainda que brevemente, nesta informação resumida: "O número de salteadores que ele crucificou, bem como o número de pessoas comuns que foram julgadas seus cúmplices e punidas por ele, foi enorme" (*G.J.* 2.253).

Os que eram assaltados e atacados pelos salteadores judeus eram na verdade os ricos proprietários judeus de terras e representantes da dominação estrangeira. Josefo escreveu que os "salteadores galileus que viviam em cavernas [em 38 a.C.] estavam atacando grande parte da zona rural e infligindo aos habitantes calamidades não menores que as de uma guerra" (*G.J.* 1.304). Pela análise das circunstâncias histórico-sociais, verificamos que os "habitantes" neste caso foram a rica elite da Galileia, que se tinham unido a Herodes para recuperar o controle sobre o país. Está claro que os camponeses galileus também consideravam sua elite local como inimiga. Nessas circunstâncias os salteadores faziam parte de uma ampla oposição popular aos notáveis da Galileia e a Herodes, na sua campanha para assumir o controle total da Palestina. Depois que Herodes derrotou os últimos partidários do último rival asmoneu, Antígono, e exterminou os salteadores das cavernas, houve duas outras insurreições no mesmo ano (38 a.C.) Na segunda destas o povo afogou os seus nobres no lago da Galileia (*G.J.* 1.314-16; *Ant.* 14.431-33).

A elite abastada ainda foi alvo de ataques de salteadores um século depois, quando o banditismo cresceu numa escalada de proporções epidêmicas, um pouco antes da explosão da grande revolta em 66 d.C. Neste caso é interessante notar como Josefo distingue "os judeus", isto é, a elite, dos *hoi polloi*, "as massas". Com "as massas" agora amplamente envolvidas no banditismo, "os infelizes judeus, não podendo mais suportar as devastações infligidas pelos salteadores, foram obrigados a abandonar suas casas e seu país e fugir, pois o melhor ainda seria morar entre os gentios" (*Ant.* 20.255-56). Independentemente dos exageros de Josefo, as incursões dos bandidos devem ter atingido muito duramente as elites das cidades da Galileia e da Judeia, para estas terem preferido morar em território pagão, pois já havia agudos e mesmo violentos conflitos entre judeus e gentios em Cesareia Marítima e outras cidades vizinhas.

A evidência de incursões de bandidos contra estrangeiros é menos apropriada para uma análise satisfatória. Os ataques de Ezequias e companhia ao longo da fronteira síria na década de quarenta a.c. provavelmente tinham suas causas no recente deslocamento de camponeses judeus das áreas limítrofes pela conquista romana e o realinhamento da ordem sociopolítica, incluindo a realocação de terras a grandes proprietários. Os objetivos ou as raízes das incursões de Tolomau e seu bando ao longo da fronteira árabe são bem menos claras. Talvez representem lugares além da jurisdição política dos governadores romanos da Judeia, ou objetivos de ataque além dos camponeses idumeus locais, dos quais dependia a proteção dos salteadores. Um caso de ataque a um estrangeiro que parece direto e claro pelo relato de Josefo é a pilhagem de toda a bagagem que Estêvão (empregado imperial) estava transportando na estrada pública perto de Bet-Horon. Na condição de empregado imperial, Estêvão deve ter representado, tanto para os bandidos como para os camponeses, a dominação do governo romano. Não é, pois, de surpreender que os aldeões locais tivessem protegido, e não perseguido, os audaciosos assaltantes.

Não há prova direta de que os Robin Hoods judeus sempre tenham distribuído os seus despojos entre os camponeses pobres, que os apoiavam e até suportavam as violentas consequências desta proteção.

Mas temos um incidente importante em que os camponeses apelaram para os salteadores como defensores da justiça (*Ant.* 20.118-36; *G.J.* 2.228-31). Os samaritanos tinham assassinado um galileu em viagem para uma festa em Jerusalém. Massas de judeus impacientaram-se e enfureceram-se pela inércia do governador Cumano, que nada fez para punir os samaritanos. Por isso os judeus apelaram aos salteadores liderados por Eleazar ben Dinai e Alexandre (que Josefo só menciona em conexão com este caso; *G.J.* 2.235) para ajudá-los na vingança. Os salteadores comandaram uma expedição contra Samaria, onde saquearam e queimaram algumas aldeias. Assim, numa situação em que Cumano não queria (e consequentemente a aristocracia judaica não podia) corrigir a situação de injustiça, os camponeses judeus voltaram--se para os salteadores, também eles vítimas de circunstâncias injustas e de uma lei e uma ordem estrangeira, como defensores da justiça. Além disso, tal como na sequência de eventos que seguiram o assalto do empregado imperial, Estêvão, aqui novamente os camponeses foram solidários e cúmplices dos bandidos na sua tentativa de fazer justiça. E os passos dados pelos procuradores romanos para punir os infratores e restabelecer a "ordem" só serviram para intensificar a injustiça e a opressão experimentada pelo povo, levando ainda mais camponeses para o campo dos salteadores.

> Cumano veio de Cesareia com uma tropa de cavaleiros, chamados "sebastenos", em socorro dos que estavam sendo saqueados. Aprisionou muitos dos seguidores de Eleazar e matou um número ainda maior deles. Quanto ao resto da multidão que tinha saído para combater os samaritanos, os líderes de Jerusalém, vestidos de saco e cobertos de cinzas, implorou-a que voltasse para casa e não provocasse os romanos a atacar Jerusalém por causa da vingança contra os samaritanos... Mas muitos entregaram-se ao banditismo por causa da impunidade e em todo o país ocorriam ataques de salteadores, e os mais audaciosos tentavam até rebeliões (*G.J.* 2.236-238).

A história do protesto popular pela morte de Ezequias e do seu grupo mostra como os bandidos podiam simbolizar o senso básico de justiça dos camponeses judeus e sua lealdade religiosa. O protesto não ocorreu apenas na Galileia, mas principalmente em Jerusalém. Foi lá, no próprio templo, que o povo pediu ao rei-sumo sacerdote que fizesse Herodes ser julgado pelo Sinédrio. Os fariseus mais notáveis e outros membros do Sinédrio tinham interesses um tanto diferentes, que nesse caso convergiam oportunisticamente com os dos camponeses galileus. A julgar pelo discurso atribuído por Josefo ao sincero fariseu Samaías, os anciãos de qualquer modo estavam muito mais preocupados com a tirania de Herodes e do seu pai, Antípatro, o primeiro-ministro, que com a desordem causada pelos bandidos. Aproveitaram a oportunidade do generalizado clamor popular para ajustar contas com Herodes. Os anciãos acusaram Herodes perante o rei-sumo sacerdote, Hircano, de ter matado Ezequias e seus salteadores "violentando nossa lei, que nos proíbe matar um homem, mesmo que seja mau, se não tiver sido antes sentenciado pelo Sinédrio. Mas ele ousou fazer isso sem a tua autorização" (*Ant.* 14.167). Seria distorcer a evidência pretender que Ezequias e seus sequazes eram heróis para toda a nação judaica, isto é, tanto para fariseus e saduceus quanto para o povo comum. Mas está claro que eram heróis para os camponeses galileus, que consideravam a sua morte uma enorme injustiça. Da mesma forma como os bandidos italianos ou outros e seus defensores se dirigiam ao papa ou ao rei como fonte de justiça, também as famílias galileias viajaram à sua cidade santa, vendo nas instituições políticorreligiosas centrais a sua corte de justiça. Além disso, estavam pedindo ao rei-sumo sacerdote e ao Sinédrio a reparação de injustiças com aparente esperança de serem atendidas, isto é, obterem o restabelecimento da justiça numa situação perturbada.

Dispomos de pouca ou nenhuma evidência direta das crenças religiosas dos bandidos judeus. Mas, a julgar pelos movimentos proféticos populares e grande número de outras provas, não há dúvida de que uma orientação apocalíptica, por vezes intensa, permeou a sociedade judaica palestinense no primeiro século da era cristã. Assim, quando o banditismo aumentou dramaticamente um pouco antes da revolta judaica contra Roma, é bem possível que se tenha fundido com a crescente onda apocalíptica entre os camponeses. Isso concorda com outra das principais generalizações de Hobsbawm, isto é que "o banditismo social e o milenarismo — as formas mais primitivas de reforma e revolução — andam historicamente juntos".[13] Um quadro mais amplo da mentalidade apocalíptica dos camponeses judeus precisa aguardar um tratamento mais completo das suas principais manifestações nos profetas populares e nos movimentos proféticos.[14] Por ora vamos contentar-nos com uma questão e uma ilustração simples. As esperanças (e expectativas) escatológicas camponesas podem parecer mais tradicionais que aquelas que receberam uma forma mais elaborada, literária, da parte dos fariseus e essênios. De fato, as expectativas camponesas podem parecer concentrar-se apenas na simples restauração do estado de coisas legítimo, tradicional. Mas isso pode ter efeitos bastante revolucionários, se for urgido. Desde o início do reinado de Herodes (talvez até desde a "abominação da desolação" sob Antíoco Epífanes), os sumos sacerdotes tinham sido ilegítimos no sentido de que não eram da linhagem sadoquita. Quando diversos grupos de salteadores juntaram forças em Jerusalém na condição de "zelotas", tentaram organizar uma ordem social igualitária em Jerusalém (ver cap.5). Como explica Hobsbawm, quando "surgem os grandes movimento apocalípticos, os bandos de salteadores, com seus efetivos engrossados pelo tempo da tribulação e da expectativa, podem insensivelmente transformar-se em algo mais".[15] É possível traçar tal desenvolvimento entre os camponeses judeus.

O banditismo judaico e a revolta contra Roma

Um surto de banditismo social pode levar diretamente à revolta camponesa. Este não é o resultado usual do banditismo. Os bandos proscritos são normalmente limitados em número por óbvias razões econômicas e organizacionais. A maioria dos bandidos atua apenas alguns anos até ser presa ou morta. Todavia, há casos, alguns deles historicamente bem conhecidos, em que a difusão do banditismo levou a amplas revoltas populares ou foi acompanhada por elas. A desagregação política, social e especialmente econômica de uma sociedade tradicional pode provocar uma súbita escalada de banditismo, conforme já observamos. O caso da revolução mexicana de 1910, liderada no Norte do país por Pancho Villa e outros ex-*bandidos*, provavelmente é o caso moderno mais conhecido. Na Antiguidade tardia, os *bacaudae* na Gália e na Espanha setentrional (aprox. 285 d.C.) oferecem um exemplo de salteadores que lideraram uma rebelião considerável e, por certo tempo, eficaz contra a dominação romana. Ainda que não tenha sido reconhecida como tal, a revolta judaica contra a dominação romana pode ter sido o mais vivo e bem atestado exemplo da Antiguidade de uma grande revolta camponesa precedida e em parte liderada por salteadores.

Pela ocorrência do antigo banditismo social judaico já examinado, está claro que em certos casos este acompanhou ou quase provocou rebeliões camponesas mais amplas. As forças dos salteadores das cavernas de 38 a.C. estavam ligadas com outras formas de contínua resistência popular à conquista da Galileia por Herodes. Em meados do primeiro século da nossa era, os bandos de salteadores de Eleazar e Alexandre forneceram liderança para os judeus numa expedição punitiva. E as iniciativas dos governadores romanos para reprimir a insurreição acabaram empurrando ainda mais camponeses rebeldes para as fileiras dos salteadores. O banditismo judaico periodicamente ameaçava desencadear grandes perturbações.

O repentino alastramento das atividades dos salteadores judeus, assumindo proporções epidêmicas nos anos imediatamente anteriores a 66 d.C., parece ter sido um dos fatores principais para a explosão e a continuação de uma revolta camponesa generalizada. A insurreição levou um número crescente de camponeses à oposição ativa e inalterável contra a ordem estabelecida. Nos relatos de Josefo sobre os primeiros conflitos armados com as forças romanas, vemos grupos consideráveis de salteadores assumindo um papel-chave na luta. Muitas vezes esses bandos tiveram o controle efetivo de certas áreas, logo após a explosão da revolta. Depois formaram-se cada vez mais bandos de salteadores na zona rural em reação à agitação geral ou aos contra-ataques romanos.

Quando explodiu a revolta, já havia diversos grandes grupos de salteadores ativos na Galileia. Além disso, a cavalaria romana "devastou a região, matando grande número de pessoas, saqueando suas propriedades e incendiando suas aldeias" (*G.J.* 2.509; ver 2.503-5, 507-9). Estas ações típicas para esmagar a rebelião só serviram para multiplicar o número de salteadores.

No início da revolta (setembro de 66), certo número de bandos de salteadores e outras forças rebeldes ofereceram valorosa resistência à décima segunda legião romana, numa posição fortificada no centro da Galileia. Equipados apenas com armas leves, não constituíam um adversário perigoso para as tropas profissionais romanas. Entretanto, grandes grupos de salteadores ainda predominavam na zona rural, quando Josefo chegou alguns meses depois para assumir o comando na Galileia. Os bandos eram particularmente fortes na Galileia setentrional e foram reforçados por fugitivos da faixa entre os judeus e os pagãos das cidades sírias. Os saques romanos das aldeias mais ao sul provavelmente engrossaram ainda mais as suas fileiras. A força e o tamanho dos bandos da Galileia eram tais que Josefo não podia controlá-los, muito menos ainda suprimi-los.

Efetivamente, enquanto os romanos não recuperaram o controle um ano mais tarde, os grupos de bandidos foram a força dominante na Galileia. Josefo apresenta várias causas para esse fato. A primeira, naturalmente, era o seu poderio militar. A presença de grandes grupos armados na zona rural era uma força com que era necessário contar. Reconhecendo a impossibilidade de subjugá-los ou desarmá-los, Josefo, na condição de comandante, tentou "empregá-los" como mercenários (*Vida*, 77). Mas um grupo forte e independente podia exercer considerável influência política. O enorme bando de 800 salteadores, sob o comando do salteador-chefe Jesus, inicialmente vendeu os seus serviços à cidade de Séforis, ostensivamente pró-romana, que resistia a submeter-se ao comando de Josefo. Finalmente Josefo convenceu Jesus, mas este manteve intacta a sua considerável força.

A eficácia dos salteadores em dominar a Galileia não estava apenas na sua força de combate, mas também na sua influência. À luz da simpatia e respeito, geralmente evidente, que os camponeses nutriam pelos bandidos sociais, é perfeitamente acreditável, quando Josefo escreve que os salteadores influenciaram numerosos camponeses em pequenas cidades, induzindo-os a juntar-se à rebelião:

> [Na] pequena cidade galileia de Gíscala... os habitantes eram pacatos, pois eram principalmente agricultores cujo único interesse era uma boa colheita. Mas entre eles se tinha infiltrado um grupo considerável de salteadores que contagiaram alguns indivíduos da cidade (*G.J.* 4.84).

Além disso, os grupos de salteadores eram perfeitamente capazes de formar alianças com outros elementos rebeldes. Os salteadores galileus fizeram causa comum não só com o partido proletário de Tiberíades, liderado por Jesus, filho de Safias, mas também com grupos de camponeses galileus rebelados (*Vida*, 35,66, 132-48). No último caso, naturalmente, pode ter havido pouca diferença, sociologicamente falando, entre os bandidos que estavam combatendo na rebelião e os rebeldes camponeses que praticavam ataques e guerrilhas de forma semelhante à dos bandidos (*Vida*, 126-27; *G.J.* 2.595).

Assim, por causa do seu próprio poder militar, da sua influência política sobre os camponeses galileus e de suas alianças com outras forças rebeldes, os grupos de salteadores constituíam a mais importante força insurrecional da Galileia. A verdadeira estratégia de Josefo era controlar a situação na Galileia, com a ajuda da elite local, e evitar a ação militar direta contra os romanos, até que fossem possíveis negociações com eles. Mas da sua própria narrativa pode-se deduzir que foi por causa do poder dos grupos de bandidos na Galileia que ele continuou seus ostensivos preparativos para a luta, até a esperada tentativa romana de recuperar o controle. Naturalmente, o resultado foi um distanciamento entre os salteadores (que devem ter estado conscientes do seu jogo duplo) e Josefo com os notáveis da Galileia, que tentavam abafar a rebelião. Este distanciamento terminou quando os romanos reconquistaram a Galileia no verão seguinte (67) e Josefo pôde desertar para o inimigo e escrever suas memórias.

Na Judeia como bem na Galileia, quando estourou a revolta, imediatamente se envolveram vários grupos de salteadores. Nos termos dos relatos de Josefo, Jerusalém foi o cenário de grande parte da ação decisiva para o levante. Foi aqui, no centro políticorreligioso, a sede do templo, que uma coalisão de sacerdotes liderada pelo capitão do templo, Eleazar, filho de Ananias, se recusara a continuar os sacrifícios para Roma e o imperador, uma recusa equivalente a uma declaração de guerra pela independência (ver *G.J.* 2.409-10). Foi também aqui que a guarnição romana e as tropas herodianas, juntamente com a aristocracia judaica, foram cercadas na cidade alta. Fortalezas foram tomadas de assalto e arquivos queimados, quando irrompeu a insurreição generalizada e maciça.

É preciso ter cautela ao ler os relatos de Josefo sobre os eventos em Jerusalém, pois ele rotula pejorativamente como "salteadores/ bandidos" um grupo de terroristas urbanos conhecidos como "homens de punhais" (latim: *sicarii*). Sociologicamente falando, estes sicários eram um fenômeno diferente do banditismo comum, bandidos de uma "forma diferente", como Josefo explicara anteriormente (*G.J.* 2.254). Tratando-se de um grupo próprio especial, desejamos apenas assinalar que, quando Josefo fala de "bandidos" que ajudaram no cerco aos judeus aristocráticos e aos soldados romanos, bem como na captura e execução do sumo sacerdote Ananias, está se referindo obviamente aos sicários.

Na eclosão da revolta, os verdadeiros grupos de salteadores ainda estavam sediados na zona rural, que se tornou o cenário das suas atividades antirromanas. Alguns salteadores estavam entre os rebeldes que conseguiram armas do arsenal herodiano de Massada, quando esta foi tomada no início da revolta (*G.J.* 3.434). Sua contribuição militar mais importante no começo da rebelião foi o ataque, tipo guerrilha e altamente eficaz, contra o exército de Céstio Galo (lembrando as vitórias dos Macabeus), quando este se retirou do seu cerco a Jerusalém, no final do verão ou outono de 66 d.C.:

> Por causa desta retirada inesperada reacenderam-se as esperanças dos salteadores e eles precipitaram-se no ataque à sua retaguarda, matando muitos elementos da cavalaria e infantaria... No dia seguinte, ao continuar a retirar-se ainda mais, acabou provocando novos ataques. Em perseguição implacável, o inimigo infligiu grandes perdas à sua retaguarda. Também avançaram em ambos os lados da estrada, atacando com lanças os dois flancos da coluna (*G.J.* 2.541-42).

Assim os salteadores provocaram uma debandada completa do exército romano, que na fuga simplesmente abandonou grande parte das suas máquinas de guerra e armas. Como um dos resultados importantes dos seus ataques, "os salteadores e revolucionários estavam agora bem abastecidos de armas" (*Vida*, 28). Isso foi um fator determinante na estratégia subsequente da aristocracia judaica, de acordo com um dos seus membros (Josefo). Agora esta se sentia forçada a aparentar que acompanhava a revolta, enquanto tentava manter as forças rebeldes sob controle, até conseguir uma rendição negociada. Novamente, como na Galileia, de acordo com o observador-participante Josefo, a presença de poderosos grupos de salteadores numa insurreição popular pôde ter um efeito importante, até mesmo determinante, sobre o curso dos acontecimentos.

Entretanto, mais significativo que o fato de os salteadores terem exercido tal papel no começo da revolta na Judeia foi o fato de que constituíram a *forma* que a revolta camponesa como um todo assumiu, depois que os romanos iniciaram a reconquista. Eliminados os últimos bolsões de resistência na Galileia, os romanos entraram na Judeia no outono de 67 e estavam em plena força na primavera de 68. À medida que apareciam os romanos, devastando sistematicamente a zona rural, suas aldeias e habitantes, não restava outra alternativa aos camponeses senão abandonar suas casas. Como a situação de guerra tornara impossível a vida normal, numerosos camponeses de uma aldeia após outra devem ter fugido para juntar-se a bandos de salteadores ou formar novos bandos. Josefo parece quase propositadamente disfarçar esta situação pela sua descrição estilizada de "guerra civil", seguindo o modelo do historiador grego Tucídides (*G.J.* 4.129-33), enquanto indica claramente os sucessos romanos. Referindo-se ao noroeste da Judeia no outono de 67, observa:

> Os vários grupos começaram saqueando seus vizinhos; depois uniram-se em companhias e estenderam seus ataques a toda a zona rural (*G.J.* 4.134).

Mais adiante, referindo-se à primavera de 68, apresenta um quadro semelhante:

> Nas outras partes da Judeia houve um surto semelhante de ações guerrilheiras que até então estavam adormecidas. Como no corpo, quando está inflamada a parte principal, todos os outros membros também são atingidos; assim, por causa da insurreição e da desordem na capital, os maus elementos da zona rural puderam saquear impunemente. Cada grupo saqueava sua própria aldeia e depois se retirava para o deserto. Lá juntavam-se e formavam quadrilhas — menores que um exército, porém maiores que um grupo armado — e assaltavam santuários e cidades. Os que eram atacados sofriam tanto quanto se tivessem perdido uma guerra, e não podiam sequer retaliar, pois os agressores, como bandidos, fugiam com o que haviam pilhado (*G.J.* 4.406-9).

A julgar pela narrativa geral de Josefo, parece que esses camponeses transformados em bandidos constituíam as forças principais da rebelião na zona rural da Judeia.

Esses bandos não se ocultavam simplesmente nas montanhas nem agiam apenas defensivamente para proteger seus próprios interesses locais.[16] Conforme explicita Josefo, foi precisamente uma coalisão desses grupos de salteadores que penetrou em Jerusalém no inverno de 67-68 e formou o partido chamado de os zelotas. De forma semelhante, alguns bandos da Judeia parecem ter sido alguns dos primeiros recrutas do movimento liderado pelo pretendente messiânico/rei popular Simon bar Giora. Assim, dois dos mais importantes grupos que sucessivamente dominaram Jerusalém e resistiram aos romanos eram compostos, predominantemente ou em parte, por camponeses transformados em salteadores. Por causa da sua importância, os dois grupos são tratados mais detalhadamente adiante (Simon bar Giora no capítulo 3, e os zelotas no capítulo 5). Os pontos para serem assinalados aqui são: 1) em meio à revolta contra Roma, o banditismo social foi a forma social característica assumida inicialmente pela crescente revolta camponesa na Judeia, mas 2) foi uma forma intermediária da qual os camponeses judeus passaram para as formas sociais, politicamente mais conscientes e mais caracteristicamente judaicas, de governo comunal camponês (os zelotas), e de movimento messiânico (a restauração da realeza popular sob Simon bar Giora).

Finalmente, os grupos de salteadores forneceram não só grande parte da força de combate na revolta de 66-70, mas também algumas das suas lideranças-chave. Efetivamente, a carreira de João de Gíscala, que se tornou um dos dois principais líderes em Jerusalém, antes do fim da guerra, representa um elo entre os bandos de salteadores, tão fortes na Galileia no início das hostilidades, e a resistência dos rebeldes que se tinham juntado na cidade-fortaleza e no templo, para resistir ao poder militar romano. João iniciou sua carreira como líder de salteadores na Galileia setentrional. O comentário de Josefo de que ele era um "homem famoso" pode significar que vinha de uma família anteriormente distinta, mas depois ficou empobrecido (ou por alguma razão proscrito). No início da rebelião, seu bando foi engrossado por fugitivos dos conflitos entre judeus e pagãos na fronteira entre a Galileia e Tiro. Durante o primeiro ano da revolta, antes de os romanos poderem atacar a Galileia com toda a força, João dominava Gíscala e grande parte da Galileia superior com o seu bando de 400 salteadores (sobre sua carreira anterior, ver *G.J.* 2.587-94; *Vida,* 71-76). Efetivamente, sua influência era tão grande que ele competia com Josefo pela liderança de toda a Galileia (daqui a extrema hostilidade de Josefo quando fala das atividades de João). Não é claro o que se deve pensar do comentário de Josefo (*Vida,* 43) de que originariamente João não era a favor da revolta. Poderia significar que João era então simplesmente um líder salteador apolítico e aproveitou a oportunidade do ataque das cidades pagãs (Tiro, Soganea, Gadara e Gabara) a Gíscala para se colocar à frente do contra-ataque judeu (*Vida*, 44-45). Ou poderia indicar simplesmente que João inicialmente resistiu à liderança de Josefo, cuja finalidade ostensiva era preparar a guerra, e na realidade concordou com a agenda oculta de Josefo, que era desarmar os rebeldes e protelar para ganhar tempo de negociar. Em geral Josefo descreve João como "ansioso por revolução e ambicioso para obter o comando" (*Vida*, 71). Sob muitos aspectos, a carreira de João de Gíscala é impressionantemente paralela à de Pancho Villa na revolução mexicana de 1910. Ambos começaram como salteadores locais, mas ambos eram notáveis empreendedores, aproveitando a oportunidade da desordem social para vender bens confiscados através da fronteira e explorar os ricos em benefício da defesa comum. Ambos ascenderam à posição de hábeis líderes de insurreição populares. Mas ao contrário do proscrito e herói mexicano, João estava dominado por uma grande ambição de se tornar líder nacional e não apenas regional.

Assim, quando no meio do cerco romano de Gíscala, João percebeu que a resistência na Galileia era inútil, fugiu com alguns milhares de seguidores para Jerusalém (*G.J.* 4.84-127). Uma vez em Jerusalém, que estava sendo inundada por salteadores e outros camponeses que buscavam refúgio diante do avanço romano, João aliou-se aos zelotas, o grupo combatente composto de outros grupos de salteadores, predominantemente da Judeia, e tentou assumir a sua liderança. Isso criou um conflito e finalmente uma cisão dentro do partido dos zelotas. Muitos membros preferiam uma liderança coletiva à liderança autocrática de João. Mas à frente da segunda força combatente mais poderosa, João competiu com Simon bar Giora pela liderança da resistência em Jerusalém até a conquista romana final.

Os antigos chefes de salteadores como Ezequias e Eleazar ben Dinai foram, na realidade, os Robin Hoods da sociedade judaica palestinense. Sob muitos aspectos significativos, o banditismo descrito por Josefo assemelha-se ao banditismo social das modernas sociedades agrárias europeias descrito por Hobsbawm. Além de abrir uma janela reveladora da estrutura socioeconômica em desagregação da sociedade judaica, esse banditismo também serve como indicador das condições e atitudes dos camponeses, de que surgiram e com que continuaram a interagir. O simples fato do banditismo indica que muitas pessoas estavam sendo cortadas das suas raízes sociais tradicionais, provavelmente por causa de pressões econômicas (p. ex., endividamento, conforme atestam as parábolas de Jesus), bem como problemas com as autoridades. Episódios de tentativas das autoridades para suprimir o banditismo indicam que os camponeses estavam dispostos a correr grandes riscos para proteger os bandidos. Além disso, quando o seu senso de justiça era ofendido pelas ações, ou pela falta de ações, das autoridades, os camponeses não hesitavam em apelar para os salteadores (que, como as lendas de Robin Hood, podem bem ter sido heróis da justiça e também símbolos da injustiça) para ajudá-los a tomar vingança e assim fazer justiça. Quando a situação se tornou cada vez mais difícil em decorrência da grande fome do final da década de quarenta, o banditismo cresceu numa escalada de proporções epidêmicas. Finalmente, com os "seus efetivos engrossados por um período de tribulação e expectativa", os bandos de salteadores judeus transformaram-se em algo mais: uma grande rebelião generalizada contra a dominação romana. No começo da grande revolta, muitas das forças combatentes foram os bandos de salteadores já existentes. Sem a sua experiência de luta, é improvável que os exércitos romanos tivessem sido expulsos da Judeia no final do verão de 66.

Notas

1. Ver E.J. Hobsbawm, *Bandits*, ed. revista (New York: Pantheon, 1981); *Primitive Rebels* (New York: Norton, 1965), especialmente cap. 2, "The Social Bandit"; "Social Banditry," in *Rural Protest: Peasant Movements and Social Change*, org. H.A. Landsberger (NewYork: Macmillan, 1974), cap.4. Sua obra gerou numerosos estudos, que procuram desenvolver o seu trabalho através de refinamentos, correções e debates. Um reflexo recente deste desenvolvimento entre os estudiosos pode ser encontrado em B.D. Shaw, "Bandits in the Roman Empire", *Past and Present* 102 (1984): pp. 3-52.
2. E.J. Hobsbawn, *Bandits*, pp. 19-20.
3. Para outros detalhes, ver S. Applebaum, "Judaea as a Roman Province", *ANRW*, 2ª série, 8 (1977): pp. 355-96; F.C. Grant, *Economic Background of the Gospels* (Oxford: Oxford University, 1926).
4. E.R. Wolf, *Peasants* (Englewood Cliffs: Prentice Hall, 1966), pp. 3-4.
5. Ver J.B. Pritchard, org., *Ancient Near Eastern Texts Relating to the Old Testament*, 3ª ed. (Princeton: Princeton University, 1969), p. 68.
6. Ver discussão dos materiais relevantes em R. de Vaux, *Ancient Israel* (New York: McGraw-Hill, 1965), pp. 403-5; E.Schürer, *The History of the Jewish People in the Age of Jesus Christ (175 B.C.-A.D. 135)*, vol.2, revista e org. por G.Vermes, F. Millar, e M. Black (Edinburgh: Clark, 1979), pp. 257-74; S. Safrai and M. Stern, eds., *The Jewish People in the First Century*, Compendia Rerum Iudaicarum ad Novum Testamentum I (Assen: Van Gorcum, 1974 [vol.1], 1976 [vol.2]), pp. 1.259-61, 330-36; 2.584-86, 632-38, 656-64, 691-99, 818-25; S.W. Baron, *A Social and Religious History of the Jews*, 2ª ed. (New York: Columbia, 1952), vol.2, pp. 276-84.
7. G.J. 7.253. Ver também capítulo 5 deste livro.
8. A reconstrução dos efeitos da dominação romana, desde a reestruturação da Judeia e vizinhança por Pompeu, baseia-se na obra de A. Schalit, *König Herodes* (Berlin: de Gruyter, 1969), 323, 753-59, que faz uma releitura de alguns textos difíceis de Josefo. Ver também S. Applebaum, "Judaea as a Roman Province", pp. 360-61, e S. Safrai e M. Stern, orgs. "Economic Life in Palestine", *The Jewish People in the First Century*, vol. 2, pp. 637-38.
9. A tradução comum de *lestes*, aqui, por "ladrão", como na RSV, tem alguma ambiguidade. "Salteador/bandido" é mais exato e evita a possível implicação de "ladrão (comum)" (em grego *kleptes*), um fenômeno diferente.
10. C.G. Harper, *Half-Hours with the Highwaymen II* (London: Chapman & Hall, 1908), p. 235. Ver também textos bíblicos, como Lc 1,46-55; 4,16-21; Mt 25,31-46.
11. E.J. Hobsbawm, *Bandits*, p. 17.

12. *Il Ponte* 6 (1950): 1305, citado em E.J. Hobsbawn, *Bandits*, 50.
13. E.J. Hobsbawm, *Bandits*, p. 29.
14. Ver cap. 4, pp. 151-53.
15. E.J. Hobsbawn, *Bandits*, p. 29 e cap. 7.
16. Sob este aspecto eles formam um contraste interessante com os sicários, que sobreviveram à revolta em cima de Massada, saqueando a zona rural em busca de víveres, mas não contribuindo em nada para a resistência após o verão de 66. Para uma discussão mais ampla, ver capítulo 5.

3.
Pretendentes reais e movimentos messiânicos populares

Introdução

Os romanos executaram Jesus sob a acusação de ser "rei dos judeus", segundo Mc 15,26. Mas Pôncio Pilatos não foi o único oficial romano da Palestina a tratar com um líder popular judeu visto como rei dos judeus. Tanto antes como depois de Jesus de Nazaré (que geralmente é incluído nesta categoria), houve diversos líderes populares judeus, quase todos oriundos dentre os camponeses, que, nas palavras de Josefo, "reivindicaram a realeza", "usaram o diadema real" ou foram "proclamados reis" pelos seus seguidores. Parece, portanto, que uma das formas concretas assumidas pela inquietação social no período tardio do segundo templo foi a de grupos de seguidores reunidos em torno de um líder que tinham aclamado como rei. O interesse principal deste capítulo é o de examinar esses movimentos messiânicos populares no contexto da situação histórico-social em que surgiram. Para entender por que esses movimentos assumiram essa forma social particular temos de examinar a tradição cultural, a partir da qual reagiram à situação em que se encontravam. Por isso, antes de focalizar os movimentos efetivos, tentaremos traçar a tradição de realeza popular originária do antigo Israel, que mais provavelmente influenciou a forma social desses movimentos.

Ao tratar de movimentos populares judaicos é importante evitar, mais do que isso, eliminar de nossas mentes, três conceitos padrão e interrelacionados, que se desenvolveram a partir de estudos mais antigos, teologicamente determinados. Esses conceitos não só obstruem o discernimento de formas histórico-sociais concretas, mas também carecem de provas históricas.

Em primeiro lugar, nosso entendimento do termo *messias* é fortemente influenciado pela doutrina cristológica ocidental. O termo *cristo* originou-se simplesmente da tradução grega do hebraico *mashîah*, que significa *ungido*. O que posteriormente se tornou a antiga concepção cristã ortodoxa de "Cristo" foi uma síntese criativa de várias linhas diferentes de esperança judaica e de conceitos filosóficos gregos. Nos seus esforços para compreender e articular o significado e a mensagem de Jesus, da sua crucificação, ressurreição e iminente volta esperada, as primitivas comunidades cristãs justapuseram e reuniram várias esperanças judaicas.[1] Até mesmo profecias e salmos escriturísticos particulares referentes a figuras escatológicas foram utilizadas, como, p. ex., "um profeta como Moisés", ou "Elias redivivo", "o servo sofredor do Senhor" ou "um como filho de homem vindo sobre as nuvens do céu", o "rei-sacerdote segundo a ordem de Melquisedec" e "o filho de Davi". Todavia, na literatura judaica pré-cristã e na vida sociorreligiosa, cada uma dessas figuras escatológicas era originalmente distinta e talvez até foco de expectativas divergentes. Parece que algumas dessas figuras também funcionaram como imagens importantes nas esperanças apocalípticas de certos grupos de letrados, como o dos essênios e o dos fariseus. Obviamente, o estudo dessas diferentes personagens escatológicas na literatura judaica é importante para compreender como os primeiros cristãos interpretaram a significação de Jesus, bem como para entender a diversidade da religião judaica na época. Mas, enquanto os grupos letrados produziram imagens de vários agentes de redenção, o povo simples produziu várias figuras e movimentos concretos que buscavam ativamente a sua libertação. Estes líderes e movimentos podem ser igualmente importantes para a nossa compreensão de Jesus e do seu movimento.

Em segundo lugar, as obras dos estudiosos aumentaram ainda mais o potencial de confusão em relação ao entendimento dos movimentos messiânicos e proféticos populares judaicos. Devido principalmente ao destaque e às conotações do "messias" na pesquisa teológica tradicional judaica e cristã, os estudiosos muitas vezes usam o termo "messiânico" como virtual equivalente de "escatológico".[2] Além disso, antropólogos, sociólogos e historiadores, em parte porque se basearam na tradição judaico-cristã superficialmente familiar com analogias, usaram os termos *messias* e *messiânico* como conceitos efetivamente sinônimos dos termos igualmente vagos de *líder carismático* e *milenarista*. Mas, em vista de uma análise mais precisa, devemos observar a tradição específica de esperança que influenciou a forma de movimentos específicos. Por isso, além de evitar o termo na medida do possível, restringiremos a aplicação de *messiânico* àqueles movimentos ou esperanças que se concentravam num rei "ungido" ou popularmente aclamado.[3]

Em terceiro lugar, e de forma mais danosa para o antigo conceito sintético de "o messias", estudos recentes mostraram que em tempos pré-cristãos não havia esperança geral de "O Messias".⁴ Longe de serem uniformes, as esperanças judaicas do período romano primitivo eram diversas e fluidas.⁵ Não é nem sequer certo que o termo *messias* tenha sido usado como título em qualquer literatura da época. Não houve expectativa uniforme de "o messias" até bem depois da destruição de Jerusalém em 70 d.C., quando se tornou padronizado em decorrência da reflexão intelectual rabínica. De fato, o termo é relativamente raro na literatura antes de Jesus e no período contemporâneo a ele. Além disso, a designação *messias* não é um elemento essencial na esperança escatológica judaica. Na verdade, nem mesmo ocorre uma figura real na maior parte da literatura apocalíptica judaica. Assim, é uma simplificação e um equívoco histórico dizer que os judeus esperavam um messias "nacional" ou "político", enquanto o cristianismo primitivo se concentrava num "messias" espiritual — afirmações frequentemente encontradas na interpretação do Novo Testamento. Consequentemente, as ideias ou expectativas judaicas supostamente padrão do messias representam um fundamento frágil para explicar a compreensão cristã primitiva de Jesus.

Entretanto, a raridade do termo *messias* na literatura judaica da época não significa que não houvesse nenhuma expectativa de um líder real ungido. Em certos níveis da sociedade judaica existiu efetivamente certa esperança de um agente real inspirado por Deus para trazer a libertação ao povo. Além do *messias* raramente atestado, havia outras imagens que expressavam essa tradição de esperança, a mais notória das quais era a de um rei davídico.

Também aqui se impõe uma abordagem crítica para evitar que nossa investigação seja dominada por elementos dominantes do antigo conceito teológico sintético de messias. Dois pontos são particularmente importantes. Primeiro, o futuro rei davídico não era necessariamente um *filho* de Davi. Da mesma forma como o título "Messias", o termo explícito "Filho de Davi" simplesmente não ocorre com qualquer frequência na literatura judaica antes da queda de Jerusalém em 70 d.C.⁶ Mesmo que tivesse sido uma expressão comum para uma figura real futura no tempo de Jesus, é difícil imaginar que esta ou qualquer outra imagem de um rei davídico significasse um descendente físico ou *filho* em sentido literal. Ao contrário da preocupação com a descendência legítima e a genealogia das famílias dos sacerdotes e especialmente dos sumos sacerdotes na sociedade judaica daquela época, pode-se duvidar seriamente se havia qualquer família cuja descendência da casa de Davi pudesse ser comprovada.[7] A questão é que a imagem de um rei davídico simbolizava substancialmente aquilo que este agente de Deus faria: libertar e restaurar a sorte de Israel, como o fizera o Davi original.

Em segundo lugar, muitas discussões sobre a realeza messiânica em geral,[8] e sobre o filho de Davi em especial, têm como base a "aliança davídica", a promessa incondicional de Deus a Davi: "A tua casa e a tua realeza subsistirão para sempre diante de mim, e o teu trono se estabelecerá para sempre" (2Sm 7,16). Esta profecia de Natã tornou-se a base para a suposição de que os judeus do tempo de Jesus esperavam a vinda do messias como filho de Davi, em comprimento dessa antiga promessa incondicional. Esta ideologia real oficial pode ter sido importante para os estratos letrados da sociedade (aqueles que efetivamente estudavam e interpretavam os textos bíblicos, como os fariseus e os essênios). Todavia, suspeitamos que, para o povo simples, outras correntes da tradição antiga eram mais importantes que a ideologia oficial da realeza.

A tradição da realeza popular

Essas outras correntes da tradição antiga referentes à realeza certamente são as mais importantes para entender a forma social assumida pelos movimentos messiânicos populares. Supondo que as pessoas comuns, mesmo iletradas, tinham alguma familiaridade substancial com as histórias e imagens bíblicas, é evidente que tinham lembranças de reis popularmente reconhecidos e de seus seguidores que, precisamente por se terem incorporado nas tradições sacras do povo (a lei e os profetas), constituíam a tradição particular da realeza popular.[9] Examinando as características desta tradição, procuraremos ter em mente nosso interesse por movimentos sociais concretos e não nos afastar demasiadamente numa história de ideias. A questão está em como podemos discernir que esta, e não outra, forma social particular está incorporada em certo material. A questão e a nossa abordagem dela pode ser ilustrada através do exame da fonte da nova forma social, ou seja, as tradições contidas na história bíblica.

Conforme mostrou o capítulo 2, numerosos grupos de bandidos atuaram em rebeliões populares no século I d.C., especialmente na revolta de 66-70. Também houve bandidos entre os partidários de pelo menos dois reis popularmente aclamados, Simão o escravo real em 4 a.C. e Simão bar Giora em 68 d.C. É importante verificar por que Josefo fala de "realeza" nesses casos e por que devemos distinguir aqui uma forma especial, a dos movimentos *messiânicos* populares, e não bandos de salteadores insolitamente grandes. Muitas das condições essenciais do banditismo e dos movimentos messiânicos são as mesmas. De fato, poderia bem não ter havido diferença entre eles, se não tivesse havido entre os judeus uma *tradição* de realeza popular e protótipos históricos de um "ungido" popular.

A diferença de forma social pode ser observada precisamente na história bíblica antiga. No período dos juízes, antes da ascensão da monarquia sob Samuel e Saul, houve pelo menos dois casos significativos de salteadores que foram incorporados nas tradições históricas israelitas. Abimelec contratou um bando de "vadios e aventureiros" que seguiram a sua liderança (Jz 9,4), e o filho ilegítimo de Galaad, Jefté, reuniu em torno de si um grupo de "mercenários" e conduziu os a expedições de ataques (Jz 11,3). Durante o período de guerra intermitente com os filisteus e do consequente distúrbio econômico--social, Davi, filho de Jessé, começou exatamente da mesma maneira. Porque o rei Saul tinha inveja das suas proezas militares, Davi passou a ser um fugitivo, um "proscrito". Em consequência disso, "todos os que se achavam em dificuldades, todos os endividados, todos os descontentes se reuniram ao seu redor, e o fizeram seu chefe. Ele reuniu, assim, cerca de quatrocentos homens" (1Sm 22,2). Mas Davi não parou no simples banditismo. Astutamente manobrou as coisas até ser reconhecido como o rei *ungido* de Israel, o messias. O que começara como banditismo tornou-se um novo tipo de movimento, um movimento popular messiânico, politicamente mais consciente e deliberado que o banditismo. Os anciãos das tribos de Israel, desejosos de uma liderança efetiva na desanimada guerra com os filisteus, legitimaram a sua realeza. Desta forma o "rei pastor" Davi e seu movimento forneceu o protótipo histórico para os movimentos messiânicos populares subsequentes que, por mais "elementos vadios e aventureiros" que incluísse, deliberadamente se opunha à dominação estrangeira ou à opressão doméstica.

Para entender melhor a forma desses movimentos messiânicos e a motivação daqueles que a eles se uniram, precisamos primeiro examinar esta antiga tradição israelita de realeza popular. Depois poderemos observar como a tradição popular sobreviveu juntamente com outras imagens de realeza, e como alguns textos-chave de "expectativas" manifestam preocupações populares, antes de examinar a reemergência da realeza popular de forma concreta.

Realeza popular no antigo Israel

Entre as muitas correntes e estratos da narrativa bíblica, ainda se pode distinguir a evidência da tradição popular da realeza. Para os primitivos israelitas, a realeza era *condicional*, por *eleição popular* ou "unção", e *revolucionária*.

O Israel tribal resistiu vigorosamente à instituição da monarquia durante a era dos juízes. Para os antigos israelitas, a realeza, conforme estava estabelecida nas cidades-estados cananeias, significava uma classe militar dominante numa sociedade estratificada, com pouco mais que exploração e opressão para os súditos camponeses. De acordo com a sua constituição da aliança, o verdadeiro e único rei de Israel era Javé, que os havia libertado da escravidão do faraó egípcio e os tinha estabelecido como sociedade livre na sua própria terra. Um homem, uma família ou uma tribo ter poderes e prerrogativas reais sobre os demais teria sido uma violação básica do espírito igualitário e das estipulações da aliança. Por quase dois séculos, a liderança carismática temporária e a milícia camponesa inspirada foram suficientes para enfrentar as periódicas ameaças de sujeição aos reis cananeus. Mas, com a emergência da dominação dos filisteus sobre a Palestina, Israel sentiu a necessidade de uma autoridade e de um poder político mais centralizado. Assim, os israelitas tatearam em busca da sua própria adaptação à realeza. Como viam com profunda desconfiança a monarquia tal como a tinham experimentado na sua forma cananeia, estabeleceram uma realeza israelita condicional, no sentido de que não era dinástica e estava sujeita a certas cláusulas da aliança. Como está expresso em narrativas históricas posteriores, os direitos e deveres do rei "foram escritos num livro e depositados diante de Javé" (1Sm 10,25). Estas condições também foram transmitidas em tradições da aliança (Dt 17,14-20) e da liturgia (Sl 132,12).[10]

De acordo com a imagem idealizada de continuidade com as antigas formas e princípios da aliança, Saul, o primeiro "príncipe" político--militar, foi escolhido através de *sorteio* por todo o povo sob a direção de Samuel, o último juiz (isto é o último líder carismático religioso--político-militar do Israel tribal). Esta eleição por sorteio foi o meio pelo qual Saul surgiu como "aquele que Javé escolheu". Todavia, na memória e no simbolismo de eras posteriores, o *messias* prototípico, o "ungido", foi Davi, e não Saul. A eleição de Davi como rei, bem como a eleição de outros, teve menos que ver com sorteio que com a sua habilidade e o seu prestígio entre os companheiros — "sabe tocar e é um valente guerreiro, fala bem e é de belo aspecto e Javé está com ele" (1Sm 16,18). Outro pressuposto para ser eleito rei popular era um séquito organizado, melhor, uma força de combate. No caso de Davi, numa época de distúrbios sociais, políticos e econômicos, ele se tornara líder de um grande bando de salteadores. Essas são as qualificações indispensáveis de um candidato à realeza popular. Mas Davi (e outros messias populares subsequentes) não se tornou rei simplesmente pela força das armas. A pessoa tornava-se messias por *eleição popular*, seja por todo o povo, seja pelos combatentes da milícia camponesa, seja pela assembleia representativa dos anciãos.[11] No caso de Davi a eleição ocorreu por etapas, primeiro pela sua própria tribo de Judá, depois por todo o Israel: "Vieram os homens de Judá e ali *ungiram a Davi rei* sobre a casa de Judá" (2Sm 2,4). Posteriormente, depois de mais uma guerra civil, "todos os anciãos de Israel... *ungiram Davi como rei* em Israel" (2Sm 5,3). Além disso, do mesmo modo como o povo constituía alguém rei pela sua unção, também podia retirar o seu reconhecimento da realeza e eleger outro. Assim, quando as dez tribos de Israel setentrional rejeitaram a continuação do regime opressivo de Salomão por seu filho Roboão, dirigiram-se a Jeroboão e "todo o Israel... convidaram-no para a *assembleia* e *proclamaram-no rei...*" (1Rs 12,20).[12] Quando as narrações bíblicas também incluem histórias sobre Javé ungindo um rei pelas mãos de um profeta inspirado como Samuel, Aías ou Eliseu, trata-se de uma confirmação, e não de uma contradição em relação à eleição ou *unção* popular do rei. A unção de Javé e a do povo são a mesma coisa, ou a unção de Javé antecipa a ação popular que realiza a vontade de Javé.

De Saul e Davi, no fim do século XI a.C., até Joacaz no fim do século VII, aparece claramente que a unção de um rei pelo povo ou por um profeta foi geralmente um *ato revolucionário*. Nas suas origens a realeza ungida de Israel foi um meio de assegurar e centralizar o poder político-militar contra a dominação estrangeira dos filisteus. A unção de Jeú por Elias (2Rs 9,1-13; ver também 1Rs 19,15-19), bem como a designação de Jeroboão como rei das dez tribos do Norte por Aías (1Rs 11-26-40; 12,16-20) foi uma derrubada revolucionária de um regime estabelecido, que se tornara intoleravelmente opressivo para o povo e por isso era ilegítimo. De forma semelhante, em 609 a.C., quando "o povo da terra" ungiu Joacaz, depois que seu pai, Josias, foi morto pelo exército egípcio (ver 2Rs 23,30), parece ter-se tratado de uma luta do povo contra um partido reacionário aristocrático ou da corte, bem como uma resistência contra a dominação estrangeira.

A ideologia real oficial e sua popularidade

Em agudo contraste com a realeza popular, surgiu uma ideologia real oficial, provavelmente durante os regimes de Davi e Salomão.[13] A visão do rei como "o ungido de Javé" com toda a probabilidade se originou de tradições populares da realeza.[14] Todavia nos salmos reais, expressões litúrgicas da ideologia real oficial, "o ungido de Javé" foi identificado com o rei davídico.[15] Além disso, nestes salmos, fortemente influenciados pelas ideias cananeias e de outras regiões do antigo Próximo Oriente sobre a realeza, "o ungido de Javé", que era sempre o monarca davídico estabelecido, era considerado garantido na sua posição pela adoção divina como "filho de Deus". Agora o Rei-Messias Davídico era o meio através do qual o povo tinha acesso a Deus e por meio do qual Deus abençoava a nação com vitórias militares e bem-estar doméstico. Naturalmente o ponto central da ideologia real era a promessa de Deus a Davi, entendida não só como incondicional, mas também perpétua (2Sm 7,16). Assim, em contraste com as condições e responsabilidades da realeza ungida popular, a ideologia real considerava a monarquia davídica, juntamente com o templo estabelecido no sagrado monte Sião, como uma garantia divina de segurança da nação, independentemente da justiça ou injustiça do governo real (2Sm 7,14-16).

A extrema diferença e o conflito entre a visão popular e a visão oficial da realeza manifestou-se agudamente nas interações de Jeremias com os monarcas davídicos e seus conselheiros, nas últimas décadas da nação de Judá. A classe dominante parecia confiar plenamente nas promessas a Davi. Nas crises originadas pela iminente invasão e conquista egípcia e depois babilônica, o essencial na mente deles era a sobrevivência da monarquia davídica, da qual dependia a nação como um todo, segundo a sua ideologia. Quando Jeremias repetidamente pronunciou oráculos de Javé que anunciavam o castigo e o fim da dinastia davídica, juntamente com a destruição de Jerusalém e do seu templo, foi visto não só como herético infiel, mas também como um traidor absoluto.

Jeremias, porta-voz das pessoas comuns nas aldeias de Judá — quando não estava na prisão ou chafurdando no fundo de uma cisterna ou sofria outras formas de perseguição pelo rei ou pelos oficiais reais —, estava coerentemente articulando a compreensão popular condicional da realeza (ver esp. Jr 22,1-9.13-19). Assim, embora a justiça também possa ter sido um ideal da ideologia real na teoria, Jeremias anunciou o julgamento de Deus precisamente contra as práticas opressivas da casa real. Na verdade, para o povo simples de Judá, a monarquia estabelecida tornara-se não só opressiva, mas também totalmente dispensável. No seu ponto de vista, o bem-estar do povo, incluindo a monarquia condicional, dependia da observância das cláusulas da aliança: ações justas, incluindo a atenção para a causa dos pobres e dos necessitados. A queda da monarquia davídica não pode ter sido tão traumática para os camponeses oprimidos quanto aparentemente o foi para a elite dominante, da qual muitos membros foram levados ao cativeiro, juntamente com a família real.

Memórias e expectativas "messiânicas"

Durante o longo período entre a queda de Jerusalém, em 587 a.C., e o século I d.C., temos poucas informações claras sobre o que estava acontecendo entre a aristocracia judaica e os grupos letrados e muito menos ainda entre o povo comum. Supomos que, em questão de movimentos populares, muito pouco ocorreu durante o período que media entre o exílio e a explosão da revolta masabaica. Todavia, a falta de provas não significa que os camponeses judeus não tivessem problemas ou não alimentassem esperanças de uma vida melhor. Naturalmente, qualquer tentativa de afirmação sobre as lembranças e expectativas que possam ter sido alimentadas pelo povo envolve uma extrapolação de limitadas evidências textuais e de uma análise social comparativa, além de uma boa dose de especulação. Por isso, ao delinear as prováveis memórias e esperanças do povo, devemos ter em mente não só que a realeza pode não ter sido o único nem o principal centro de interesse, mas também que estamos extrapolando de informações literárias que foram editadas, quando não efetivamente produzidas, pela elite letrada.

O fato de que "a lei e os profetas" foram coligidos e editados como escritura sagrada significa que eram lembradas as histórias de reis ungidos populares. Ainda que possa não se ter manifestado em nenhum movimento concreto, a tradição da realeza popular não estava extinta, mas apenas adormecida. Continuou na memória do povo. Considerando a importância da memória na inspiração das esperanças e expectativas do povo, o primeiro e talvez o mais importante elemento que reconhecer é a lembrança contínua de fatos de movimentos messiânicos da história de Israel. Há, por exemplo, alguma evidência de que, embora a dinastia davídica se tivesse tornado opressora do povo simples, após o seu declínio e queda, o povo relembrou o reinado de Davi como uma era áurea de realização e bênção divina. Textos como o Sl 89 mostram claramente que poetas da corte recordavam as vitórias de Davi como um glorioso tempo de salvação e embelezavam suas expressões de nostalgia com elementos míticos tornados da cultura cananeia. É provável que a memória do reinado de Davi, uma época em que se tinham cumprido as antigas promessas de que Israel seria uma grande nação e possuiria a sua própria terra, se tornara a base das esperanças futuras, tanto populares quanto aristocráticas.

Ao lado dessas memórias de capital importância, havia ainda numerosos oráculos, ou simples imagens, que provavelmente expressavam as esperanças do povo. Levando em conta a considerável diversidade entre as profecias "messiânicas", focalizaremos alguns textos que contêm expressões reveladoras do que teriam sido as preocupações sociorreligiosas do povo comum. Uma das imagens centrais da esperança de uma nova realização das promessas era do "rebento" que Deus suscitaria para Davi. É significativo que as preocupações populares com a realeza ungida se encontrem incorporadas nas principais profecias referentes ao rebento davídico. Isso se pode ver em Jr 23,5-6, e na famosa idílica profecia de Is 11,2-9, sobre o "rebento do tronco de Jessé", que "julgará os pobres com justiça". Nas profecias de Miqueias não há referência à teologia real oficial, mas uma imagem mais popular do futuro rebento davídico. Na profecia messiânica, o futuro rei não nascerá na corte real de Jerusalém, mas num humilde clã da cidade de Belém, onde Davi começou a sua vida (Mq 5,2).

Não é apropriado falar de uma esperança judaica de "o Messias", neste ponto, pois dentre as profecias tardias conservadas que inspiraram as esperanças dos judeus são poucas as que usam o termo *ungido*. Além disso, o enfoque no novo Davi ou num descendente de Davi não era absolutamente a única imagem das esperanças judaicas de uma realeza renovada ou escatológica. Alguns dos textos escriturísticos mais importantes para as esperanças das gerações tardias de judeus não contêm uma linguagem explícita de "ungido" ou "rebento (chifre, filho) de Davi". Apresentam antes um enfoque, por exemplo, no "cetro" ou numa "estrela", como em Gn 49,10 e Nm 24,17 respectivamente.

Chama a atenção o fato de que muitas profecias referentes a um futuro rei ou provêm originalmente do Israel tribal ou remetem a tradições populares daquele período. Por exemplo, Ezequiel, numa profecia do cumprimento das promessas a Abraão, não só liga a renovada observância dos preceitos da aliança com o novo Davi, mas também prefere o termo *príncipe (nasi)*, designação do líder da antiga confederação tribal, ao título de *rei (melek)* (ver Ez 37,24-26). Outra profecia, mas sem menção explícita da linhagem davídica, é acrescentada ao cântico de Ana, um dos grandes cânticos de vitória provenientes do antigo Israel tribal (1Sm 2,10). Finalmente, há a profecia anexada ao livro de Zacarias. Ao aclamar o futuro rei, a profecia evoca uma imagem do líder de Israel tribal, antes da época em que este possuía uma tecnologia militar mais avançada de cavalos e carros de guerra: "Eis que o teu rei vem a ti: ele é justo e vitorioso, humilde, montado sobre um jumento" (Zc 9,9-10).

A sobrevivência de tais profecias e a posterior alusão a elas, após a destruição de Jerusalém, é uma prova de que a esperança de um futuro rei como agente de Deus para restaurar a sorte de Judá tinha permanecido — uma esperança de realização das antigas promessas a Israel e da realização do governo de justiça de Deus numa sociedade renovada. Todavia, embora a esperança de um rei futuro estivesse viva, esteve aparentemente adormecida durante gerações, até durante séculos. Profetas entre os exilados que haviam retornado à Judeia no final do século VI a.C. para reconstruir Jerusalém e o templo concentraram suas esperanças de restauração do estado judaico e de independência do domínio persa em Zorobabel, o último rebento da linhagem davídica (Ag 2,20-23; Zc 6,12-13). Depois disso, dispomos de pouca ou nenhuma informação de esperança viva de um messias durante o período de dominação persa ou helenístico. Pode ter ocorrido uma decepção geral com as esperanças depositadas na realeza em decorrência das esperanças colocadas em Zorobabel após o retorno do exílio, que não se realizaram.[16] Após as reformas de Neemias e Esdras, a vida da sociedade judaica centralizou-se no templo e no sumo sacerdote. Chama a atenção o fato de que, durante todo o período da reforma helenizante, da perseguição antioquena e da revolta macabaica, não há nenhuma evidência de renascimento de esperanças messiânicas reais. O povo e os seus líderes (p. ex., os asmoneus Judas e Jônatas) devem ter estado dolorosamente desiludidos com os sumos sacerdotes. Além disso, como os asmoneus não eram da família sacerdotal sadoquita, Jônatas e Simão não poderiam ter legitimamente assumido o sumo sacerdócio. Mas, em vez de renovar a imagem e os títulos reais, os líderes asmoneus assumiram a função do sumo sacerdócio. Este fato atesta o vigor e a centralidade deste último e talvez a dormência da realeza naquela época.

Não há dúvida que as promessas a Davi e as profecias de um rei futuro eram conhecidas dos letrados (Eclo 47,11.22; 1Mc 2,57) e provavelmente também dos camponeses, no período persa e no helenístico.

Todavia, qualquer expectativa de um rei davídico era relegada a um futuro vago e distante e não tinha como objeto a situação política imediata. Isso ocorreu até mesmo em meio ao intenso sofrimento da perseguição e à resultante revolta macabaica, época em que devem ter sido escritos os "sonhos-visões" de 1 Enoc 83-90. É tentador ver a brotação de "um grande chifre de uma dessas ovelhas" que os "corvos" atacam, mas não podem vencer (1 Enoc 90,9) como uma referência quase certa a Judas Macabeu descrito com imagem (messiânica) davídica. Como a alegoria do "leão" em 1Mc 3,4, tal alusão é bem provável. Todavia, a figura que exerce o papel messiânico do futuro soberano só emerge depois do julgamento e do advento da nova Jerusalém, no final da visão (1 Enoc 90,37-38).

Condições do renascimento da tradição da realeza popular

As esperanças de uma figura real ungida começaram a renovar-se em algum momento do período asmoneu. O fato de que se iniciara um ressurgimento é evidente nos manuscritos do mar Morto e em Sl Sal 17. Conforme foi assinalado no começo deste capítulo, a ocorrência dos termos *messias* e *filho de Davi* ainda é rara na literatura judaica anterior e contemporânea à ascensão de movimentos messiânicos populares efetivos. A própria ocorrência desses movimentos é prova suficiente do renascimento da tradição da realeza popular. Mas, para verificar como esta tradição, e as esperanças correlatas de um agente real ungido, ressurgiram em círculos populares e assim influenciaram a forma social assumida pelos movimentos populares, também precisamos examinar as condições históricas em que esses movimentos surgiram.

Ressurgimento de esperanças messiânicas entre grupos letrados

Em Qumrã as esperanças messiânicas eram tão fluidas quanto complexas, muito mais complexas do que qualquer tradição anterior que observamos.[17] Os essênios, que se tinham retirado ao deserto em Qumrã para formar a comunidade da Nova Aliança, em preparação do caminho de Javé, esperavam que a realização final envolvesse três agentes escatológicos principais. De acordo com a sua *Regra da Comunidade*, eles seriam governados pelos preceitos da sua Nova Aliança até a vinda do profeta e dos ungidos de Aarão e de Israel. A primeira figura, o profeta escatológico, prometido em Dt 18,15-18, será discutido no capítulo seguinte. Quanto às expectativas messiânicas propriamente ditas, os qumranitas aparentemente esperavam dois ungidos, um messias sumo sacerdote e o chefe leigo da comunidade escatológica (o Ungido de Israel).

O Sacerdote Ungido é a figura mais destacada e claramente tem primazia em todas as questões importantes. Isso não surpreende, se considerarmos que a comunidade de Qumrã se formara em reação à "perversão" da vida nacional e da vontade de Deus pelos iníquos (e ilegítimos) sacerdotes asmoneus, e estava sob forte influência sacerdotal tanto na sua concepção quanto na sua liderança.[18] Na era da realização, o Sacerdote Ungido presidirá as celebrações do banquete escatológico (1Qsa 2,11-22). Na guerra santa final contra os *kittim* (romanos), descrita em detalhada forma ritual na *Regra da Guerra*, o sumo sacerdote escatológico exerce um papel eminente, pronunciando bênçãos, ordenando as formações e inspirando as tropas.[19] O Príncipe da Congregação é mencionado apenas incidentalmente (1QM 5,1). O Sacerdote Ungido também é o intérprete final da lei. Esta função de ensinamento aparece ainda mais destacadamente nos textos posteriores, em comparação com a relevância das suas funções rituais na *Regra da Comunidade*. Juntamente com a literatura de Qumrã, também os Testamentos dos Doze Patriarcas e o livro dos Jubileus apresentam uma esperança de duas personagens escatológicas ungidas: uma figura sacerdotal, aparentemente superior, descendente de Levi, e uma figura real menor da tribo de Judá.[20]

A esperança do Príncipe da Congregação, o Ungido de Israel, também preocupava os escribas instruídos de Qumrã, que estudavam textos bíblicos para entender os mistérios escatológicos de Deus. Muitas profecias bíblicas de um futuro rei, anteriormente assinaladas, reaparecem na literatura de Qumrã e frequentemente são justapostas. Em alguns textos mais interessantes podemos ver o método essênio de interpretar um texto profético através de outro. Assim a promessa a Davi (2Sm 7) é esclarecida pelas profecias do ramo e do tabernáculo (Jr 23 e Am 9,11):

> ...e suscitarei a tua semente depois de ti, e estabelecerei seu trono real... [2Sm 7,12-14]. Este é o Ramo de Davi [ver Jr 23,5 etc.] que surgirá com o Investigador da Lei e que se assentará no trono de Sião no fim dos dias; conforme está escrito, "levantarei a tenda desmoronada de Davi" [Am 9,11]. Esta "tenda de Davi" que está desmoronada [é] ele quem a levantará para salvar Israel (4QFlor 1,10-13).

Destas passagens, bem como de outras,[21] está claro que, para Qumrã, o Ramo de Davi era um dos principais agentes da iminente realização escatológica. Esperava-se que ele resgatasse Israel da dominação de governantes estrangeiros e mesmo que obtivesse vitória sobre as nações.

Ele seria honrado com uma entronização gloriosa, reinaria sobre todos os povos e estabeleceria a justiça em Israel. Neste ponto os escribas sacerdotais de Qumrã retomaram uma importante preocupação da antiga tradição popular da realeza.

Embora estas passagens indiquem claramente uma renovação de esperanças messiânicas, tais esperanças de modo algum dominaram a visão escatológica da comunidade. Não só eram atribuídas funções mais destacadas ao Sacerdote Ungido e ao profeta ou mestre escatológico, mas parece também que os qumranitas resistiram a dar interpretações messiânicas a passagens que nos parecem textos messiânicos reais. Em uma das principais passagens da *Regra de Damasco* (7,14-21), por exemplo, a desmoronada "tenda de Davi" (Am 9,11) que será levantada é entendida como os "livros da Lei"; "rei" significa a Assembleia, e a "estrela" de Jacó é entendida como referente ao Príncipe da Congregação. Os textos de Qumrã em geral resistem a usar a palavra "rei" com referência ao Ungido de Israel, seguindo o uso de Ezequiel que prefere "príncipe". Parece que, na literatura posterior de Qumrã, composta no período romano, a figura real é mais destacada. Todavia, mesmo nesses textos o Ramo de Davi não governará de acordo com o seu próprio ponto de vista, mas segundo as instruções sacerdotais, em oposição direta ao texto de Is 11, que é interpretado (ver 1QSpIsa). Na comunidade sacerdotal de Qumrã, a figura real ungida estava sempre subordinada à grande preocupação dessa comunidade com a interpretação certa da lei da aliança, e com o cálculo da aplicação histórica dos mistérios escatológicos de Deus.

Em torno do início do período romano também houve um renascimento da esperança de uma figura real ungida em outros círculos de letrados. No Sl Sal 17, o enfoque é o estabelecimento terreno efetivo do Reino de Deus, após o domínio de usurpadores ilegítimos e a conquista por nações estrangeiras. O salmo é uma súplica pelo governo do futuro rei, o filho de Davi, e, ao mesmo tempo, a sua descrição.

> Vê, ó Senhor, e suscita-lhes o seu rei, o filho de Davi, no tempo que tu vês, ó Deus, que ele possa reinar sobre Israel, teu servo. E cinge-o com poder para que ele possa quebrar os governantes injustos e purificar Jerusalém das nações que [a] pisoteiam até a destruição... Ele será um rei justo instruído por Deus... Ele reprovará os governantes e removerá os pecadores pelo poder da sua palavra (Sl Sal 17,23-24.35.41).

O Salmo é uma composição original,[22] que mostra a influência das profecias bíblicas tradicionais e faz alusão a elas, mas não é simplesmente uma repetição de textos bíblicos. As expectativas deste salmo focalizam exclusivamente uma personagem real: um filho de Davi, um rei justo. Espera-se que ele acabe com o poder de governantes injustos na sociedade e liberte Jerusalém da dominação estrangeira. Espera-se que ele destrua os inimigos estrangeiros e submeta os inimigos estrangeiros e submeta as nações pagãs ao seu próprio domínio justo. Dentro de Israel ele acabará com a injustiça e a opressão, de sorte que toda a sociedade viverá em justiça. O fato de que o futuro rei será o "ungido do Senhor" está diretamente ligado com a previsão de que finalmente será estabelecida a justiça na sociedade.

Talvez seja mais digno de nota o fato de que a esperança está fortemente espiritualizada,[23] particularmente a imagem político-militar: ele não confiará em forças e tecnologia militares, mas em forças espirituais. O rei ungido condenará ou destruirá os governantes injustos *pela palavra da sua boca*. Os Salmos de Salomão expressam a esperança de um *rei-mestre*, um agente real da Torá escatológica, um ungido talvez concebido segundo a imagem do próprio autor, que será capaz de realizar o verdadeiro reino de Deus.

Condições sócio-históricas e esperanças populares

Resta a questão de saber por que houve este ressurgimento de esperança de um rei escatológico na literatura do período asmoneu, depois que tal esperança estivera aparentemente adormecida durante séculos. Uma resposta banal veria a conquista romana e o resultante fim dos asmoneus como o catalisador de tais esperanças. Entretanto, a causa inicial poderia bem ter sido as pretensões dos próprios asmoneus, com a situação depois agravada pela conquista romana e Herodes, o Grande.[24] Quando os governantes asmoneus Jônatas e Simão inicialmente se estabeleceram como sumos sacerdotes, foram considerados ilegítimos tanto pelos qumranitas como pelos fariseus. Quando asmoneus subsequentes também assumiram o título de rei (e forçosamente diminuíram o poder dos fariseus), os usurpadores simplesmente multiplicaram a ilegitimidade do seu governo. Depois disso não surpreende observarmos aspirações do cumprimento da promessa a Davi na literatura judaica, como, p. ex., no Sl Sal 17. Depois a conquista da Judeia pelos romanos deve ter convencido muitos dos que sofriam sob o regime dos asmoneus de que precisavam de um líder não só legítimo, mas também efetivo, político, ou seja, o novo Davi, ungido por Deus e habilitado pelo espírito de Deus para libertar e governar as nações. Os qumranitas e os autores do Sl Sal 17 esperavam que seus messias, qualquer que fosse o seu caráter cerimonial ou de escriba, haveriam de implementar seus respectivos programas em favor do povo, em agudo contraste com o completo fracasso dos asmoneus.

Se as maquinações dos asmoneus tinham estimulado os essênios e outros grupos letrados a concentrar suas esperanças em parte num governante ungido, as pretensões e a tirania de Herodes e do governo romano direto deve ter fornecido muita provocação para o despertar de memórias e de esperanças focalizadas na realeza popular. As condições gerais da Palestina que afetavam os camponeses foram detalhadas no começo do capítulo 2, sobre o banditismo e se aplicam diretamente aqui. Lembremos que, sob Herodes e seus sucessores, o povo comum sofria uma pesada carga tributária, extremos controles sociais e políticos, fome e graves tensões entre a aristocracia sacerdotal e os camponeses. Tudo isso desencadeou revoltas em grande escala em 4 a.C. e 66 d.C. Em meio a essas duras condições, a justa-posição da ilegitimidade e das atitudes de Herodes deve ter sido altamente provocante para a memória e as esperanças do povo. Para este povo Herodes era um rei ilegítimo em todos os sentidos. Ele não era apenas um "meio judeu" de nascimento — filho do casamento entre o idumeu Antipatro e a nabateia Cipros; era também tudo menos um verdadeiro líder. Era um mero fantoche que tinha conquistado o seu próprio povo com a ajuda de tropas romanas. Assim governou por graça de Roma, não de Deus.

A situação exacerbou-se quando Herodes, tentando encobrir a sua ilegitimidade, criou a sua própria ideologia real. Um discurso colocado em sua boca pelo historiador Josefo provavelmente reflete a propaganda de Herodes. "Julgo que, pela vontade de Deus, levei a nação judaica a um estado de prosperidade que nunca conheceu antes", diz Herodes, referindo-se à paz e à boa fortuna da nação sob o seu reinado divinamente abençoado. Como o rei que agora reconstrói o templo, talvez até tivesse assumido a postura de um novo Salomão, o filho de Davi que construiu a casa original de Deus (*Ant.* 15.383-87). Todavia, a sua propaganda só deve ter servido para tornar mais agudo o contraste entre as expectativas judaicas e a realidade do seu governo. Se o material lendário popular que está por trás da narrativa da infância em Mateus for alguma indicação, longe de ser rei por vontade de Deus, para o povo Herodes era o símbolo de um tirano, um soberano iníquo que, na verdade, era o antimessias (Mt 2,1-23).

Outro episódio narrado por Josefo oferece-nos uma vívida indicação do grau que tinham atingido as tensões no fim do reinado de Herodes. Ainda que o fato focalize uma intriga da corte e o desentendimento dos membros descontentes da família real, abre, contudo, uma janela também sobre o clima que dominava nos outros níveis da sociedade.

[Quando os fariseus], mais de seis mil, não fizeram este juramento [de lealdade a César e ao governo de Herodes], o rei puniu-os com uma multa. Mas a mulher de Feroras [irmão de Herodes] pagou a multa por eles. Retribuindo a sua bondade, eles vaticinaram — pois se acreditava que tinham presciência através de manifestações de Deus — que o fim do reinado de Herodes, tanto para este como para a sua linhagem, estava ordenado por Deus e que o poder real passaria para ela e Feroras e os filhos que tivessem. Tudo isso foi comunicado ao rei — pois isso não escapou ao conhecimento de Salomé —, bem como o fato de que eles tinham corrompido alguns membros da corte real. O rei matou os mais culpados, também o eunuco Bagoas e um certo Karos, que se destacava entre os seus contemporâneos pela sua beleza incomum e era o amante do rei. Também matou todos aqueles da sua casa que tinham aprovado o que os fariseus disseram. Verificou-se que Bagoas tinha sido exaltado por eles na crença de que ele seria chamado pai e benfeitor[25] pelo rei, que, segundo o vaticínio, seria constituído sobre o povo, pois tudo estaria sob o seu controle e ele daria a Bagoas o poder de casar e ser pai dos seus próprios filhos (*Ant.* 17.42-45).

Esta história mostra que o descontentamento com Herodes havia--se concentrado na esperança de um rei futuro que cuidaria de tudo. Estavam incluídas as fantasias da restauração miraculosa das forças vitais do povo, como as da fertilidade. Essas expectativas messiânicas eram vivas e intensas, seja na forma de visões apocalípticas e profecias articuladas pelos fariseus, seja na maneira como as profecias messiânicas devem ter ressoado na mente de pessoas como o eunuco Bagoas. A narrativa também revela que a brutal repressão de Herodes foi mais severa que nunca. Vivendo, portanto, sob um rei opressor e ilegítimo, instalado por uma potência estrangeira, o povo estava preparado para um líder carismático "ungido" surgido do meio camponês, como o antigo Davi. Não surpreende que, assim que Herodes morreu, as frustrações reprimidas do povo explodissem precisamente sob a forma de movimentos messiânicos.

É difícil determinar o grau de concentração e de intensidade das expectativas messiânicas sob os governadores romanos. As Dezoito Bênçãos, orações recitadas pelo povo, podem refletir (e podem ter ajudado a enfocar) as esperanças populares durante o primeiro século da era cristã. O texto atual das *Shemone Esre* que possuímos só chegou à sua forma final após a queda de Jerusalém em 70, mas considera-se que inclui orações de épocas mais antigas.[26] Assim, é possível e até provável que, em tempos pré-cristãos, os judeus piedosos orassem (três vezes ao dia) pelo nascimento do ramo de Davi e pelo crescimento do seu chifre, como na décima quarta e décima quinta bênçãos:

Em tua grande misericórdia, oh! Javé nosso Deus, tem piedade de Israel teu povo... e do teu Templo... e do reino da casa de Davi, o Messias da tua justiça. Faze com que o rebento de Davi brote rapidamente e ergue o seu chifre com teu auxílio. Bendito sejas tu, Javé, que fizeste crescer um chifre de ajuda.

Tais orações, centradas na esperança de uma nova independência, devem ter dado expressão a esperanças messiânicas populares na primeira parte do século I d.C.

Quando os acontecimentos começaram a acelerar-se rumo à explosão da grande revolta de 66-70, as esperanças populares de um rei ungido eram aparentemente fortes e muito difundidas. Não há nenhuma razão para questionar a afirmação direta de Josefo de que "o que mais do que qualquer outra coisa os incitou à guerra foi um oráculo ambíguo, também encontrado nos seus escritos sagrados, segundo o qual naquele tempo alguém do seu país haveria de governar o mundo inteiro" (*G.J.* 6.312). De fato, independentemente de Josefo, isso é confirmado por Tácito: "A maioria acreditava firmemente que seus antigos livros sacerdotais continham a profecia de que este era o tempo em que o Oriente prevaleceria e homens vindos da Judeia dominariam o mundo" (*Hist.* 5.13). Naturalmente Josefo aplicou este oráculo "ambíguo" ao seu protetor Vespasiano, para cujo lado ele desertara após o cerco de Jotapata. Mas, para as massas judaicas em meados da década de 60, a profecia dos seus livros sagrados não era ambígua. Elas desejavam ansiosamente que Deus suscitasse o rei que haveria de derrotar as nações estrangeiras ateias, libertar o povo judeu e estabelecer o reino de justiça e equidade de Deus.

Reis populares e seus movimentos

Em contraste com o ramo de Davi idealizado e esperado pelos instruídos essênios e outros, os líderes populares efetivamente reconhecidos como reis pelos seus sequazes lideraram revoltas armadas contra os romanos e seus colaboradores judeus da classe alta.[27] Infelizmente para o nosso desejo de saber mais sobre essas figuras e os movimentos que conduziram, dependemos de uns poucos parágrafos de uma fonte extremamente hostil. Josefo não só é hostil a todos os judeus que se rebelaram contra o domínio romano, mas ainda evita cuidadosamente as concepções e os padrões de pensamento caracteristicamente judaico-palestinenses em favor de ideias helenísticorromanas. Por isso, temos de ler entre as linhas ou traduzir sua concepção helenística para a linguagem apocalíptica corrente entre os judeus da Palestina.

Assim, quando Josefo diz que um determinado personagem "aproveitou a oportunidade para buscar o trono" ou "foi proclamado rei" pelos seus seguidores, podemos razoavelmente supor que esses personagens eram pretendentes messiânicos. Devem ser vistos sobre o pano de fundo da longa tradição judeu-israelita da realeza popular ungida e na verdade como restauradores dela.

Insurreições messiânicas populares por ocasião da morte de Herodes

Logo depois da morte de Herodes, alguns judeus pediram a seu filho e aparente sucessor, Arquelau, que reduzisse a impossível carga tributária e soltasse os numerosos presos políticos ainda encarcerados em várias fortalezas herodianas. Um grupo mais organizado chegou mesmo a pedir que punisse o brutal assassino de Judas, Matias, e seus seguidores que tinham derrubado a águia romana da porta do templo, e que substituísse o sumo sacerdote herodiano ilegítimo por outro mais conforme à lei. Quando as multidões do interior do país, que estavam em Jerusalém para as celebrações da Páscoa, pressionaram esses pedidos, a resposta receosa de Arquelau foi chamar o exército, que massacrou milhares de fiéis peregrinos. Pouco depois Arquelau partiu para Roma, procurando conseguir sua indicação como sucessor de Herodes, e a zona rural virtualmente explodiu em revolta.

Na festa de Pentecostes, em maio, milhares de pessoas afluíram a Jerusalém, vindas da Galileia, da Idumeia e da Transjordânia, bem como da própria Judeia e cercaram as tropas romanas que ocupavam a cidade. Embora muitas delas tivessem ido a Jerusalém, em cada região mais importante do reino de Herodes os camponeses levantaram-se em revolta — e estas revoltas assumiram a forma de movimentos messiânicos.

As passagens principais são as seguintes:

Houve Judas, filho do salteador-chefe Ezequias (que tinha sido um homem de grande poder e só com muita dificuldade fora capturado por Herodes). Este Judas, depois que organizara em Séforis, na Galileia, um grande número de homens desesperados, atacou o palácio. Tomando todas as armas que lá estavam guardadas, armou todos os seus sequazes e partiu com todos os bens que tinham sido pilhados. Atemorizava a todos saqueando

Em Séforis, na Galileia, Judas, filho de Ezequias (o salteador-chefe que outrora atacava o país e foi suprimido pelo rei Herodes), tendo organizado uma força considerável, assaltou o depósito real de armas, armou seus a quantos encontrava, na sua ambição de mais poder e na sua ardente busca da posição real. Não esperava para obter esse prêmio pela virtude, mas pela vantagem de sua força superior (*Ant.* 17.271-72). sequazes e atacava os outros que disputavam o poder (*G.J.* 2.56).

Também houve Simão, um criado do rei Herodes, mas de resto um homem imponente pelo seu tamanho e pela sua força física, desejoso de destacar-se. Estimulado pelas caóticas condições sociais, teve a ousadia de colocar a coroa na sua cabeça. Depois de ter organizado alguns homens, também foi proclamado rei por eles no seu fanatismo e ele se julgava mais digno disso do que qualquer outro. Tendo incendiado o palácio real em Jericó, saqueou e levou as coisas anteriormente transportadas (e armazenadas) para lá. Também incendiou numerosas outras residências reais em muitas partes do país e destruiu-as, depois de permitir que seus sequazes levassem como despojos os bens nelas confiscados. Ele teria realizado façanhas maiores ainda, se não tivesse havido uma rápida intervenção. Pois Grato, comandante das tropas reais, reuniu suas forças, juntou-se aos romanos e foi ao encontro de Simão. Depois de uma longa e difícil batalha, foi morto grande número de pereianos, pois estes estavam em confusão e lutavam com mais coragem que habilidade. Quando Simão tentou salvar-se fugindo por um desfiladeiro, Grato interceptou-o e decapitou-o (*Ant.* 17,273-76).
E depois houve Atronges, um homem cuja eminência não provinha nem do renome dos seus antepassados, nem da superioridade do seu carácter, nem da extensão dos seus recursos. Era um obscuro pastor, mas notável pela sua estatura e sua força. Ele ousou aspirar à realeza pelo motivo de que, uma vez obtido esse nível, ele poderia deleitar-se com mais libertinagem. Quando se tratava de enfrentar a morte, ele não tinha medo de colocar em risco a própria vida em tais circunstânias. Também tinha quatro irmãos. Estes eram igualmente homens de grande estatura, confiantes que venceriam em virtude dos seus feitos de força e esperando dar sólido apoio para a sua tomada do reino. Cada um deles liderava um bando armado, pois uma grande multidão se reunira em torno deles. Embora fossem generais, estavam subordinados a ele, sempre que faziam incursões para lutar por sua própria conta. Usando o diadema real, Atronges reunia um conselho para deliberar sobre o que devia ser feito, ainda que em última instância tudo dependesse do seu próprio julgamento. Manteve o poder por longo tempo, tendo sido designado rei e podendo fazer o que quisesse sem interferência. Ele e seus irmãos atuaram vigorosamente na matança das tropas romanas e herodianas, agindo com ódio semelhante contra ambas, contra as tropas reais por causa dos abusos que estas cometeram durante o reinado de Herodes, e contra os romanos por causa das injustiça que estes tinham perpetrado nas presentes circunstâncias, segundo julgavam. Com o passar do tempo tornaram-se cada vez mais brutais, sem consideração por ninguém. Às vezes agiam na esperança de fazer despojos, outras vezes simplesmente porque estavam acostumados a derramar sangue. Certa vez, perto de Emaús, até atacaram uma companhia de romanos que estavam transportando cereais e armas para o seu exército. Depois de cercá-los,

abateram Ário, o centurião que comandava a brigada e quarenta dos seus melhores elementos de infantaria. Os que sobreviveram, alarmaram-se com a sua situação de apuro, mas conseguiram escapar quando Grato e suas tropas reais lhes serviram de escudo. Mas deixaram seus mortos para trás. Os irmãos continuaram suas ações de guerrilha por muito tempo, molestando em grau não menor os romanos e devastando a sua própria nação. Mas algum tempo depois foram capturados e feitos prisioneiros, um num encontro com Grato, e outro num encontro com Ptolomeu. Depois que Arquelau prendeu o mais velho, o último dos irmãos, aflito pela sorte do outro irmão, e não tendo meio de salvar-se — pois agora estava isolado, extremamente fatigado e sem defesa —, entregou-se a Arquelau, após garantias e uma promessa de boa fé. Mas isso aconteceu mais tarde. A Judeia estava infestada por quadrilhas de bandidos. Sempre que bandidos sediciosos encontravam alguém apropriado, esta pessoa podia ser constituída rei, ansiosa para arruinar o povo, provocando pouco dano aos romanos, mas causando grande derramamento de sangue entre os seus compatriotas. (*Ant.* 17.278-85).

Destas breves e cáusticas narrações podemos respigar alguns pontos importantes sobre os movimentos messiânicos populares e os pretendentes reais à frente destes. Em primeiro lugar, esses movimentos estão centrados em torno de um *rei* carismático, por mais humilde que seja a sua origem. Ainda que, obviamente, esteja familiarizado com a linguagem "messiânica" caracteristicamente judaica, Josefo zelosamente evita termos tais como "ramo" ou "filho de Davi" e "messias" (ver *Ant* 10.210; *G.J.* 6.312-13). Todavia, não hesita em usar o termo "realeza". Seja no começo (ver *G.J.* 2.55), seja no fim (ver *Ant.* 17.285) dos seus relatos sobre esses três movimentos, traz sentenças de resumo: "As circunstâncias oportunas induziram um certo número de pessoas a aspirar à *realeza*", ou "Sempre que bandidos sediciosos encontravam alguém apropriado, esta pessoa podia ser constituída *rei*". Além disso, Josefo usa o termo "diadema" em conexão com Simão e Atronges. No período helenístico este termo se tornará um sinônimo efetivo de realeza, e Josefo usa-o coerentemente com referência a Antíoco IV Epífanes, Demétrio I Soter, Aristóbulo I, Hircano II e Herodes, entre outros. Quando o termo é aplicado a Simão e Atronges, isto é feito sem qualificação. Dada a escolha da linguagem da realeza por Josefo, quem quer que conheça a tradição da realeza popular lembra-se da eleição popular ou "unção" do rei e do salmo real

> Prestei auxílio a um bravo,
> exaltei um eleito dentre o povo... (Sl 89,20)

Em segundo lugar, o povo não estava procurando um líder entre a nobreza ou entre as famílias "distintas", pois a maioria delas devia a sua posição a Herodes ou estava de alguma forma envolvida na colaboração com o regime herodiano-romano. Os pretendentes reais nesses três movimentos eram homens de origem humilde. Um foi pastor, como o fora Davi segundo a lenda. Outro tinha sido criado de Herodes. Na Galileia o líder salteador de uma geração deu origem ao pretendente real da geração seguinte. A menção explícita feita por Josefo da estatura física ou bravura dessas personagens pode bem ser um reflexo da tradição davídica de que o líder eleito por Deus devia ser um valente guerreiro. Esta tradição provavelmente evoluiu do fenômeno do "juiz" carismático. Davi, como o "juiz" Gedeão antes dele, que os israelitas quiseram reconhecer como rei (Jz 6,12; 8,22) foi o "valente guerreiro" (1Sm 16,18) prototípico.

Os participantes dos movimentos messiânicos foram principalmente camponeses. Essas revoltas ocorreram nas várias regiões do país, em contraste com a metrópole, Jerusalém. Grande número de pessoas envolvidas podem ter sido "homens desesperados". No caso da revolta da Pereia liderada por Simão, não está claro se a frase "os salteadores que ele reuniu" é simplesmente a terminologia pejorativa de Josefo para os que seguiram a liderança de Simão, ou se refere aos camponeses já levados ao banditismo antes da erupção da revolta. De qualquer modo, distingue cuidadosamente entre esses movimentos camponeses e outros grupos que se rebelaram na mesma época, como, p. ex., a revolta de 2.000 veteranos de Herodes (*G.J.* 2.55).

Parece que os movimentos foram de alguma forma organizados, pelo menos em "bandos armados" para fins militares. Atronges usou seus irmãos para comandar as subdivisões da sua força, aparentemente considerável, e convocava um conselho para deliberar sobre o curso das ações. Ao escrever que os pereianos proclamaram Simão rei "no seu fanatismo", e que eles lutavam com "mais ousadia que habilidade", Josefo parece sugerir que tais movimentos eram estimulados por inspiração (divina) ou por um espírito especial.

O objetivo principal desses movimentos era derrubar a dominação herodiana e romana e restaurar os ideais tradicionais de uma sociedade livre e igualitária. Assim, como Josefo parece indicar, eles assaltaram os palácios reais em Séforis e Jericó não simplesmente como símbolos do odiado regime herodiano ou para obter armas, mas para recuperar bens que haviam sido tomados pelos oficiais herodianos e guardados nos palácios. Além de atacar as forças romanas e reais, também assaltaram e destruíram as mansões da nobreza, juntamente com as residências reais. Podemos razoavelmente inferir a existência de certo ressentimento pela prolongada injustiça e exploração socioeconômica, bem como um espírito de anarquismo igualitário, típico entre insurreições camponesas.

A dimensão desses movimentos messiânicos e a seriedade da insurreição talvez possa ser avaliada pelo tamanho da força militar que Varo, legado da Síria, julgou necessário para subjugar a rebelião. Além das legiões já presentes na Judeia, convocou as duas restantes legiões da província (cerca de 6.000 cada uma) e quatro regimentos de cavalaria (500 cada um), bem como as tropas auxiliares fornecidas pelas cidades-estados e pelos reis subordinados da região. Varo mandara incendiar Séforis (onde tinha atuado o movimento de Judas) e reduzir seus habitantes à escravidão.

> Abandonada por seus habitantes, Emaús também foi queimada até o chão, quando Varo o ordenou para vingar o massacre de Ário e suas tropas. Depois ele marchou sobre Jerusalém, onde, à simples vista dele e de suas forças, os exércitos judeus se dissolveram e fugiram para a zona rural. Mas os que estavam na cidade deram-lhe as boas-vindas e negaram qualquer responsabilidade na revolta. Explicaram que não haviam feito nada, mas que tinham sido forçados a acolher a multidão de visitantes por causa da festa, de modo que, longe de participar do ataque rebelde, também eles estiveram sitiados como os romanos... Varo despachou parte do seu exército para a zona rural em busca dos responsáveis pela revolta, e entre os muitos capturados aprisionou os que pareciam ter exercido um papel menos ativo e crucificou os mais responsáveis - cerca de dois mil ao todo (*G.J.* 2.71-75).

Mas não foi fácil exterminar os movimentos messiânicos. Pelo menos aquele que foi comandado pelo pastor Atronges continuou por algum tempo até finalmente as tropas romanas ou herodianas dominarem uma ou outra companhia dos seus sequazes, e até que, por fim, Arquelau conseguiu induzir o último irmão restante (ou o próprio Atronges?) a entregar-se. "Mas isso ocorreu mais tarde".

Por causa do interesse especial que apresentam em relação a Jesus e seu movimento, vale a pena assinalar, por fim, que havia diversos movimentos de massa compostos por camponeses judeus de aldeias e cidades como Emaús, Belém, Séforis — pessoas que se agrupavam em torno da liderança de personagens carismáticas consideradas *reis ungidos* dos judeus. Tais movimentos ocorreram nas três áreas principais da população judaica da Palestina (Galileia, Pereia, Judeia), e precisamente na época em que presumivelmente nasceu Jesus de Nazaré. Talvez também seja interessante observar que a cidade de Séforis, que foi incendiada e cujos habitantes foram vendidos como escravos no ano 4 a.C., estava situada apenas algumas milhas ao norte da aldeia de Nazaré, a terra de Jesus. Além disso, a cidade de Emaús, o lugar de uma das aparições da ressurreição, segundo a tradição evangélica (Lc 24,13-32), tinha sido destruída pelos romanos em retaliação por outro movimento de massa pouco mais de uma geração antes. A memória desses movimentos messiânicos populares sem dúvida ainda estava viva na mente de muitos camponeses judeus que testemunharam as atividades de Jesus.

Pretendentes reais e movimentos messiânicos durante a revolta judaica (66-70)

Por causa da escassez de fontes não é possível determinar se houve movimentos messiânicos — exceto, talvez, os seguidores de Jesus — durante os setenta anos entre os movimentos que acabam de ser discutidos e a explosão da grande revolta de 66-70. Os centros iniciais da maciça rebelião foram principalmente a Galileia e Jerusalém. Primeiro a liderança foi exercida pelos numerosos grupos de salteadores. Seus efetivos foram engrossados pelos refugiados fugidos das tentativas romanas de subjugar a insurreição. Só é possível identificar dois grupos importantes que durante a revolta assumiram a forma de um movimento messiânico. Talvez seja melhor descrever o primeiro deles como um incidente messiânico dentro do grupo de terroristas existente já havia muito tempo, conhecido como os sicários. Por causa da grande confusão que, entre os estudiosos, cerca os sicários e os zelotas, teremos de estudar os dois grupos mais detalhadamente adiante (capítulo 5). Aqui vamos considerar o episódio messiânico culminante da longa oposição deste grupo à dominação romana e à colaboração judaica com esta.

Após anos de atividades terroristas, os sicários (homens dos punhais) foram rápidos em aderir aos rebelados na cidade de Jerusalém, assim que explodiu a revolta. Em agosto de 66 alguns deles participaram do ataque popular aos notáveis e chefes dos sacerdotes na cidade alta e aparentemente ajudaram a incendiar os arquivos públicos, destruindo assim os registros das dívidas. Numa ação correlata ou talvez apenas paralela,

> certo Manaém, filho de Judas o Galileu... reuniu os seus sequazes e marchou para Massada. Lá arrombou o arsenal do rei Herodes e armou outros salteadores, além do seu próprio grupo. Com estes homens como guarda-costas, voltou a Jerusalém como rei e, tornando-se líder da insurreição, organizou o cerco do palácio (*G.J* 2.433-34; ver 2.422-42).

É um tanto surpreendente que a liderança dos sicários aqui assuma a forma de realeza. Conforme veremos no capítulo 5, os sicários e seus prováveis precursores, a Quarta Filosofia, apresentavam características de liderança "intelectual". Josefo chama o fundador da Quarta Filosofia de "mestre" (*sophistes*), e também Manaém é conhecido como mestre (*G.J.* 2.433). Todavia, não temos nenhuma prova de que Judas da Galileia ou seus sucessores, com exceção de Manaém, tivessem feito alguma reivindicação messiânica. Assim, as pretensões messiânicas de Manaém eram sem precedentes e únicas entre os sicários. Por isso, parece razoável supor que esse episódio messiânico no clímax da luta dos sicários pela liberdade foi resultante do elevado grau de excitação que deve ter dominado em Jerusalém no final do verão de 66 d.C. Entretanto, a ideia de um mestre-messias e as expectativas de tal figura tinham sido articuladas pelo(s) autor(es) do Sl Sal 17, que presumivelmente foram escribas e mestres, como os líderes da Quarta Filosofia e os sicários. Consequentemente num tempo que parecia ser a ocasião do cumprimento escatológico geral, talvez não seja tão surpreendente ver esse grupo ativista da *intelligentsia* produzir um "mestre" como seu messias. Mas, contrariamente ao Sl Sal 17, Manaém reprovava todos os governantes estrangeiros e eliminava os pecadores mais pelo poder da sua espada que "pelo poder da sua palavra".[28]

O segundo movimento messiânico, muito mais amplo, emergiu entre os camponeses judeus quase dois anos depois que a revolta começara. Este movimento estava centrado em Simão bar Giora, que finalmente se tornou o principal comandante judeu em Jerusalém.[29] Embora Josefo evite cuidadosamente a linguagem "messiânica" judaica nos seus relatos, podemos distinguir certo número de aspectos "davídicos" na ascensão de Simão. Através do relato de Josefo também podemos distinguir as diferenças importantes, bem como as semelhanças, entre um pretendente real (como Simão bar Giora) que lidera um movimento messiânico, e um chefe de salteadores (como João de Gíscala), que também teve liderança na ampla rebelião popular. Na eclosão da revolta, Simão bar Giora era líder de uma substancial força de combate, da mesma forma que João, seu equivalente como bandido na Galileia setentrional. Na batalha contra o exército romano que avançava sobre Jerusalém em outubro de 66 d.C., ele comandara o ataque pela retaguarda, "cortou grande parte da sua retaguarda e levou grande número dos seus animais de carga que conduziu para dentro da cidade" (*G.J.* 2.521). Tal como João na Galileia, também Simão foi transferido para um comando de forças provinciais pelos chefes dos sacerdotes e os líderes fariseus, que controlavam o governo em Jerusalém. Um líder popular de camponeses rebeldes era a última coisa que as autoridades de Jerusalém queriam, se pretendiam moderar a revolta e negociar com os romanos. Mas, como na Galileia, a revolução social bem como a revolta antirromana estava a caminho.

> Havia um jovem de Gerasa, Simão bar Giora. Ele não era tão inescrupuloso como João, que já ganhara o domínio da cidade, mas era superior a ele em bravura física e coragem... (*G.J.* 4.503-4).
>
> Na região de Acrabaten e Simão bar Giora organizou um grande número de revolucionários e entregou-se à pilhagem. Não só saqueava as casas dos ricos, mas também maltratava as pessoas. Desde o princípio era claro que ele era propenso à tirania. Quando foi enviado um exército contra ele por Anano e pelos líderes, ele e seus homens se refugiaram com os salteadores em Massada e lá permaneceram até a morte de Anano e seus outros inimigos (*G.J.* 2.652-53).
>
> Apesar dos seus esforços, não conseguiu persuadir os sicários a tentar alguma coisa mais ambiciosa. Esses haviam-se acostumado à fortaleza da montanha e tinham medo de afastar-se muito do seu covil. Mas ele buscava o poder supremo e ambicionava grandes coisas. Quando ouviu que Anano estava morto, retirou-se para a região montanhosa e proclamou liberdade para os escravos e recompensas para os livres, angariando camponeses de toda a parte. Como agora tinha uma tropa forte, assaltava as aldeias da região montanhosa e porque um número cada vez maior de homens estava-se juntando a ele, ousou aventurar-se nas planícies. Não tardou a tornar-se objeto de pavor para as aldeias e muitos homens influentes foram seduzidos pela sua força e pelo próspero curso dos seus feitos. Já não era mais um exército de escravos ou de salteadores, mas incluía muitos cidadãos que lhe obedeciam como a um rei. Também invadiu a região de Acrabatene e todo o território até a grande Idumeia inclusive. Numa aldeia chamada Naim construiu um muro que usou como fortaleza para a sua proteção. E num desfiladeiro chamado Feretas ampliou certo número de cavernas e, juntamente com outras já prontas, usou-as como depósitos para os seus tesouros e pilhagens. Lá também guardou os cereais que tinha confiscado e acantonou a maior parte das suas forças. Portanto, era claro que ele estava dando treinamento antecipado às suas unidades e preparando-se para um ataque a Jerusalém (*G.J.* 4.507-13).

Embora tivesse um exército considerável, antes de tentar tomar Jerusalém, procurou primeiro consolidar sua posição na Judeia meridional e obter o controle da Idumeia. Alguns líderes da Idumeia usaram sua influência particular a fim de preparar-lhe o caminho para assumir o controle da região. Seu próximo lance não pode ter sido dado simplesmente por razões estratégicas.

> Contrariamente às expectativas, Simão invadiu a Idumeia sem derramamento de sangue. Num ataque de surpresa primeiro dominou a pequena cidade de Hebron, onde tomou grande quantidade de despojos e de cereais. Como dizem os nativos de Hebron, a cidade não é só mais velha do que qualquer outra cidade do país, mas é mais antiga até do que Mênfis no Egito... Lá Abraão, o antepassado dos judeus, tinha a sua morada após

sua saída da Mesopotâmia e foi de lá que seus descendentes desceram ao Egito... De Hebron Simão avançou por toda a Idumeia, não só assaltando aldeias e cidades, mas também saqueando a zona rural, pois os seus suprimentos não eram suficientes para uma multidão tão grande, visto que o número de seus seguidores já era então de quarenta mil, sem contar seus homens armados (*G.J.* 4.529-34).

Neste relato sobre a ascensão de Simão, passando de líder guerrilheiro local para líder seguido como *rei* por milhares de pessoas, além de um grande exército, podemos identificar vários paralelos notáveis com a ascensão de Davi, o protótipo da antiga tradição de realeza popular. Ambos, Davi e Simão, começaram suas carreiras como líderes militares populares, proscritos porque eram uma ameaça para os governos nacionais aparentemente legítimos. Também os que inicialmente se uniram aos respectivos bandos de Davi e de Simão foram os "descontentes" e malfeitores. Tal como no caso dos reis populares setenta anos antes, é enfatizada a grande força física e a ousadia de Simão. E como no caso original de Davi, o povo como um todo queria uma liderança efetiva numa situação de crise. Grande número de pessoas, incluindo alguns jerosolimitanos, logo seguiram Simão "como rei". Finalmente, entre outras notáveis características davídicas da ascensão à realeza de Simão, ele capturou Hebron. Josefo faz uma digressão para explicar o orgulho que os habitantes locais tinham da sua cidade. Mas para os judeus em geral com toda a probabilidade era igualmente bem ou até mais bem conhecida como a cidade na qual Davi foi primeiro ungido rei de Judá e depois reconhecido como rei de todo o Israel, após o que tomou Jerusalém e libertou o país inteiro (2Sm 2,4; 5,1-7).

Da mesma forma como os movimentos messiânicos por ocasião da morte de Herodes, as suas ações indicam que Simão e seus seguidores estavam fortemente motivados pelo ressentimento da sua exploração anterior pelos ricos. Parece que um dos seus principais objetivos era a restauração da justiça socioeconômica. Devemos perguntar-nos até que ponto pode ter havido, atrás da concepção helenística de Josefo em *G.J.* 4.508, um tom apocalíptico na proclamação de "liberdade para os escravos e recompensa para os livres" feita por Simão. Por mais escatológico que possa ter sido o tom, equidade para os humildes e justiça para os pobres eram coisas essenciais que se esperava seriam realizadas pelo rei messiânico (ver Jr 23,5 e Is 11,4). Além disso, nas tradições reais havia um precedente para tal proclamação. Em circunstâncias semelhantes, com Judá sob o ataque dos babilônios, um rei davídico, Ezequias, havia feito uma proclamação de liberdade: que ninguém devia continuar a escravizar um judeu, seu irmão (Jr 34,8-9). Parece que o plano de Simão incluía o estabelecimento de uma nova ordem social ou a restauração da "boa e velha" ordem socioeconômica, conforme a aliança mosaica original.

Pelo relato de Josefo também é claro que Simão e a massa dos que o acompanhavam não eram simplesmente uma horda espontânea de camponeses, que impulsivamente saqueavam as propriedades da nobreza local e ingenuamente marchavam sobre Jerusalém. Sob a liderança de Simão haviam-se tornado um exército treinado e organizado, com disposição e preparação para o sistema de apoio necessário para uma longa guerra de libertação. Qualquer que tenha sido a visão que os camponeses da Judeia, seguidores de Simão, tinham dos eventos como parte da guerra santa escatológica de Deus contra a opressão, possuíam plena certeza da necessidade de preparar-se e de lutar pela sua própria libertação.

Com Simão no controle de toda a região da Judeia e da Idumeia, até mesmo dos arredores imediatos de Jerusalém, os sumos sacerdotes e o "corpo dos cidadãos" de Jerusalém assumiu o risco calculado de aceitar Simão na cidade, para ajudar a derrubar o domínio de João de Gíscala e dos zelotas.

> A resolução foi executada e eles enviaram o sumo sacerdote, Matias, para implorar Simão a entrar na cidade — o homem que tanto temiam. O pedido foi apoiado por aqueles cidadãos de Jerusalém que estavam tentando escapar dos zelotas e andavam preocupados com suas casas e propriedades. Aceitando arrogantemente o governo, ele entrou na cidade como quem haveria de expulsar os zelotas e foi saudado como salvador e guardião pelos jerosolimitanos (*demos*). Mas assim que ele e suas forças estavam dentro da cidade, a sua única preocupação foi estabelecer sua própria supremacia, olhando os que haviam procurado a sua ajuda como seus inimigos, da mesma forma que o fazia em relação àqueles cuja supressão lhe tinha sido implorada. Assim, no terceiro ano da guerra, no mês da Xântico [abril-maio de 69], Simão tornou-se senhor de Jerusalém. Mas João e o grosso dos zelotas, como tinham sido impedidos de deixar o templo e haviam perdido as suas posses na cidade — pois os sequazes de Simão as tinham tomado imediatamente como despojos — não tinham nenhuma esperança de salvação. Simão, então, atacou o templo com a ajuda dos jerosolimitanos... (*G.J.* 4.574-78).

Durante o período restante da guerra, quase todo ele decorrido com Jerusalém cercada pelo exército romano, Simão, foi o principal líder na cidade, enquanto João e os zelotas ocupavam o templo. Com a cidade sob constante ataque dos romanos, Simão tinha de manter ordem na cidade e a disciplina do seu exército. Josefo descreve o contraste entre os dedicados seguidores de Simão e os cidadãos abastados e os membros do sumo sacerdócio que queriam desertar para o lado dos romanos. Por um lado,

> Simão era particularmente temido e respeitado e cada um dos seus subordinados era tão devotado a ele que ninguém teria hesitado em tirar a sua própria vida se ele o ordenasse (*G.J.* 5.309).

Por outro lado, membros de famílias dos sumos sacerdotes e outros cidadãos ricos tentaram desertar ou até trair a causa dos judeus aos romanos, especialmente quando o cerco prolongado trouxe fome e uma luta mutuamente destruidora.

> Alguns venderam seus tesouros mais preciosos por bem pouco. Depois, para evitar a descoberta pelos salteadores, engoliram as moedas de ouro, fugiram para o lado dos romanos e, evacuando, tinham amplos meios para as suas necessidades (*G.J.* 5.421).

Finalmente o conflito chegou a um ponto em que o próprio homem que tinha arranjado a entrada de Simão na cidade, Matias, filho de Boethus, membro de uma família de sumos sacerdotes, foi acusado de traidor.

> Matias foi levado a juizo e acusado de favorecer os romanos. Simão não lhe permitiu nenhuma defesa e condenou-o à morte juntamente com seus três filhos. O quarto filho já tinha fugido para junto de Tito... Depois destas mortes, foram executados um eminente sacerdote de nome Ananias, filho de Marbalus, e Aristeu, escriba do conselho [Sinédrio], natural de Emaús, juntamente com outros quinze cidadãos notáveis. Prenderam o pai de Josefo e anunciaram uma ordem proibindo qualquer conversa ou reunião no mesmo lugar na cidade — por medo de traição (*G.J.* 5.530; 532-33).

Josefo, que já havia muito tempo tinha desertado para o lado romano e fora recompensado com a devolução das grandes propriedades da sua família, descreve esses fatos como uma cruel tirania. Todavia, aos olhos do movimento messiânico judaico, que lutava pela sua vida e sua libertação, tudo isso deve ter sido visto antes dentro da linha de previsões expressas até nos Salmos de Salomão. Na guerra final e na vitória sobre as nações estrangeiras opressoras, o rei "expulsaria os pecadores da herança" e "não permitiria mais que a injustiça morasse no meio deles", assim "purificando Jerusalém, tornando-a santa como outrora" (Sl Sal 17,26.29.33.36). Também somos tentados a ver aqui uma tradição de guerra santa enraizada nas antigas lutas israelitas, isto é, o *anátema* (hebraico: *herem*), segundo o qual o não santo tinha de ser separado do círculo do que era santo. Em termos mais práticos ou legais mundanos, Simão aplica aqui, à plena vista pública, a justiça criminal necessária para manter a disciplina nacional na desesperada defesa contra o ataque romano.

O movimento liderado por Simão bar Giora foi o mais longo de todos os movimento messiânicos mencionados por Josefo. Durou quase dois anos, desde o momento em que Simão proclamou a liberdade para os escravos e recompensas para os livres. Mas Simão e suas forças não constituíram um desafio para o poder de Roma. Tito sitiou Jerusalém em abril de 70 d.C. Simão e seus seguidores, finalmente com a cooperação das forças de João e dos zelotas contra o inimigo comum, resistiu por cinco meses aos ferozes ataques romanos contra os muros da cidade e o templo fortificado. Em setembro o templo e o resto da cidade caíram em poder dos romanos, que massacraram os indefesos judeus e saquearam e incendiaram a cidade inteira.

Até na descrição de Josefo da rendição de Simão e do seu tratamento da parte dos romanos há uma significativa evidência de Simão como "rei dos judeus". Simão e alguns dos seus amigos mais fiéis, juntamente com alguns canteiros, tentaram escapar através de passagens subterrâneas na cidade, mas tiveram a sua saída bloqueada.

> Assim Simão... vestiu túnicas brancas e uma capa púrpura sobre elas e saiu do subsolo no lugar onde antes se encontrava o templo. Inicialmente os que o viram ficaram aturdidos e imóveis, mas depois de alguns momentos aproximaram-se e perguntaram-lhe quem era ele. Simão recusou-se a responder-lhes e pediu que chamassem o general. Eles correram à sua procura e Terêncio Rufo, que estava no comando da guarnição, logo veio. Depois de ouvir toda a verdade de Simão, amarrou--o e colocou-o sob guardas e enviou um comunicado da sua captura a César (*G.J.* 7.29-31).
>
> Quando César voltou a Cesareia Marítima, Simão foi conduzido algemado a ele e César ordenou que Simão ficasse sob custódia para a procissão triunfal que estava planejando celebrar em Roma (*G.J.* 7.36).

Como era costume, o imperador Vespasiano e seu filho Tito celebraram a gloriosa vitória sobre o povo judeu rebelado com uma grande procissão em Roma, a capital imperial. Após grandiosos espetáculos que manifestavam a magnificência — e o brutal poder — do império romano,

> a procissão triunfal terminou no templo de Júpiter Captolino, onde fez uma parada, pois era um costume antigo aguardar ali até que alguém anunciasse a sentença de morte do general inimigo. Este era Simão bar Giora, que acabara de tomar parte na procissão entre os prisioneiros e, preso por uma corda, foi arrastado à força até o lugar previsto no fórum, durante todo o tempo torturado pelos que o conduziam. Foi nesse lugar que a lei romana ordenava que fossem executados os condenados à morte por infâmia. Quando foi anunciada a sua morte, ouviu-se uma aclamação universal e começaram os sacrifícios. Depois de serem feitas as preces habituais e os augúrios se terem mostrado favoráveis, os príncipes seguiram para o palácio (*G.J.* 7.153-55).

Estes dois eventos, a rendição cerimonial de Simão e sua execução ritual no clímax da procissão triunfal imperial revelam não só que Simão se considerava o messias, mas também que os conquistadores romanos o reconheciam como o líder da nação. Quando Simão apareceu subitamente no lugar em que estivera o templo, vestido com vestes reais, é possível que ele mesmo se estivesse sacrificando como oferenda a Deus. Seu objetivo pode ter sido o de provocar a intervenção apocalíptica divina ou mitigar a punição que recairia sobre o seu povo, através do autossacrifício do líder. De qualquer maneira, ele aparece em vestes reais como o rei dos judeus (ver Mc 15,17-18; Lc 23,11; Ap 19,13-16). De forma semelhante, do lado romano, enquanto João de Gíscala foi simplesmente preso, Simão foi cerimonialmente capturado, açoitado e executado como o rei dos judeus — agora mais uma vez o povo sob a dominação romana.

A revolta de Bar Kökeba (132-135 d.C.): o último movimento messiânico da antiguidade judaica

O rei efetivo que estava dominando a sociedade judaica era mais uma vez César. Grande parte do país estava devastada pela guerra e parte considerável da população judaica da Palestina fora morta ou vendida como escrava. Roma tinha esmagado a revolta e o movimento messiânico liderado por Simão bar Giora, mas não conseguiu suprimir as esperanças e expectativas messiânicas. De fato, as esperanças escatológicas judaicas parecem agora focalizadas mais exclusivamente na expectativa de um rei messiânico como agente escatológico central. Parece que Yohanan ben Zakkai e a maioria dos outros rabinos, acalmados pela derrota infligida pelos romanos, tinham pouco ou nenhum interesse por revelações apocalípticas. Todavia, alguns poucos intelectuais devem ter continuado as tradições apocalípticas dos essênios e dos fariseus. No apocalipse de 4 Esd, alguns sábios judeus em torno do final do século I d.C. produziram expectativas mais vívidas e mais desenvolvidas "do Messias" que as expressas na literatura anterior, embora ainda não na forma doutrinal padronizada da literatura rabínica posterior.

Não é possível saber se os camponeses judeus compartilhavam ou apreciavam os aspectos mais fantásticos das expectativas apocalípticas literárias. Mas não pode haver dúvida sobre a forma da rebelião popular que novamente irrompeu pouco mais de sessenta anos após o fim da primeira grande revolta.[30] O velho e venerado Rabi Akiba, que não tinha perdido o contato com suas origens camponesas, proclamou que o líder da nova rebelião era o rei escatológico.

R. Simeão ben Yohai disse: R. Akiba meu mestre costumava explicar a passagem "uma estrela sairá de Jacó" [Nm 24,17] assim: Kosiba sai de Jacó. Novamente, quando R. Akiba viu Bar Kökeba [Koziba] clamou: "Este é o rei, o Messias".

Outros rabinos, talvez a maioria deles, não queriam nada com o movimento:

Rabi Yohanan b. Torta respondeu-lhe: "Akiba, nascerá capim dos seus maxilares e o filho de Davi ainda não terá vindo" (J. Ta'amit 4.8 [68d 48-51]).[31]

As tradições rabínicas subsequentes desacreditaram ainda mais o pretendente real, referindo-se a ele com um trocadilho do seu nome, chamando-o de bar Kozibe, isto é "filho da mentira" ou "mentiroso". Todavia, a proclamação de Akiba é um testemunho eloquente da *forma* que o movimento popular tinha novamente assumido, isto é, a de um movimento messiânico. A aplicação da profecia da estrela por Akiba a Simeão bar Kosiba é inequivocamente real-messiânica, ao contrário de Qumrã, onde a estrela não havia sido entendida como profecia do messias. Além disso, moedas encontradas confirmam que Simeão bar Kosiba era considerado o agente real escolhido por Deus. Ele recebe o título "Príncipe (*nasi*) de Israel". Embora pareça que também haja um líder sacerdotal, "Eleazar, o Sacerdote", Simeão claramente tem primazia.

Uma grande proporção dos camponeses judeus deve ter respondido prontamente ao movimento, sem se intimidar com a rejeição rabínica das suas pretensões messiânicas. Pois, na verdade, Simeão e seus seguidores tiveram um governo próprio independente durante mais de três anos, enquanto se defendiam contra a reconquista romana da Judeia. Cunharam moedas com a inscrição "Ano I da libertação de Israel". Essas inscrições também mostram que Simeão bar Kosiba e seus sequazes acreditavam que uma nova era tinha começado, com independência do domínio romano. Havia chegado o tempo do cumprimento das antigas profecias, de Israel ser libertado da dominação romana.

Recentes descobertas arqueológicas no deserto da Judeia[32] também provam que a liderança da segunda revolta enfatizou a observância estrita de normas religiosas tradicionais. Esses documentos indicam ainda que Simeão exercia uma firme disciplina militar e administrativa.

A partir da sua explosão, a revolta de Simeão espalhou-se rapidamente através da Judeia (a Galileia continuava sob ocupação romana). Onde não controlavam completamente a área, os seguidores de Simeão operavam a partir de cavernas ou outros postos fortificados, lutando pelo seu modo de vida tradicional e hostilizando aqueles que não se uniam à sua resistência. O pessoal de Bar Kokeba também deve ter ocupado as ruínas de Jerusalém e exercido controle sobre grande parte da zona rural da Judeia. Mesmo depois que os romanos enviaram uma maciça força militar para novamente subjugar os judeus, Simeão e suas forças baseadas em suas cavernas e fortalezas nas montanhas, adotando hábeis operações guerrilheiras, forçaram os romanos a uma longa guerra de atrito. Só depois de prolongadas campanhas e difíceis batalhas individuais, os romanos conseguiram "aniquilá-los, exterminá--los e erradicá-los" da terra (ver Dio Cássio 59.13.3).

Assim, torna-se claro, que em torno da época de Jesus, houve muito mais que a mera esperança de um rei escatológico cultivado por grupos letrados, como os essênios e outros. Efetivamente, os pretendentes reais e os movimentos messiânicos populares eram muito diferentes das figuras esperadas pelos qumranitas e outros, ainda que fossem inspirados pela mesma tradição geral de esperança de um rei ungido, como agente de Deus para a libertação.

Os Salmos de Salomão e os manuscritos do mar Morto são produtos de comunidades letradas, reflexivas. Como o povo em geral, os dois grupos se opunham à dominação romana e à tirania asmoneia e herodiana. Da sua parte, os qumranitas já havia muito tempo tinham rejeitado o "establishment" iníquo e se retirado do fútil processo político "para preparar o caminho do Senhor" no deserto de Qumrã. Muitos fariseus e outros sábios, depois de se oporem a Alexandre Janeu, também se manifestaram contra Herodes. Igualmente sob os procuradores houve notáveis dissidentes contra os crescentes abusos romanos, especialmente na luta para preservar os privilégios religiosos judaicos. Todavia, foram cada vez mais excluídos da participação efetiva no processo político a partir do início do governo de Herodes e passaram a concentrar-se cada vez mais no cultivo da piedade pessoal e na interpretação da Torá. Sua característica de grupos intelectuais e sua retirada ou exclusão dos negócios políticos pode ter-se refletido na sua concepção de reis ungidos. Embora os qumranitas celebrassem uma guerra ritual contra os kittim (romanos) que, segundo esperavam, Deus derrotaria numa batalha apocalíptica, há pouca ou nenhuma evidência de que sua participação fosse algo mais que um ritual antecipatório. Correspondentemente, as esperanças messiânicas expressas na sua literatura têm um tom quase irreal, transcendente, semelhante ao que se encontra em Sl Sal 17. Estão presentes as imagens de guerra, mas muito racionalizadas ou idealizadas num plano etéreo. O futuro rei destruirá as nações ateias com a *palavra da sua boca*. Não há nenhuma evidência de que as personagens ungidas esperadas pelos grupos letrados tivessem qualquer função militar real. Os messias dos qumranitas e dos escribas que produziram o Sl Sal 17 têm funções primariamente rituais ou características de escribas.

Entretanto, mais importante que a expressão literária para o curso efetivo dos acontecimentos foram os movimentos messiânicos populares concretos. Parece, todavia, que os pretendentes messiânicos não foram as figuras amáveis, espirituais esperadas pelos essênios ou pelo(s) autor(es) dos Salmos de Salomão. Na verdade esses reis popularmente aclamados eram líderes armados contra os romanos. Além disso, com exceção do pretendente real Manaém e seus sicários, tratava-se de movimentos entre os camponeses judeus. Enquanto os essênios se haviam retirado para o deserto e os fariseus cultivavam a piedade nas suas irmandades, os camponeses judeus suportavam duramente o peso direto da pressão econômica e das frustrações da dominação estrangeira. Parece que continuava viva a antiga tradição israelita da realeza popular ungida, embora adormecida durante o período persa e o helenístico. Com toda a certeza despertou novamente com muito vigor pouco antes e depois da vinda de Jesus de Nazaré. Em reação à dominação estrangeira, à dura repressão e ao reinado ilegítimo de Herodes, as tentativas camponesas para corrigir a situação assumiram a forma de movimentos messiânicos. Esses movimentos destruíam ou retomavam os excedentes de riquezas que a classe dominante havia acumulado através da exploração do seu trabalho. Lutavam contra a odiada dominação estrangeira dos romanos, a fim de que, liderados pelo rei que eles mesmos tinham reconhecido e aclamado, pudessem ser novamente livres para viver sob o governo de Deus, na forma tradicional da aliança. Em alguns casos (Atronges, Simão bar Giora, bar Kokeba), antes que as tropas romanas pudessem suprimir esses movimentos de grande escala, conseguiram controlar e, aparentemente, governar seus territórios durante vários meses e até anos.

Notas

1. Isso é reconhecido em estudos cristológicos do Novo Testamento, que procedem por títulos (ver a obra de O. Cullmann e F. Hahn, citada na Introdução, n. 10).
2. Por exemplo, R. Meyer, "Prophetes", TDNT 6 (1968):826, pode falar de um "profeta messiânico"; ver também D. Hill, "Jesus and Josephus' 'Messianic Prophets,'" in *Text and Interpretation: Studies in the New Testament Presented to Matthew Black*, orgs. E. Best and R. McL. Wilson (Cambridge: Cambridge University, 1979), pp. 143-54.
3. Uma restrição encontrada recentemente, por exemplo, em J.A. Fitzmyer, *The Gospel According to Luke I-IX*, AB 28 (Garden City: Doubleday, 1981), pp. 197-98. "Ungido" em certa literatura também pode referir-se a um sacerdote, ainda que se refira predominantemente a uma personagem real.

4. Ver M. de Jonge, "The Use of the Word 'Anointed' in the Time of Jesus", *NovT* 8 (1966): pp.132-48; D.C. Duling; "The Promises to David and Their Entrance into Christianity - Nailing Down a Likely Hypothesis", *NTS* 20 (1973-74):68.
5. Ver J. Neusner, *Messiah in Context: Israel's History and Destiny in Formative Judaism* (Philadelphia: Fortress, 1984).
6. Ver D.C. Duling, "The Therapeutic Son of David: An Element in Matthew's Christological Apologetic", *NTS* 24 (1977-78): pp. 407-8.
7. Os dados que podem ser aduzidos como prova do conhecimento genealógico real naquela época caem todos sob a suspeita, e às vezes sob o julgamento certo, de terem motivos políticos ou teológicos. Ver as várias avaliações, G. Vermes, *Jesus the Jew* (New York: Macmillan, 1973), pp. 156-57; R.E. Brown, *The Birth of the Messiah* (Garden City: Doubleday, 1977), pp. 505-12; J.Jeremias, *Jerusalem no tempo de Jesus*, Paulus, São Paulo, 1992.
8. Ver S. Mowinckel, *He That Cometh* (New York: Abingdon, 1956).
9. Ver no capítulo 1, n.4 as referências para este conceito antropológico padrão da diferença e da interrelação entre a "grande" e a "pequena" tradição.
10. Sobre este assunto, ver F.M. Cross, *Canaanite Myth and Hebrew Epic* (Cambridge: Harvard University, 1973), pp. 222- 37.
11. Ver C.U. Wolf, "Traces of Primitive Democracy in Ancient Israel," *JNES* 6 (1947): 105-7; Z. Weisman, "Anointing as a Motif in the Making of the Charismatic King", *Bib* 57 (1976): pp. 382; H. Tadmor, "The People and the Kingship in Ancient Israel: The Role of Political Institutions in the Biblical Period", *Cahiers d'histoire mondiale (Journal of World History)* 11 (1968): pp. 46-68.
12. Este incidente também ilustra o caráter condicional da realeza popular ungida.
13. Ver F.M. Cross, *Canaanite Myth*, pp. 241-64.
14. P. ex., 1Sm 26,9.11.16.23; 2Sm 1,14-16; 19,22.
15. Ver Sl 2; 18,20,45,132.
16. Ver F.M. Cross, "A Reconstruction of the Judean Restoration," *Int* 29 (1975):199.
17. Ver R.E. Brown, "The Messianism of Qumran," *CBQ* 19 (1957):53-80, e "The Teacher of Righteousness and the Messiah(s)", in *The Scrolls and Christianity*, TC 11 (Londres: SPCK, 1969), pp. 37-44.
18. Afinal de contas, durante quase 400 anos, o sumo sacerdote fora o chefe simbólico e efetivo do povo judeu. Isso esclarece algumas profecias pós-exílicas sobre o ramo davídico que incluem uma personagem sacerdotal juntamente com a figura real, p. ex., Zc 6,11; Jr 33,14-18.
19. Ver 1QM 2,1; 15,4; 16,13; 18,5; 19,1.
20. P. ex., *T. Rubem* 6,7-12; *T. Simeão* 7,1-2; *T. Levi* 8,11-16; *T. Issacar* 5,7; *Jub.* 31,9-21; ver ainda J. Liver, "The Doctrine of the Two Messiahs in Sectarian Literature in the Time of the Second Commonwealth," *HTR* 52 (1959): pp. 149-85.
21. Ver também 1QpIsa fragmento D; 1QSb 5,20-29.
22. Autoria incerta, mas possivelmente farisaica; ver R.H. Charles, *Apocrypha and Pseudepigrapha of the Old Testament*, vol.2 (Oxford: Clarendon, 1913), p. 630; R. Wright, "Psalms of Solomon", in *The Old Testament Pseudepigrapha*, vol.2, ed. J.H. Charlesworth (Garden City: Doubleday, 1985).
23. Como também na profecia isaiana do rebento do tronco de Jessé (Is 11).
24. Sobre a atitude dos fariseus para com os asmoneus, ver J. Neusner, *From Politics to Piety* (Englewood Cliffs: Prentice-Hall, 1973), pp. 48-50.
25. Para uma breve discussão desta linha obscura referente a Bagoas, ver E. Schürer, *The History of the Jewish People in the Age of Jesus Christ (175 B.C.-A.D.135)*, vol.2, rev. e ed. G. Vermes, F. Millar, e M. Black (Edinburgh: Clark, 1979), p. 505.
26. Ver E. Lohse, "Der König aus Davids Geschlecht: Bemerkungen zur messianischen Erwartung der Synogoge", in *Abraham Unser Vater: Festschrift für Otto Michel*, ed. O. Betz, et al. (Leiden: Brill, 1963), pp. 337-45; D.C. Duling, "The Promises to David", pp. 63-64.
27. Ver R.A. Horsley, "Popular Messianic Movements Around the Time of Jesus", *CBQ* 46 (1984):471-95, esp. pp. 473-80.
28. Ver R.A. Horsley, "Menahem in Jerusalem: A Brief Messianic Episode among the Sicarii--Not 'Zealot Messianism'" *NovT* 27 (1985).
29. Existem dois estudos complementares sobre Simão bar Giora: C. Roth, "Simon bar Giora, Ancient Jewish Hero," *Commentary* 29 (1960): pp. 52-58, e O. Michel, "Studien zu Josephus". *NTS* 14 (1967-68): pp. 402-8. Roth focaliza o heroísmo de Simão, enquanto Michel se concentra na forma social e na motivação da liderança de Simão.
30. Ver J.A. Fitzmyer, "The Bar Cochba Period", in *Essays on the Semitic Background of the New Testament* (Missoula: Scholars, 1974; orig. 1962), pp. 305-54.

31. Com esta aplicação do oráculo de Balaão a Simeão bar Kosiba, Akiba também cunhou o termo pelo qual este movimento messiânico se tornou conhecido na história (cristã) posterior [bar kokeba=filho da estrela].

32. Isto é, Murabba'at, 1951; Nahal Hever e Nahal Ze'elim, 1960-61; ver P. Benoit, J.T. Milik, e R. de Vaux, *Discoveries in the Judean Desert II: Les grottes de Murabba'at* (1961), esp. nn. 22-46; N.Avigad et al., "The Expedition to the Judean Desert, 1960," *IEJ* 12 (1962): pp. 167-262; E. Schürer, *History of the Jewish People*, vol.1, rev. ed., nn. 512,515,534-57.

4.
Profetas e movimentos proféticos

A julgar por diversos relatos de Josefo, houve numerosas figuras proféticas que apareceram entre o povo no tempo de Jesus. Jesus mesmo foi considerado um profeta (ver Mc 6,15-16). Ainda que nossas fontes sejam fragmentárias e, no caso de Josefo, hostis, uma análise cuidadosa mostra que estes profetas populares eram de dois tipos bem distintos. A função principal de um, o profeta oracular, era anunciar o julgamento ou redenção iminente de Deus. A característica do outro, o profeta de ação, era inspirar e levar um movimento popular a uma participação vigorosa numa ação redentora antecipada de Deus.

Os camponeses, de cujo meio surgiram os profetas populares e seus seguidores, provavelmente estavam familiarizados com as esperanças de um profeta escatológico, especialmente as esperanças relacionadas com o impetuoso Elias. Mas nenhum dos profetas populares aparece caracteristicamente como sendo o cumprimento desta esperança de Elias como o profeta escatológico. Os profetas populares judeus do século I da nossa era parecem, antes, ser um renascimento de certos tipos de profetas transmitidos na tradição bíblica. Tanto os profetas oraculares quanto os movimentos populares liderados por profetas de ação são formas sociais características da sociedade judaica. Não podemos explicá-las satisfatoriamente através de um estudo comparativo ou pelo recurso a um conceito como o de "carisma". Para esclarecer as formas características que esses profetas e movimentos proféticos concretos assumiram, precisamos examinar as tradições históricas judaicas características, a partir das quais reagiram à sua situação. Em especial, os profetas oraculares que anunciavam o julgamento ou a redenção parecem ser uma continuação da antiga tradição israelita dos profetas oraculares conhecidos das Escrituras hebraicas. Os movimentos proféticos ativistas, que antecipavam a nova ação redentora de Deus, parecem pelo menos inspirados pela memória dos grandes movimentos de libertação liderados por Moisés, Josué e os juízes, e talvez até tenham sido um renascimento de uma tradição mais antiga de movimentos proféticos, tais como os que foram conduzidos por Elias e Eliseu.

A análise dos protótipos proféticos da história bíblica bem como da continuação das tradições proféticas no período pós-exílico nos permitirá discernir como os profetas e movimentos proféticos populares do tempo de Jesus podem ter sido influenciados pelos tipos característicos de profetas da tradição bíblica judaica.

Tradições de dois tipos de profetas e esperanças proféticas populares

Os líderes carismáticos prototípicos do antigo Israel: os Juízes, Moisés e Josué

O antigo Israel não tinha instituições estatais estabelecidas. O único governo dos israelitas era a sua aliança com Javé, que dava uma coesão mínima às tribos e clãs israelitas e orientava suas ações comuns necessárias para a sobrevivência. Na verdade, um dos fatores característicos, até constitutivos, de Israel como sociedade foi sua libertação das instituições políticas opressoras do império egípcio e das cidades-estados cananeias. Para os israelitas independentes, Javé era seu único e verdadeiro rei. Todos eles, individual e coletivamente, respondiam diretamente a Deus como servos do Rei divino.

Mas em épocas de crise política, quando os reis cananeus ameaçavam forçá-los à subordinação, ou quando nações estrangeiras ameaçavam conquistá-los, "o espírito de Javé" apossava-se de líderes carismáticos que incitavam o povo para a renovação do javismo e convocavam a milícia camponesa. Na sua resposta a tais crises, o povo tinha o sentimento de que o próprio Javé o conduzia na libertação ou na defesa da sua liberdade. O líder inspirado, chamado *shofet* (juiz), geralmente era ao mesmo tempo o mensageiro de Deus, para anunciar a ação que Deus empreendia, e o líder do povo, seguindo obedientemente o curso da ação divina. Sua autoridade era inerente à maneira como reagia à crise e não era hereditária. Portanto, combinando mensagem e ação, o *shofet* não era simplesmente um mensageiro individual, mas também o líder de um movimento políticorreligioso, que os cientistas sociais modernos chamariam de um movimento de revitalização.[1] O livro dos Juízes contém várias descrições condensadas e estereotipadas desses líderes carismáticos (ver Jz 3,9-10; 3,15; 3,27-28). Efetivamente, um dos segmentos mais antigos das Escrituras hebraicas, o "Cântico de Débora" (ver Jz 5,2-3.6-7.10-11.13) é um cântico que celebra a vitória de um desses movimentos, liderado pela "profetisa" Débora (Jz 4,4). Durante os mais de 200 anos de existência de Israel antes do surgimento da monarquia houve muitos desses "movimentos proféticos".

O mais eminente desses movimentos na tradição bíblica, na verdade o protótipo de todos os demais, foi o grande êxodo de libertação do Egito através do mar, liderado pela figura maior que a vida, Moisés. Quase igual em importância segue-o a conquista da terra prometida através do Jordão, comandada por Josué. Moisés, por meio de visões e comunicação direta da vontade de Deus, recebeu a missão de conduzir a libertação dos israelitas escravizados do Egito. Pregando a confiança em Javé a um povo desesperado, ele organizou o movimento de libertação. Este movimento teve um êxito extraordinário, com grandes sinais e milagres, culminando com os exércitos do faraó engolidos pelo mar. Depois Javé, através de Moisés, conduziu seu povo libertado através de provas e preparações no deserto até a entrada na terra prometida. No caminho Moisés mediou a organização e constituição básica de Israel, a aliança com Javé. Por meio de Josué, discípulo e sucessor de Moisés, Javé guiou a entrada na terra prometida. Tal como o fizera Moisés, Josué conduziu o povo com grandes sinais e prodígios (parando as águas do rio Jordão, ordenando que o sol interrompesse o seu curso; a vitória sobre Jericó). Em toda a campanha Javé combateu pelo povo, causando pânico entre os seus inimigos. Finalmente, Josué intermediou a renovação da aliança em Siquém, que renovou o compromisso mútuo do povo com uma ordem social justa na terra da promessa, sob o governo de Javé. Em Josué e depois no surgimento periódico de um *shofet* carismático, ou profeta (Jz 4,4), podemos ver o sentido da declaração de Moisés em Dt 18,15: "Javé teu Deus suscitará um profeta como eu no meio de ti, dentre os teus irmãos, e vós o ouvireis".

Profetas como mensageiros e líderes de movimentos

Com o surgimento da monarquia em Israel, desenvolveu-se uma separação entre as funções de mensagem e de ação. Se o último *shofet*, Samuel, ainda era ao mesmo tempo mensageiro e líder político-militar, o profeta Natã era apenas o mensageiro de Javé, enquanto o rei ungido Davi assumia a liderança militar e política. Quando a instituição da monarquia se consolidou, parecia que o profeta certamente seria confinado ao papel de porta-voz. De fato, no tempo dos grandes profetas do século VIII e VII, Amós, Isaías, Oseias e Jeremias, o profeta era apenas um mensageiro que anunciava a palavra de Javé. Entretanto, as tradições e formas sociais da aliança do antigo Israel não foram imediata e completamente suprimidas pela monarquia. As narrativas bíblicas sobre Elias e seu sucessor Eliseu mostram que profetas, ao mesmo tempo mensageiros e líderes de movimentos, continuaram a existir por longo tempo, período monárquico adentro no reino setentrional de Israel, se não no reino de Judá.

Estes profetas continuaram a servir como *mensageiros*, comunicando a vontade de Javé ao rei e ao povo em forma oracular (ver 1Rs 17,1). A fonte dos seus pronunciamentos oraculares era a experiência de se encontrarem no conselho celeste de Javé (ver 1Rs 22,19-22). Como no caso dos seus sucessores, os profetas oraculares clássicos, o maior peso das profecias de Elias e Eliseu, e outros parece ter sido o anúncio do julgamento do rei e da corte e a sua condenação por violação infiel da aliança com Javé, muitas vezes em consequência de forte influência cultural estrangeira. Por exemplo, o fato de Javé suspender a chuva (e por isso a fertilidade) é uma punição do programa do rei Acab de transformar Israel num reino cananeu legitimado pela religião da fertilidade (ver 1Rs 16,29-17,2). Mas no tempo de Elias e Eliseu os profetas também exerciam uma das funções tradicionais do juiz (*shofet*) ao comunicar a ação redentora de Javé, a sua proteção do povo contra a invasão e a dominação estrangeira. Eliseu pronunciou oráculos de libertação do exército invasor sírio e ajudou na guerra defensiva, geralmente com percepções sobre as medidas táticas das forças inimigas e com uma oração de intercessão pedindo a Javé: "Digna-te ferir essa gente com cegueira" (2Rs 6,8-10.18). Um componente importante dessa profecia foi a visão dos exércitos celestes de Javé combatendo pelo seu povo, em um caso aliviando os temores quanto ao cerco maciço da cidade de Dotã (ver 2Rs 6,16-17; ver também 7,6 e 2,11-12).

As circunstâncias políticas e a estrutura social haviam mudado consideravelmente desde a época de Moisés ou de Débora. Agora a monarquia fornecia um governo institucionalizado, bem como a principal liderança político-militar. Apesar disso, alguns profetas ainda se tornaram, periodicamente, "líderes" de movimentos proféticos com uma base social popular e uma forma social característica. Pelas narrativas sobre Elias-Eliseu sabemos que havia grupos ou corporações de "filhos dos profetas" que habitavam em cidades maiores ou próximo a elas, como Guilgal e Jericó, provavelmente sob a liderança de uma personagem notável como Elias ou Eliseu.[2] Além de oferecer "serviços" proféticos ao povo, esses grupos provocavam ou lideravam ações políticas, de acordo com a situação sociopolítica. Efetivamente, as histórias de Elias Eliseu apresentam esses grupos como movimentos populares contra a monarquia. O rei e a corte, sob forte influência das monarquias circunjacentes, tinham-se tornado opressores, violando a aliança mosaica. Acab e sua rainha, Jezabel, originária de Sidon, trouxeram centenas de "profetas de Baal" e mataram ou perseguiram os profetas de Javé. Vistos como inimigos ou "flagelo de Israel", Elias e outros javistas leais tiveram até de esconder-se por algum tempo. Não admira, portanto, que tenham acreditado haver apenas um resto de alguns milhares em Israel que tinham permanecido fiéis à aliança (1Rs 19,18).

Essa opressão e perseguição dos profetas populares de Javé sob Acab e seus filhos oferece um contexto que nos ajuda a compreender algumas ações proféticas que lembram antigos temas de libertação sob Moisés e Josué. Elias retirou-se para o deserto até o Sinai-Horeb, a montanha da revelação. Lá recebeu energia pessoal e uma missão profética de voltar ao seu povo como o agente da revolução contra um regime opressor (1Rs 19). Elias e Eliseu, acompanhados de cinquenta "filhos dos profetas", por instrução de Javé, foram ao rio Jordão:

> Então Elias tomou seu manto, enrolou-o e bateu com ele nas águas, que se dividiram de um lado e de outro, de modo que ambos passaram a pé enxuto (2Rs 2,8).

Depois que Elias fora arrebatado ao céu num turbilhão e Eliseu tinha apanhado o manto de Elias, também Eliseu, por sua vez, "bateu nas águas, que se dividiram de um lado e de outro, e Eliseu atravessou o rio". Trata-se de evidentes sinais proféticos de uma libertação iminente, que lembram Moisés e a passagem do mar, e Josué e a passagem do Jordão.

Contra a opressão e sua poderosa base cultural estrangeira, os profetas Elias e Eliseu e seus seguidores, "os filhos dos profetas", promoveram uma rebelião popular. A oposição aparentemente generalizada à casa de Acab finalmente culminou numa revolução aberta conduzida pelo comandante militar Jeú (2Rs 10,15-27), que foi ungido como novo rei pelos profetas (1Rs 19,15-16; 2Rs 9,1-13). O que começara como um movimento liderado por profetas transformou-se num movimento messiânico popular conduzido por Jeú, profeticamente ungido. Todavia, é significativo que não foi o novo messias Jeú, mas Elias (2Rs 2,11-12) e Eliseu (2Rs 13,14) que foram estreitamente associados aos exércitos celestes e os grandes atos salvíficos com os quais Javé novamente libertou o seu povo.

Os profetas oraculares clássicos

Os grandes profetas dos séculos VIII e VII, cujos oráculos foram preservados na Bíblia, foram primariamente mensageiros ou porta-vozes de Javé. Discerniam as ações que Javé estava empreendendo e interpretavam a sua significação, mas não reuniam movimentos em torno de si nem lideravam ações de grupos. Estavam todos profundamente enraizados na aliança mosaica, que constituíra a política social em Israel no período dos Juízes e continuou a inspirar e a determinar as relações sociais entre os camponeses muito tempo depois do surgimento da realeza e a sua imposição de instituições políticas e religiosas monárquicas. Na verdade, esses profetas oraculares poderiam ser chamados de "mensageiros da aliança". Muitos, se não a maioria, dos seus pronunciamentos podem ser considerados fragmentos de "ações judiciais da aliança", nas quais Javé, ao mesmo tempo promotor e juiz, acusa e condena seu povo ou seus líderes reais por violação da aliança (ver Os 4,1-3; Mq 6,1-5). No julgamento profético de ambos os reinos, Judá e Israel, o povo, especialmente os poderosos, tinha deixado de observar os princípios básicos da política social expressa no decálogo (por exemplo, Am 2,4; Jr 7, esp. vv. 5-10). Não só não foram mantidas as relações econômicas e sociais igualitárias, mas os poderosos haviam persistentemente explorado os pobres e os mais fracos (ver Am 2,6-7).

Porque a aliança tinha sido violada, os profetas eram obrigados a anunciar o castigo de Javé por infidelidade. Os profetas reconheciam que uma determinada derrota ou a destruição do reino de Israel ou de Judá era na realidade a forma da punição de Javé pelo abandono da justiça e da confiança dentro da sociedade. Ocasionalmente os profetas acompanhavam suas sentenças de julgamento com desesperados apelos ao povo, e especialmente aos seus governantes, para restabelecerem relações econômico-sociais justas. Além desses pronunciamentos e apelos, os profetas oraculares clássicos muitas vezes dramatizavam sua mensagem com ações simbólicas que impressionavam seus contemporâneos como comportamento estranho e até como sinal de loucura. Até mesmo o supostamente respeitável jerosolimitano Isaías, com suas conexões na corte, andou pela cidade nu e descalço por três anos, "como sinal e presságio" contra a corte, que nutria falsas esperanças no Egito para defesa contra os assírios (Is 20). Jeremias pôs canzis no pescoço para simbolizar a submissão necessária ao imperador babilônico Nabucodonosor (Jr 27).

O julgamento de Javé anunciado pelos profetas frequentemente se concentrava em Jerusalém e no templo (ou "Sião"), e nos reis, nos príncipes e nos poderosos. As ameaças proféticas de desgraça pronunciadas contra Jerusalém tornaram-se cada vez mais agudas e veementes em torno do final do período dos profetas clássicos, como nos oráculos de Sofonias (ver Sf 3,1-2), e especialmente nos de Jeremias, não só no seu famoso "sermão do templo" (Jr 7), mas em vários outros oráculos (ver Jr 6,1-8, esp. v. 6; 19, esp vv. 14-15). Embora relutante e contrariado, Jeremias sentia-se obrigado a pronunciar tais males contra Jerusalém e o templo. Pois como diz aos príncipes após a sua prisão por causa do sermão do templo, "Javé enviou-me para profetizar contra esta casa e esta cidade todas as palavras que ouviste" (26,12; ver também os caps. 7 e 26; 9,11; 38,23).

Um aspecto ainda mais notável da mensagem profética foram os oráculos contra o rei, os príncipes e funcionários sacerdotais ou governamentais. As injustiças e a opressão cometidas pelos governantes e pelos ricos muitas vezes são apresentadas como a razão da condenação de Jerusalém por Deus. Esta é a base para a proclamação do julgamento de Javé por Amós sobre o rei e o reino — exatamente quarenta anos antes da destruição do reino do Norte pela Assíria (Am 7,11; ver também vv. 16-17)[3]. Até Isaías, tão estreitamente identificado com o culto do templo e associado com o rei, pronunciou oráculos bastante duros (ver Is 1,21-23; 3,14-15; 7,10-17). O mais veemente de todos é Miqueias: "Ouvi... magistrados da casa de Israel, que edificais Sião com sangue... e comeis a carne do meu povo... por culpa vossa... Jerusalém se tornará um lugar de ruínas..." (Mq 3,1-3.9-12).

Pelas acusações proféticas coerentemente contundentes contra os reis e a classe dominante e a veemente defesa do povo simples explorado, podemos inferir que os profetas se orientavam para os camponeses. Muitos profetas eram pelo menos porta-vozes dos camponeses. Apesar da escassez de informações sobre sua condição social pessoal, está claro que não eram profetas profissionais da corte ou do culto, conforme Amós insistiu em relação ao seu próprio caso (Am 7,14). Miqueias provavelmente foi camponês. E Jeremias descendia de uma linhagem sacerdotal de Abiatar, que havia sido deposto da função do sumo sacerdócio por Salomão, e era natural de uma aldeia a nordeste de Jerusalém. Além disso, os oráculos de julgamento, acusação e punição eram dirigidas com mais veemência contra os ricos, a nobreza e a aristocracia sacerdotal e a corte (ver Sf 3,3-4; Mq 7,3). Também os ricos, tão cheios de violência contra os necessitados, eram objeto das críticas dos profetas (ver Mq 6,11-12; Am 6,1.4-7; Is 5,8; 10,1). Igualmente as dispendiosas forças e defesas militares, suportadas ou construídas pela mão de obra camponesa, foram incluídas na acusação profética (ver Os 10,13-14; Mq 5,10-11). Até os sacerdotes e seu sofisticado sistema cúltico foram condenados, porque haviam esquecido ou suprimido a lei, e sua exploração do povo culminava com roubos e assassínios (ver Os 4,4-6; 6,9; 10,1; Am 5,21-24).

Por isso não surpreende que os reis e os grupos dominantes fossem hostis a esses profetas e até os reprimissem. Os ricos e poderosos não desejavam ouvir oráculos contra si mesmos (ver Mq 2,6). Efetivamente, até a época de Amós e de Oseias já havia transcorrido uma longa história de advertências proféticas e uma longa história de supressão ou perseguição oficial dos profetas populares não oficiais. Do ponto de vista dos próprios profetas, os seus oráculos eram as contínuas tentativas de Javé de redimir e proteger o seu povo, paralelamente à libertação do Egito e à condução através do deserto. Mas os profetas eram odiados, proibidos de profetizar (ver Am 2,10-12; 5,10; Os 9,7-8). Em alguns poucos casos temos registros da perseguição real ou sacerdotal (oficial) dos profetas. Miqueias foi lançado na prisão por Acab (1Rs 22,27). Amasias, aparentemente chefe dos sacerdotes e alto funcionário real em Betel no tempo de Jeroboão II, tentou expulsar Amós de Israel (ver Am 7,12-13). Jeremias foi preso mais de uma vez e ameaçado de morte ou prisão por suas corajosas e persistentes profecias contra a cidade, a monarquia e o templo. Em determinado momento, o funcionário chefe do templo, Fassur, bateu em Jeremias e o colocou no tronco (Jr 20). Só conseguiu escapar da execução depois do seu sermão do templo porque tinha um defensor influente na corte, chamado Aicam (Jr 26,24). Por causa da sua profecia da derrota de Jerusalém pelos babilônios, Jeremias foi acusado de traição (ver Jr 38,4-6). Pelo menos em um caso, um profeta foi efetivamente morto e lembrado como mártir (ver Jr 26,20-23).

Os profetas oraculares clássicos e outros como eles, cuja memória está preservada nas tradições proféticas, podem, portanto, ser consideradas porta-vozes dos camponeses e da política socioeconômica da aliança, que servia para proteger os seus interesses. Por causa da manifesta exploração dos camponeses, esses profetas sentiam-se obrigados a opor-se à classe dominante, que não observava a ordem da aliança. Em vez de acolher as advertências proféticas, os grupos dominantes parecem ter reagido com a repressão e a perseguição.

Embora os oráculos de castigo e condenação predominem nos livros proféticos clássicos da Bíblia, também se encontram oráculos de salvação e de vitória. Muitos dos profetas que os pronunciaram eram profissionais, ligados à corte ou ao culto do templo, sem qualquer base aparente no povo. Estes oráculos geralmente eram favoráveis ao monarca, à cidade-capital e ao templo.[4] Mas isso não deve levar à conclusão de que a profecia "verdadeira" é uniformemente condenatória, ou que os oráculos de salvação são necessariamente falsos, especialmente quando dizem respeito a acontecimentos particulares e por isso parecem preditores. O critério implícito na profecia clássica (pré-exílica), lembrado como verdadeira (e incluída no cânone) é o da interpretação das relações socioeconômicas e dos eventos políticos à luz da aliança. Assim, os profetas cujos oráculos foram lembrados como verdadeiros não foram os profetas oficiais do culto ou da corte, mas antes os profetas populares que articulavam as preocupações de Javé com a justiça da Aliança e acusavam aqueles que exploravam e oprimiam o povo.

Esclarecido este ponto, é possível entender melhor os poucos oráculos de salvação conservados dos profetas clássicos. É importante entender que, embora os profetas interpretem o declínio e as derrotas dos reinos como merecido castigo por não manterem relações socioeconômicas justas (de acordo com a aliança), nem sempre havia uma relação simples entre violação da aliança e derrota militar. O fato de as ações dos governantes merecerem castigo não significava que não houvesse nenhuma esperança para o futuro do povo. Por exemplo, Isaías tinha condenado a classe dominante de Judá pela sua opressão do povo e pronunciado a sentença purificadora de Deus contra os governantes e a Cidade Santa. Mas quando a Assíria atacou Jerusalém, Isaías proclamou que Javé protegeria Jerusalém contra o assédio de Senaquerib e anunciou que Deus estava prestes a punir o arrogante império assírio[5] — uma profecia que teve um papel importante em crises subsequentes para a Cidade e o povo séculos mais tarde.

Profetas e esperanças proféticas pós-exílicos

A derrota da nação e a destruição de Jerusalém e do seu templo não significou o fim do profetismo, mas a confirmação dos oráculos de julgamento dos profetas. Também significou a necessidade de nova interpretação profética da nova situação do povo judeu, agora sob dominação estrangeira. Especialmente importante era a resposta à pergunta se Javé tinha abandonado o seu povo ou ainda cuidava dele. A atividade e o saber profético desde a queda de Jerusalém até a época tardia do segundo templo apresenta diversos aspectos importantes que facilitam nossa compreensão dos dois tipos de profetas populares que atuaram no tempo de Jesus.

Em termos de história social, tem havido muitos equívocos quanto ao profetismo e aos profetas no período "intertestamentário". Isso se deve em parte à escassez de fontes. Mas também provém da tradicional predominância de interesses teológicos (cristológicos) e uma abordagem tipo "história das ideias" nos estudos bíblicos e intertestamentários. Por isso temos de distinguir cuidadosamente entre a análise histórica da atividade profética no período do segundo templo e certas generalizações tradicionais, frequentemente encontradas em estudos bíblicos, que podem ter alguma validade teológica, mas são historicamente equivocadas. Pelo menos a partir do século I da era cristã, os antigos rabinos e escribas sustentaram que o verdadeiro profetismo havia terminado com Ageu, Zacarias e Malaquias. Josefo, fariseu e também historiador, compartilhava esta ideia (ver *Contra Apion* 1.37-41). Além disso, este ponto de vista prevaleceu na emergente ideia "canônica" quanto aos escritos que deviam ser reconhecidos como escritura autoritativa, conforme se reflete nos livros proféticos finalmente incluídos na Bíblia Hebraica. Porque o verdadeiro profetismo havia cessado, segundo alguns pontos de vista de orientação teológica, no período intertestamentário, não houve profetas durante o período do segundo templo. O vazio resultante, de acordo com esse modo de ver, foi preenchido por vivas esperanças de um profeta escatológico que viria no final dos tempos, e pelas visões apocalípticas de julgamento e salvação. A seguinte reconstrução do profetismo pós-exílico procura evitar os equívocos através de um enfoque de quatro pontos.

A continuação do aparecimento de profetas oraculares

Contrariamente à doutrina oficial dos círculos dos escribas ou da corte,[6] a linha dos profetas oraculares não se encerrou com a destruição de Jerusalém ou algumas gerações depois. A crise provocada pela destruição estimulou a coleção e a adaptação de oráculos dos profetas clássicos. Parte desta atividade era exercida por escolas de profetas ou por discípulos leais aos seus mestres. Mas a atividade profética não estava de forma alguma confinada a tais escolas. Como acontecera nas monarquias, alguns dos profetas pós-exílicos estavam estreitamente ligados ao templo (reconstruído no século VI a.C.) e à liderança oficial da comunidade judaica. Outros devem ter tido uma base mais popular, sendo independentes da nova ordem estabelecida, quando não ativamente opostos a ela.

Os oráculos de julgamento continuaram, porém não eram mais predominantes, pelo menos nos livros proféticos pós-exílicos incluídos no cânone bíblico. Agora os profetas enfatizavam os oráculos de libertação. Após a destruição babilônica de Jerusalém, o fim da monarquia davídica e o exílio da classe dominante em Babilônia, a situação de uma sociedade destroçada e um povo definhando sob o domínio estrangeiro exigia oráculos de conforto e de uma nova redenção. Nessas circunstâncias profetas como o Dêutero-Isaías (Is 40-55) interpretaram a iminente conquista persa da Babilônia e a libertação dos cativos judeus como um presságio da iminente restauração de Sião/Jerusalém. O segundo Isaías chegou até mesmo a declarar ao povo judeu que o seu papel na história mundial — precisamente na sua longa e sofrida situação de opressão — era o de constituir o meio escolhido por Javé para levar justiça e luz às nações.[7] Analogamente, os profetas Ageu e Zacarias, que parecem ter estado estreitamente associados com o novo grupo dominante da sociedade judaica, viram nas convulsões internacionais do seu tempo indicações de que a ação de Javé para libertar o povo e restaurar Sião/ Jerusalém era iminente.

Mas nem toda a atividade profética pós-exílica estava restrita àqueles de porte "respeitável" ou aos que estavam oficialmente associados ao culto e ao governo do templo restaurado, ou às escolas proféticas. As visões e oráculos proféticos de figuras mais populares continuaram, como se pode ver em Zc 13,2-6, que zomba dos profetas espiritualmente inspirados, vestidos com mantos de pelos. Como a preservação dos materiais proféticos daquele período é devida aos respeitáveis círculos dos escribas ou às escolas dos profetas, não surpreende que pouco ou nenhum material tenha sobrevivido desses profetas rústicos, que eram desprezados e não reconhecidos. Mas esses "trabalhadores da terra" (Zc 13,5) parecem encontrar-se mais diretamente na tradição de Elias e Miqueias do que em seus contemporâneos mais respeitáveis, como os da escola de Zacarias, cuja visão do "dia de Javé" acarretava agora o fim dos profetas rudes de "espírito impuro" e "mantos de pelos". O discurso contra eles feito pelos discípulos de Zacarias mostra que, longe de extinguir-se, a linhagem dos profetas populares nascida entre os camponeses continuou pelo período pós-exílico afora.

Esperança de um profeta futuro

A queda de Jerusalém deve ter significado a justificação dos "profetas como Moisés", mensageiros da aliança, que tinham defendido a constituição da sociedade israelita baseada na aliança, contra a opressão interna e a dominação estrangeira. Com a sociedade judaica arruinada e sob o domínio dos sucessivos impérios (babilônico, persa e helenístico) era tanto maior a necessidade de um mensageiro que articulasse a vontade de Deus ou, mesmo, restabelecesse o governo de Deus na comunidade. Uma vez destruída e talvez até mesmo desacreditada a monarquia, não é de admirar que as esperanças não se concentrassem espontaneamente numa personagem real. De fato, alguns focalizaram um profeta como agente do julgamento e da restauração de Javé. A memória da promessa de Javé a Moisés forneceu a base desta esperança:

> "Vou suscitar para eles um profeta como tu, do meio dos seus irmãos. Colocarei as minhas palavras em sua boca e ele lhes comunicará tudo o que eu lhes ordenar" (Dt 18,18).

Uma impressionante proclamação do Terceiro Isaías (Is 56-66) reflete esta esperança e representa uma viva expressão dela (Is 61, 1-2.8).

Apesar desses textos notáveis, há pouca evidência de que a esperança de um profeta escatológico fosse muito acentuada na sociedade judaica.[8] Só temos provas de algum interesse pela volta de Elias, talvez porque ele tinha sido arrebatado ao céu e por isso se podia esperar que voltasse para restaurar a ordem (Ml 3,1-3; 4,4-6). A memória dos seus feitos miraculosos e a ideia do seu retorno escatológico ainda eram correntes dois séculos mais tarde, conforme indica a sua inclusão numa enumeração dos grandes heróis do passado pelo autor escriba Jesus ben Sirac, que pouco mais de conteúdo ou tonalidade escatológica incluiu no seu livro "sapiencial" (ver Eclo 48,1.7-10). Todavia, a esperança do retorno de Elias não deve ter recebido destaque nos círculos de escribas. Na literatura apocalíptica da época da rebelião macabaica, como também na história da corte dos asmoneus, Elias é lembrado apenas pelo seu grande zelo pela lei (juntamente com outros heróis) e pelo seu arrebatamento ao céu — sem nenhuma menção do seu papel futuro na redenção e na restauração.[9]

A memória dos grandes feitos de libertação de Javé através da liderança de um profeta

Parece que não houve movimentos proféticos efetivos durante o período exílico, embora isso possa ser devido apenas à extrema escassez de documentos sobre esse período em geral. Sabemos, porém, que a memória dos grandes feitos salvíficos de Javé — no êxodo, na peregrinação através do deserto, na conquista da terra prometida e nas diversas guerras santas defensivas conduzidas pelos juízes — era muito forte na sociedade judaica a partir do período persa. Pois foi nessa época que as narrativas bíblicas, incluindo a edição sacerdotal dos livros de Moisés e a história deuteronomística (isto é, os livros do Deuteronômio até 2 Reis), receberam a sua forma final. Além disso, as "reformas" realizadas por Esdras e gerações subsequentes de escribas oficiais procuravam divulgar entre o povo as tradições da aliança em geral e a Lei de Moisés em particular.

Uma das razões principais por que essa memória era importante para o povo judeu estava em que ela inspirava diretamente as suas esperanças sobre a futura libertação. Os eventos mais importantes da libertação na memória e na previsão eram o êxodo, a caminhada através do deserto e a doação da terra. A lembrança desses eventos já tinha sido enfatizada pelos profetas oraculares clássicos. Estes acentuavam tais acontecimentos como uma lembrança da libertação e da preocupação de Javé pelo seu povo e a base da obrigação do povo de observar a aliança.[10] Assim, o êxodo e a travessia do deserto tornou-se especialmente importante como modelo ou protótipo de purificação, de renovação e dos novos atos de redenção de Deus.[11] No tempo do Dêutero-Isaías, em meados do século VI a.C., a memória e a previsão dos atos de libertação de Javé haviam-se tornado um padrão fundamental do pensamento históricoescatológico judaico. Conforme este padrão, os futuros atos de libertação de Deus eram antevistos segundo o modelo dos miraculosos eventos que originalmente tinham constituído Israel como nação livre na sua própria terra. Uma ilustração significativa desse padrão é o conhecido oráculo de abertura do Dêutero-Isaías, "no deserto preparai o caminho de Javé" (Is 40,3-5), que se tornou um texto central para o êxodo dos essênios ao deserto em Qumrã, bem como para a antiga visão cristã do papel de João Batista.

A relação entre profetas e apocalipticismo

Contrariamente à generalização comum de que os profetas e o profetismo haviam-se extinguido e foram substituídos pelo apocalipticismo, está claro que o profetismo e os profetas, pelo menos os do tipo oracular não tinham desaparecido, mas continuaram a atuar pelo período do segundo templo a dentro. Também se afirmou que, enquanto o profetismo israelita clássico tratava de situações históricas concretas, o apocaliptcismo se alienou da história. Por isso é útil esclarecer as relações entre profetas e apocalipticismo, especialmente porque o último termo pode incluir literatura (textos), perspectivas teológicas e grupos sociais com uma orientação particular para a redenção iminente.[12]

Sob muitos aspectos, as visões apocalípticas e a literatura visionária parecem ser um produto do profetismo israelítico tradicional. A experiência extática de elevação à corte celeste de Javé foi um desenvolvimento da experiência profética clássica, ilustrada nos casos de Miqueias ben Jemla (1Rs 22) ou do Segundo Isaías (Is 40-55). Além disso, os sonhos--visões apocalípticos, embora muito mais elaborados, aparentemente também seguiam uma longa linha de visões semelhantes de profetas mais antigos como Amós (Am 7-8) e Jeremias (Jr 1). Grande parte das imagens padrão usadas pelos antigos profetas também foi usada e elaborada na literatura apocalíptica, por exemplo, a imagem do guerreiro divino e dos seus exércitos celestes que vêm resgatar o povo sitiado. Além disso, a literatura apocalíptica surgiu em resposta a circunstâncias históricas semelhantes, ainda que mais graves, àqueles que provocaram os oráculos e movimentos proféticos mais antigos, isto é, situações de opressão social e ameaça estrangeira.

À medida que as situações posteriores eram mais difíceis, é compreensível que as imagens de salvação se tornassem correspondentemente mais fantásticas. A semelhança e a continuidade estão no fato de que tanto os profetas quanto os videntes apocalípticos tinham como objeto situações histórico-sociais concretas e anunciavam que Deus ainda estava preocupado com tais situações e atuando nelas. Este enraizamento em circunstâncias particulares concretas, e sua referência a elas, é o aspecto mais importante do apocalipticismo no renascimento dos profetas oraculares e de ação do tempo de Jesus. Conforme vimos mais detalhadamente no capítulo 1, o apocalipticismo como orientação geral da sociedade ou, pelo menos em meio a grupos influentes dentro dela, podia surgir de situações em que a fé judaica chegara à beira do desespero, e tê-las como objeto. Em situações que para alguns eram aparentemente sem esperança, tal orientação capacitava as pessoas não só a persistir na sua fé tradicional, mas ainda a agir contra uma superioridade tão esmagadora como a da perseguição dos exércitos helenísticos de Antíoco Epífanes.[13] Documentos da literatura apocalíptica fornecem expressões e luzes que nos ajudam a entender a disposição do povo, pelo menos em círculos letrados. Em outros tempos provavelmente o apocalipticismo permanecia adormecido. Mas estava pronto para ser despertado em épocas de novas crises. Portanto, longe de se excluírem mutuamente num sentido histórico-social, o apocalipticismo e o profetismo andavam de mãos dadas. Os profetas eram os veículos humanos através dos quais o apocalipticismo podia renascer em resposta a uma determinada situação. Entre os letrados, as revelações podiam assumir a forma de literatura apocalíptica. Entretanto, a mesma, ou semelhante, perspectiva teológica e confiança na iminente libertação ou julgamento de Deus podia ser articulada entre o povo comum por figuras proféticas particulares, tais como os extáticos rústicos punidos em Zacarias e os dois tipos de profetas a serem examinados adiante. As abordagens teológicas mais antigas, padrão, entendiam que o profetismo fora substituído pelo apocalipticismo. A abordagem histórico-social, ao contrário, considera a situação histórica particular e a orientação apocalíptica como uma dimensão importante que mostra como o povo envolvido reagia à sua situação.

A ausência dos dois tipos de profetas populares entre os grupos letrados

Geralmente se observa que houve considerável atividade profética na sociedade judaica durante o período tardio do segundo templo.[14] Não surpreende que, dada a escassez geral de informações para aquele período, nosso conhecimento do profetismo se baseie em materiais dos grupos letrados. De fato houve atividade profética entre esses grupos. Entretanto, entre essênios e fariseus, há pouca evidência de qualquer esperança significativa de um libertador profético ou de personagens proféticas que se ajustem ao tipo de profeta oracular ou de profeta de ação, conhecido nas tradições bíblicas. Se investigarmos as formas sociais específicas, verificamos que, entre os fariseus, e especialmente entre os essênios, a atividade profética era canalizada primariamente para a interpretação (inspirada) das profecias bíblicas tradicionais. Além disso, as únicas figuras proféticas, alguns essênios, mencionadas por Josefo, parecem ter sido videntes que fizeram previsões estreitamente focalizadas a respeito de eventos futuros ou destinos pessoais.

Videntes e interpretação escriturística entre os essênios

Vistos superficialmente, os manuscritos do mar Morto podem parecer apresentar evidência de vivas esperanças de um profeta escatológico na sociedade judaica. Na *Regra da Comunidade* encontrada em Qumrã deparamos a seguinte passagem enigmática:

[Os homens de santidade que andam na perfeição] ...serão governados pelos preceitos primitivos nos quais os homens da comunidade foram inicialmente instruídos até que venha o profeta e os messias de Aarão e de Israel (1QS 9,11-12).

Os escribas da comunidade parecem ter tido em mente aqui as mesmas três figuras que aparecem nos *Testimonia* (uma coleção de textos escriturísticos que se referem a futuros agentes de salvação). O texto-chave de Dt 18,18, sobre o profeta como Moisés, é citado juntamente com referências a um aparente messias real e a um sacerdote ungido (4QTest). Mas exatamente o que pensar dessas passagens e qual o valor que têm é uma questão problemática. As esperanças escatológicas em Qumrã eram fluidas, ora focalizando duas personagens, ora três. Além disso, entre os numerosos manuscritos deixados pela comunidade, há somente estas poucas e breves referências a um profeta. Portanto, não podemos concluir que a comunidade de Qumrã nutria muita esperança em semelhante profeta futuro, e menos ainda usar tais referências como prova para a sociedade judaica em geral.

Efetivamente, pelo que sabemos sobre os essênios por Josefo e pelos próprios manuscritos do mar Morto, parece improvável que tivessem alimentado qualquer esperança viva de futuros profetas ou produzido qualquer profeta próprio, seja do tipo oracular, seja do tipo de ação. Os qumranitas consideravam-se a si mesmos como um novo êxodo ao deserto (em cumprimento de Is 40) e como a nova comunidade da aliança, modelada pela aliança mosaica original. Na condição de líder e fundador da comunidade, o sombrio Mestre da Justiça parece ter exercido as funções de um novo Moisés. Em particular, a chave de todas as revelações do passado foi manifestada através dele (1QpHab 7,1-2). Assim, os membros da comunidade, convencidos de que as profecias bíblicas visavam a sua própria situação, trataram diligentemente de aplicá-las aos eventos e personagens contemporâneos. A julgar pelos documentos literários preservados, a comunidade de escribas dedicou grande parte das suas energias à interpretação de profecias bíblicas e a registrar suas interpretações nos seus manuscritos. Portanto, entre os essênios, a ênfase recaía na interpretação da revelação já recebida do passado. Consequentemente não se deve esperar a presença de profetas de ação, pois o Mestre da Justiça já tinha tomado a iniciativa decisiva da retirada ao deserto "para preparar o caminho do Senhor". Não se hão de esperar novos profetas oraculares entre os qumranitas porque a função antigamente exercida pelo profetismo (discernir o significado da situação presente) era agora exercida pela interpretação das profecias históricas. Além disso, não é razoável esperar que uma comunidade que se separou da sociedade "degenerada" (irremediavelmente sob o domínio das forças do mal) se empenhe num ministério profético dirigido a essa mesma sociedade.

O tipo de profecia que os essênios produziram, a julgar pelos relatos de Josefo, enquadra-se na ênfase dada pelo grupo à aplicação das profecias escriturísticas aos acontecimentos e personagens contemporâneos. Os profetas essênios mencionados por Josefo são todos videntes que fazem *previsões* — e não líderes de movimentos ou transmissores de oráculos.[15] Mas ao julgar as narrativas de Josefo sobre os videntes essênios, devemos levar em conta a ideia que Josefo tem de profecia. Ele foi claramente influenciado pelos conceitos helenísticos que utiliza. Em comparação com a profecia bíblica clássica, o conceito de profecia em Josefo foi reduzido à predição e à presciência. Todavia, tal predição não era uma questão tão simples, conforme observa explicitamente:

Alguns deles [essênios] professam predizer o futuro [*ta mellonta proginóskein*], após uma vida inteira de estudo dos livros sagrados, diferentes tipos de purificação e as palavras dos profetas (*G.J* 2.159).

O comentário de Josefo concorda, portanto, com as informações mais precisas que agora temos dos manuscritos do mar Morto sobre o valor preditivo da aplicação das revelações históricas pelos qumranitas à sua própria situação. Dois videntes mencionados por Josefo enquadram-se facilmente neste contexto

Um certo Judas, do grupo dos essênios, que nunca errara nas suas predições [*en hois proeipen*] ...bradou aos amigos e discípulos que estavam com ele que recebessem instrução sobre a predição do futuro... Ele predissera que Antígono [filho de João Hircano e irmão do rei-sumo sacerdote Aristóbulo] morreria no lugar chamado Torre de Strato... (*Ant.* 13.311-12; ver também *G.J.* 1.78-80).

A predição de Judas pode ser facilmente entendida como uma aplicação bastante precisa de alguma profecia bíblica a uma personagem na sua própria situação. O que Josefo escreve sobre o segundo vidente, Manaém (*Ant.* 15.373-76), parece lendário, mas o seu núcleo é a predição final do reinado de Herodes. Como a predição da morte de Antígono I por Judas, essa previsão era um peocupação dos essênios, visto que pensavam na aplicação da revelação bíblica a personagens e eventos contemporâneos.

O que parece surpreendente em relação aos relatos desses dois videntes é que apresentam os essênios envolvidos com relações sociais em torno do templo de Jerusalém. Enquanto os manuscritos do mar Morto indicam que os essênios tinham rejeitado e abandonado a ordem social, depois que os asmoneus se tinham estabelecido no poder, as narrativas de Josefo podem ser explicadas plausivelmente se supusermos que os essênios haviam abrandado a sua prevenção, depois que o "sacerdote iníquo" asmoneu original (Jônatas ou Simão) tinha saído de cena, e haviam restabelecido um mínimo de contato com a sociedade em geral. No tempo de Herodes, os essênios podem ter-se acomodado aos "filhos das trevas" — talvez a Herodes especificamente, que destruiu sistematicamente os asmoneus, os implacáveis inimigos dos qumranitas.

Pode parecer que os videntes essênios apresentavam algumas semelhanças superficiais com os profetas de tipo oracular. Mas, segundo Josefo, eles simplesmente previram estritos acontecimentos futuros, enquanto os profetas oraculares clássicos relacionavam o julgamento de Deus com a situação presente de toda uma sociedade. As previsões dos videntes essênios focalizaram limitadamente a sorte de governantes individuais, enquanto os profetas oraculares clássicos tratavam de relações sociais gerais e lançavam o julgamento sobre o comportamento real num contexto global de aliança.[16] Além disso, parece que tais videntes se limitavam ao grupo essênio e eram característicos dele. Efetivamente, pelos manuscritos do mar Morto, sabemos que a comunidade de Qumrã oferecia um fundo sociocultural de fácil compreensão para o enfoque, a forma e o conteúdo dessa previsão referente a per-sonagens contemporâneas.

Ainda que Qumrã tenha manifestado poucas expectativas proféticas e aparentemente não tenha produzido nenhum profeta, nem do tipo oracular, nem do tipo de ação, a origem do próprio grupo — uma espécie de êxodo ao deserto — pode ser significativa para o nosso estudo dos movimentos proféticos. Poderia alguém objetar que Qumrã fornece o primeiro caso de um movimento profético desde Elias-Eliseu e os "filhos dos profetas". Até se poderia afirmar que os essênios constituem um movimento profético entre os estratos letrados quase 200 anos antes do surgimento de tais movimentos entre os camponeses judeus. O longo intervalo entre eles e o fato de que se tinham tornado, no século I d.C., tão solidamente estabelecidos que Josefo pôde referir-se a eles como a uma das três principais "filosofias" ou "seitas" dos judeus, faz com que seja improvável que a origem da comunidade de Qumrã serviu de modelo para os movimentos proféticos populares posteriores. Entretanto, Qumrã mostra que o padrão tipológico de interpretação e de ação — tal como foi o grande ato de libertação de Deus no passado assim será o grande novo ato de libertação — estava bem vivo na sociedade judaica da época. Também indica que a *memória* da antiga tradição de movimentos de libertação liderados por um Moisés ou por um Josué ainda estava viva entre o povo, mesmo que aparentemente não tivesse surgido nenhum movimento profético depois de Elias-Eliseu.

A relativa ausência do profetismo entre os fariseus

Pelo que sabemos sobre os interesses típicos e as características sociais dos fariseus, não esperamos que tenham produzido algo como um movimento profético. Eles acreditavam que a revelação decisiva havia ocorrido no Sinai através de Moisés; agora cabia a eles e outros sábios interpretar esta revelação da vontade de Deus para a sua própria situação. Os fariseus buscavam a pureza pessoal nas suas associações e, pelo menos inicialmente, tentaram fazer com que o governo de Deus fosse realizado através de processos políticos estabelecidos. Também há pouca ou nenhuma evidência literária de qualquer expectativa de um profeta escatológico entre os fariseus, embora seja provável que círculos fariseus alimentassem pelo menos a crença no retorno escatológico de

Elias. Mas nem Elias era uma preocupação central para eles. Nos dois grandes apocalipses escritos no final do século I d.C. por visionários que devem ter tido ligações com círculos fariseus, ele é pouco mais que uma parte da doutrina apocalíptica geral, um daqueles que, arrebatado, por ocasião da sua morte, deve voltar no fim (2 Bar 77,24; 4 Esd 6,26; ver também 7,109). Isso significa, na verdade, que os fariseus estavam protelando toda ação profética ou outra ação política para corrigir injustiças que estavam ocorrendo. Entretanto nem agora, nem depois, na padronização final da doutrina escatológica dos rabinos nos séculos I e II da era cristã, se constata muito "fogo ardente" de julgamento e de restauração na visão farisaica ou rabínica de Elias como profeta escatológico.

Finalmente, existe pouca informação sobre profetas oraculares entre os fariseus. Possivelmente originária da forte tendência apocalíptica dos sábios durante a perseguição helenística e a revolta macabaica, os fariseus tinham grande fama de previsão dos acontecimentos através de visões comunicadas por Deus (ver *Ant.* 17.43). Esta atividade visionária encontrou forma literária no fim do século I d.C., pelo menos entre alguns sábios (isto é, 2 Bar e 4 Esd). A razão básica da improbabilidade de os fariseus produzirem profetas oraculares do tipo mais tradicional, ou de serem receptivos a eles, era a sua firme convicção de que a revelação final da vontade de Deus já tinha ocorrido na Torá. Sua tarefa principal, sua *razão de ser*, era interpretar e realizar as disposições da lei na vida da comunidade. A inspiração que antes havia assumido a forma de oráculos proféticos agora era canalizada para interpretações da lei e explicações das narrativas da Torá. Mais ou menos como os essênios (mas muito menos compulsiva e extensivamente), os fariseus podem ter tentado interpretar e aplicar profecias bíblicas, como as de um rei ungido. Um exemplo de tal atividade é a intriga de corte envolvendo o irmão de Herodes, Feroras, sua mulher e o eunuco Bagoas (*Ant.* 17,43).[17] Entretanto, à parte o dom geral da profecia que Josefo descreve, a principal prova textual de atividade profética oracular de um fariseu é o relato de Josefo sobre a declaração feita por Samaías no julgamento do jovem Herodes pelo assassínio de Ezequias, o chefe de salteadores. Samaías acusou Hircano e o resto do Sinédrio de bajular o arrogante futuro tirano.

> Mas saiba que Deus é grande; e este homem que agora quereis libertar por causa de Hircano, um dia vos punirá a vós e ao próprio rei (*Ant.* 14.174).

Mas além disso simplesmente não há provas de formas tradicionais de atividade profética entre os fariseus. Satisfeitos com solucionar os processos políticos ordinários enquanto podiam, devem ter tido pouco interesse em qualquer movimento profético apocalipticamente inspirado. Ainda que certamente compartilhassem com outros grupos judeus da época certos pontos da doutrina escatológica, protelavam "realisticamente" a ação para o tempo em que Deus claramente interferiria nas questões humanas. Concentrados nas interpretações e na realização social da lei na vida da comunidade, encontravam pouca razão para interessar-se por profetas oraculares.

Assim, embora efetivamente houvesse atividade profética entre os grupos letrados, existe pouca evidência de uma esperança significativa de um agente profético de salvação entre fariseus e essênios. Mais importante que isso, não se constatam sinais de figuras proféticas reais dos dois tipos encontrados nas tradições bíblicas, profetas oraculares ou profetas de ação. A julgar pelas informações disponíveis, isso pode significar que o aparecimento de várias personagens proféticas que se enquadram em um ou outro dos dois tipos bíblicos tradicionais era um fenômeno caracteristicamente popular.

Dois tipos de profetas populares no tempo de Jesus

Para o grosso dos camponeses judeus, o Espírito assumia formas mais espontâneas do que para as pessoas estudadas. Se para os grupos letrados a comunicação inspirada da vontade de Deus era a interpretação da lei da aliança dada por Moisés e a aplicação de oráculos antigos, o povo simples sentia-se muito menos limitado pela tradição escriturística. Todavia, o profetismo popular não era de maneira alguma informe, ou seja, sem formas fixas. Ainda que poucos camponeses fossem capazes de ler a Escritura, estavam todos perfeitamente familiarizados com as veneráveis tradições, os princípios da aliança e as profecias do povo de Javé. Estas tradições e formas tradicionais ainda estavam muito vivas entre os camponeses no tempo de Jesus. De fato, durante o século I da era cristã a memória dos antigos movimentos proféticos de libertação inspiravam novos movimentos proféticos, e o profetismo oracular tradicional havia revivido entre o povo.

Mas, conforme foi indicado na primeira parte deste capítulo, existe bem pouca evidência de expectativas judaicas de um profeta escatológico antes do tempo de Jesus. Não há qualquer documento de esperança *do* profeta escatológico e muito poucas indicações de esperanças de um profeta como Moisés, baseado em Dt 18,18. Há razão para crer que, pelo menos algumas pessoas, como os fariseus e o antigo escriba Jesus ben Sirac, tinham esperanças da volta de Elias. Também a tradição do Evangelho cristão mostra a presença desta esperança, pronta para ser aplicada a personagens tais como João Batista e Jesus de Nazaré. Mas, fora da tradição do Evangelho cristão, nada nos informa que algum dos profetas que apareceram entre o povo no século I d.C. era considerado como o Elias redivivo. O ponto por ser reconhecido é que, no caso dos profetas populares que apareceram naquele tempo, estamos diante de algo mais que simplesmente o cumprimento de alguma expectativa particular. O profetismo estava muito vivo entre o povo judeu. A julgar pelas formas sociais particulares que assumiram, os dois tipos de profetas particulares no tempo de Jesus eram uma continuação ou uma revivescência das principais formas tradicionais conhecidas na história bíblica.

Movimentos proféticos populares

Os profetas de ação lideraram movimentos de camponeses numa antecipação ativa dos atos divinos de libertação.[18] O hostil Josefo sugere que podem ter ocorrido vários movimentos desse tipo em meados do século I d.C. Nos seus comentários gerais é possível discernir algumas das características principais desses movimentos.

> Impostores e demagogos, sob o pretexto de inspiração divina, provocaram ações revolucionárias e impeliam as massas a agir como loucos. Levavam-nas ao deserto onde Deus lhes mostraria sinais de iminente libertação (*G.J.* 2.259; ver também o texto paralelo em *Ant.* 20, 168: Pois diziam que manifestariam inequívocos sinais e milagres realizados de acordo com o plano de Deus).

Os termos e conceitos helenísticos de Josefo não conseguem esconder os aspectos apocalípticos dos profetas e dos movimentos que transparecem aqui. Aqueles que, para o aristocrático fariseu e desertor para o lado romano, eram impostores e demagogos, com pretensão de inspiração, no contexto judaico normal da Palestina eram profetas cheios do Espírito. Movidos pelo Espírito, estes profetas e seus seguidores julgavam que estavam prestes a participar da transformação divina de um mundo errado numa sociedade justa, desejada e governada por Deus: exatamente as mudanças revolucionárias temidas e desprezadas por Josefo. Como Josefo, o governador romano Fado tinha bem fundadas preocupações sobre a possível ruptura da ordem imperial romana, pois esses profetas aparentemente proclamavam ao povo que Deus finalmente estava pondo um fim à sua opressão e restaurando sua liberdade.

Numerosas pessoas, inspiradas e convencidas da iminência da ação de Deus, abandonavam seu trabalho, suas casas e aldeias para seguir seus líderes carismáticos no deserto. Elas sabiam pelas tradições sagradas que fora no deserto que Deus tinha manifestado sinais e prodígios de redenção em tempos antigos, e que o deserto era o lugar da purificação, preparação e renovação. Assim, a sua marcha para o deserto e as maravilhas e sinais lá antecipados, como penhor da sua própria libertação, eram certamente concebidos em analogia com os grandes atos de libertação de Deus na história da formação de Israel: "Javé... viu nossa miséria... e Javé nos fez sair do Egito com mão forte e braço estendido... com sinais e prodígios" (Dt 26,7-8). Mas na base desses movimentos proféticos havia uma confiança fundamental no "desígnio de Deus", como os qumramitas, que articularam sua fé de forma mais sofisticada e elaborada também o povo simples acreditava que, apesar das apa-rências externas de opressão e sofrimento, Deus não tinha abandonado o seu povo. Efetivamente, estava para ser revelado um *mistério*, no *plano* escatológico de redenção. Agora Deus revelara esse plano aos profetas populares, e através deles aos seus seguidores, e eles seguiam para o deserto em antecipação da ação de Deus. É nesse sentido de movimentos proféticos apocalípticos que devemos entender os outros relatos de Josefo sobre três profetas específicos e seus seguidores. O primeiro desses movimentos ocorrera no tempo de Pôncio Pilatos, não propriamente entre os judeus, mas entre os samaritanos. Apesar da mútua desconfiança e conflito que existia entre os dois povos, os samaritanos, como os judeus, eram o resultado do mesmo povo e da mesma herança Israelita, sendo leais a ela. Os samaritanos eram descendentes das tribos israelitas que haviam composto o reino setentrional de Israel. Assim, também eles relembravam o exôdo do Egito e Moisés como *o profeta*, o mediador da aliança revelada no Sinai. A Samaria tinha sido conquistada (pelos judeus sob) os asmoneus, que também haviam tentado judaizar a população, donde as profundas suspeitas entre judeus e samaritanos. A Samaria tinha feito parte do domínio de Herodes e, após a morte de Arquelau, passou para o governo direto dos governadores romanos. Não menos que os judeus, os samaritanos odiavam o governo e a opressão estrangeira. Também eles cultivavam a esperança de um profeta futuro, o "restaurador" (*tahev*), que era concebido como um novo Moisés. Esperava-se que o *tahev* restaurasse o antigo templo no monte Garizim e restituísse ao povo como um todo a independência e a prosperidade. Portanto, a situação dos samaritanos, bem como as tradições e esperanças sa-maritanas, eram muito semelhantes às dos judeus, e o movimento profético descrito por Josefo parece ajustar-se ao mesmo padrão que os movimentos paralelos alguns anos mais tarde entre os judeus.

Nem a nação samaritana estava livre de distúrbios. Pois um homem que não tinha escrúpulos em praticar fraudes e livremente lançava mão delas para agitar a multidão ordenou que esta subisse com ele, em grupo, o monte Garizim, que para eles é a montanha mais sagrada. Prometeu mostrar-lhes, quando lá chegassem, os vasos sagrados enterrados no lugar em que Moisés os colocara. Aqueles que acharam o seu discurso convincente vieram com armas e estacionaram numa aldeia chamada Tiratana. Ali esperaram os retardatários para subirem a montanha numa grande aglomeração. Mas Pilatos agiu rapidamente, impedindo sua subida, com um contingente de cavalaria e infantaria armada. Atacaram os que se haviam reunido antes na aldeia, mataram alguns, dispersaram outros e prenderam muitos como escravos. Deste grupo Pilatos mandou executar os cabeças e os mais hábeis entre os fugitivos (Ant. 18.85-87).

Ainda que desta vez Josefo não cite um número exagerado, sua narrativa dá a impressão de que esse movimento era realmente muito grande. Aparentemente a notícia espalhou-se rapidamente entre as aldeias da área e o populacho, reagindo prontamente à notícia da iminente libertação, afluiu ao pé da montanha sagrada. Além disso, Josefo escreve como se o movimento fosse suficientemente grande e organizado para ter vários "cabeças". Atrás da descrição feita por Josefo do homem anônimo que era capaz de "agitar a multidão" podemos discernir um profeta aceito como divinamente inspirado e cuja mensagem de libertação encontrou ressonância em grande número de camponeses samaritanos. A ação antecipada, isto é, a subida do sagrado monte Garizim para recuperar os vasos sagrados lá depositados por Moisés, indica que esse profeta era considerado um restaurador, a contraparte escatológica de Moisés. A menção de Josefo de que eles se reuniram armados, se for confiável, pode significar que se estavam agrupando na previsão de alguma espécie de guerra santa escatológica. A informação de que subiram a montanha, apesar de bloqueadas pelas tropas romanas, sugere que o anseio de libertação tinha atingido uma intensidade febril e enfatiza a sua absoluta confiança na mensagem de libertação divina do profeta.

Como em todas as informações não cristãs sobre o seu caráter e suas ações como governador, Pôncio Pilatos dificilmente foi aquele homem fraco e indeciso retratado nos evangelhos cristãos. Ele reagiu ao surgimento daquele movimento com uma considerável força militar e suprimiu agressivamente o que ele temia fosse um levante popular. Não contente apenas com dispensar o movimento, atacou e massacrou muitos seguidores do profeta samaritano.

Cerca de uma década mais tarde, talvez em 45 d.C., surgiu o segundo maior movimento profético descrito por Josefo:

Quando Fado era governador da Judeia, um charlatão chamado Teúdas persuadiu muitas pessoas do povo simples a tomar seus haveres e acompanhá-lo até o rio Jordão. Dizia que era profeta, e que à sua ordem o rio se separaria abrindo fácil passagem para eles. Com essas palavras iludiu muitos. Mas Fado não permitiu que eles consumassem essa loucura. Enviou uma unidade de cavalaria contra eles, que matou muitos num ataque de surpresa e também capturou muitos vivos. Tendo capturado Teúdas, cortaram-lhe a cabeça e a levaram a Jerusalém (*Ant.* 20.97-98).

Nos Atos dos Apóstolos, o ilustre fariseu Gamaliel, num discurso para desfazer os temores do Sinédrio sobre os seguidores de Jesus de Nazaré, cita o movimento de Teúdas como uma analogia anterior, concluindo que Teúdas "foi morto e todos os que o haviam seguido debandaram e foram reduzidos a nada" (At 5,36). A datação subentendida de Teúdas antes de Judas da Galileia (6 d.C.) nos Atos é certamente uma confusão. Mas o fato de que (perto do fim do século I, quando foi escrito o livro dos Atos) o movimento de Teúdas era lembrado juntamente com o movimento liderado por Judas da Galileia (a "Quarta Filosofia"; ver capítulo 5) como um dos dois movimentos mais significativos análogo ao crescente "movimento de Jesus" deve indicar que tinha sido um acontecimento importante.

Não estamos reduzidos a meras especulações quanto às razões por que tal movimento ocorreu no tempo de Fado (44-46). Durante os cinco anos anteriores, os judeus palestinenses tinham passado por uma experiência de alternar, extrema tensão com o governo romano, depois um relaxamento dessa tensão e em seguida a restauração de um governo romano direto e repressivo. Em 40 d.C. a tentativa de Calígula de mandar erigir sua estátua no templo judaico de Jerusalém havia provocado uma resistência nacional, inclusive uma greve camponesa. Depois, num interlúdio de abrandamento, porém extremamente breve, Agripa I havia governado como rei de toda a Palestina judaica, tanto da Judeia quanto da Galileia. Pelo menos simbolicamente, Agripa deve ter sido um tampão entre os judeus e o governo romano direto, que eles tanto odiavam. Segundo Josefo, o rei "judeu" observava escrupulosamente as tradições e constituía um agradável contraste com o odiado Herodes. Todavia, economicamente deve ter explorado o seu reino em grau extremo, ao imitar a propensão do seu avô Herodes para dispendiosos projetos de obras e pródigas doações às cidades pagãs (*Ant.* 29.299-311,327,331-52). E por mais estrita que tenha sido a sua observância anterior, os judeus devem ter deplorado profundamente a manipulação de um espetáculo pagão por Agripa em honra de César, de modo que ele próprio foi aclamado como divino. Sua morte quase imediatamente depois disso foi interpretada como um castigo de Deus. Após três anos sem governo romano direto, a significação simbólica da sua reimposição foi agravada pela administração repressiva do novo governador, Fado. Este agiu com grande rapidez e rudeza contra os judeus da Pereia, na disputa destes com Filadélfia, uma das cidades helenísticas, matando ou exilando somente os líderes judeus (*Ant.* 20,2-4). Exterminou os grupos de salteadores em toda a Judeia, também o famoso chefe de salteadores Tolomau. Reivindicou o controle das vestes sagradas do sumo sacerdote, que tinham estado sob custódia judaica no governo de Agripa. O fato de que o imperador Cláudio desautorizou Fado neste último caso indica que até em Roma as suas políticas eram vistas como exageradamente severas. Certamente os judeus sentiram a administração de Fado como uma renovação do governo romano duramente repressivo.

O movimento de Teúdas foi grande e sério no seu objetivo escatológico de longo prazo. A frase de Josefo "muitas pessoas do povo comum" é um tanto vaga. Podemos perguntar-nos se o relato dos Atos não minimiza a extensão do movimento ao fixar o seu número em 400. Que o movimento não foi uma simples demonstração ou excursão temporá-ria ao deserto é indicado pela informação de que a companhia tinha seus haveres consigo. A revindicação de Teúdas mostra bem a serieda-de do objetivo. A analogia histórica precisa não aparece no relato de Josefo; são, porém, sugeridas possibilidades. Teúdas, ao dividir as águas do rio Jordão como novo Josué, pode ser visto como o líder de uma conquista inversa, uma retirada ao deserto para purificar-se e preparar o caminho do senhor. Ou Teúdas pode ser visto como liderando um novo êxodo: dividindo as águas do Jordão, como Moisés fizera com o mar Vermelho libertando, assim, o povo da escravidão que lhe era imposta (na sua própria terra) pelos romanos. Ou o movimento de Teúdas pode ser visto ainda como uma combinação do êxodo e da conquista. Convém lembrar que, na época dos juízes, os israelitas aparentemente celebraram uma conquista ritual da terra prometida, represando o Jordão, de modo que simbolicamente o êxodo da libertação da escravidão do Egito foi justaposto à entrada na terra da promessa. Estes dois eventos mais significativos da história constitutiva do povo tinham sido simbolicamente justapostos em profecias mais antigas de uma nova redenção, como a de Is 51,9-11. Também pode ser interessante recordar que Elias e Eliseu, líderes de grandes movimentos de libertação no passado, tinham dividido as águas do Jordão (2Rs 2,6-8). Não é possível reconstruir a intenção exata de Teúdas e dos seus seguidores, mas está claro que, de alguma forma, Teúdas antecipou uma nova ação, talvez escatológica, de libertação divina, análoga às antigas ações de redenção, o êxodo e a conquista.

Fado, não menos eficiente em tratar com movimentos proféticos que em suprimir o banditismo e os briguentos judeus da Pereia, despachou um esquadrão de cavalaria (500 a 1.000 homens montados), talvez os odiados sebastenos que Cláudio supostamente mandara transferir da Palestina (*Ant.* 19.365-66; ver também *G.J.* 2.52 e *Ant.* 20.122). O fato de que Teúdas e seus sequazes foram atacados e mortos inesperadamente sugere que, ao contrário dos movimentos messiânicos populares, este movimento profético não foi uma rebelião armada. O cortejo com a cabeça decepada de Teúdas a Jerusalém tinha, naturalmente, o sentido de uma dura advertência a qualquer outro judeu que quisesse agir de acordo com sua paixão pela liberdade.

O terceiro movimento foi conduzido por um profeta judeu que originalmente viera, ou recentemente retornara, do Egito e com quem o apóstolo Paulo foi confundido no recinto do templo, por ocasião da sua última viagem a Jerusalém (ver At 21,38). Isso deve ter ocorrido, portanto, em torno de 56 d.C., durante a administração de Félix, algum tempo antes da visita de Paulo à cidade. Como no caso de Teúdas, podemos completar a narrativa de Josefo nas *Antiguidades* com seu relato anterior na *Guerra Judaica*, um texto de teor mais áspero e exagerado.

Naquele tempo veio a Jerusalém um certo homem do Egito, dizendo que era profeta e chamando a massa do povo simples a ir com ele ao monte das Oliveiras, que se encontra em frente à cidade... Disse que dali lhes mostraria que à sua ordem os muros de Jerusalém cairiam e eles então poderiam entrar na cidade. Mas quando Félix soube disso, ordenou que seus soldados tomassem suas armas. Marchando de Jerusalém com muitos cavalarianos e infantes, atacou o egípcio e seus sequazes, matou quatrocentos deles e capturou, vivos, duzentos. O egípcio fugiu da batalha e desapareceu sem deixar vestígios. (*Ant.* 20.169-71).

O falso profeta egípcio... quando chegou à zona rural, embora fosse um impostor, fez-se aceitar como profeta e reuniu em torno de trinta mil crédulos e conduziu-os através de desvios pelo deserto até o monte das Oliveiras. Dali pretendia forçar uma entrada em Jerusalém, dominar a guarnição romana e tornar-se governador do corpo de cidadãos, usando seus sequazes como guarda-costas. Félix adiantou-se ao seu assalto e foi ao seu encontro com tropas romanas fortemente armadas e todo o corpo de cidadãos ajudando na defesa. Na luta que se seguiu, o egípcio conseguiu fugir com alguns dos seus sequazes, mas a maio-ria deles foi morta ou capturada; o restante se dispersou e se escondeu em suas casas (*G.J.* 2.261-63)

Como no caso do movimento de Teúdas, uma década antes, as circunstâncias sociais e econômicas eram tais que facilmente poderiam ter provocado um movimento de libertação da opressão e miséria. Recentemente o povo tinha sofrido uma fome terrível no final da década de quarenta. Depois as medidas repressivas de Cumano (49-52) contra incidentes menores tiveram o efeito de aumentar as tensões e o derramamento inútil de sangue. Seu tratamento menos que judicioso dos violentos conflitos entre judeus e samaritanos provocou um clamor geral, e seus atos em geral só serviam para multiplicar as fileiras dos salteadores e aumentar o espírito de rebelião. Seu sucessor, Félix, continuou as medidas repressivas contra os salteadores e outros, mas tal procedimento, provavelmente, em vez de terminar com a miséria e a agitação, só conseguiu exacerbá-las mais ainda.

Pelos relatos de Josefo, mais explícitos neste caso, é possível obter uma ideia clara da dimensão e da composição deste movimento. Ainda que a cifra de 30.000 seja um exagero, o grupo provavelmente alcançava a casa dos milhares e não apenas das centenas. Além disso, era composto de camponeses das aldeias da Judeia. Nos seus outros textos sobre esses movimentos, Josefo tipicamente usa termos vagos como "as massas" ou "multidão", com referência aos participantes. Seu comentário explícito (*G.J.* 2.261) de que o egípcio apareceu "na zona rural" indica claramente que este movimento — e quase certamente os outros semelhantes a ele — envolveu primariamente os camponeses da Judeia.

O simbolismo que transparece através dos relatos de Josefo sugere que o movimento do "egípcio" se considerava a si mesmo como participante de uma nova "conquista" da terra prometida. O protótipo histórico deve ter sido a batalha de Jericó comandada por Josué. Na grande "batalha de Jericó", depois que o povo tinha marchado ao redor dos muros da cidade e os sacerdotes tinham soado as trombetas, "o povo gritou com força e a muralha caiu por terra, e o povo subiu à cidade...e se apossou dela" (Js 6,15-20). Assim, o novo Josué, o profeta do Egito, declarou que "à sua ordem os muros de Jerusalém cairiam e eles [seus seguidores] poderiam entrar na cidade". O caminho de desvios pelos quais o profeta conduziu seus seguidores ao monte das Oliveiras provavelmente também tinha uma finalidade simbólica, modelando-se segundo os grandes atos salvíficos de Deus sob a liderança de Josué ou de Moisés. Provavelmente foi uma marcha ritual ao redor da cidade, ou um restabelecimento do "caminho através do deserto".

Embora não tenhamos conhecimento de nenhuma significação especial que o monte das Oliveiras possa ter tido nos grandes eventos formativos sob a liderança de Moisés e de Josué, havia adquirido um papel de grande importância na doutrina apocalíptica judaica contemporânea. O movimento, sua localização simbólica (monte das Oliveiras), e seu aparente objetivo da libertação de Jerusalém devem ser comparados com as profecias de Zc 14. É previsto um "dia do Senhor", na verdade o dia em que o reino do Senhor será estabelecido em toda a terra na qual o Senhor finalmente combaterá contra as nações estrangeiras que ocupam Jerusalém; e "naquele dia estarão os seus pés sobre o monte das Oliveiras, que está diante de Jerusalém, na parte oriental" (Zc 14,1-4.9). Um profeta anterior o tinha imaginado; agora vários milhares de camponeses, ansiosos por serem libertados da dominação estrangeira, seguiram outro profeta a fim de participar da realização dessa fantasia.

A informação de que o "egípcio" e seus seguidores esperavam que os muros de Jerusalém caíssem por terra obedecendo a uma ordem indica que esse movimento, como o de Teúdas, não era uma rebelião armada. A afirmação de Lucas no livro dos Atos de que o "egípcio" tinha incitado uma revolta e arrastado 4.000 homens dos sicários ao deserto (At 21,38) pode ser explicada simplesmente como confusão do movimento profético liderado pelo "egípcio" com o terrorismo praticado pelos sicários naquela mesma época, sob o procurador Félix. Nada na linguagem de Josefo sugere que essas "pessoas comuns" do interior portassem armas, menos ainda que fossem idênticas aos sicários que acabou de descrever (*Ant.* 20.163-66, 169-71; *G.J.* 2.254, 261-63). Mas a pesada infantaria romana estava bem armada e treinada no uso de suas armas. Mesmo descontando algum exagero de Josefo, a matança deve ter sido muito grande.

Estes três movimentos proféticos, juntamente com os outros sobre os quais Josefo generaliza, seguem todos o mesmo padrão geral. Um profeta popular, com algum magnetismo e uma mensagem conquista grande número de adeptos entre o povo simples da zona rural. A frequência e a facilidade com que surgiam tais movimentos sugere que os camponeses estavam predispostos a acolher tais mensagens da iminente libertação por Deus. Não só o cruel Pilatos, mas também Fado e Félix, suprimiram os movimentos com rapidez e brutalidade, aparentemente porque julgavam que eles constituíam uma séria ameaça à ordem pública e promoviam "ações revolucionárias", como diz Josefo. Certamente os camponeses que participavam desses movimentos não tinham partido para uma excursão, por maior festivo que possa ter sido o seu humor. Tanto os profetas quanto os adeptos aparentemente agiam com a firme convicção de que iam participar de um ato de libertação divina. É provável que marchassem para experimentar um ato esca-tológico decisivo de libertação, pois há forte evidência de que um intenso sentimento apocalíptico impregnava a sociedade naquele período de aguda necessidade e tensão.

Muito significativo é o evidente padrão de correspondência simbólica entre os grandes atos históricos de redenção e os novos atos escatológicos antecipados por esses movimentos proféticos. Como foi a poderosa ação de Deus na história formativa do Israel antigo, assim será a iminente ação da libertação de Deus. Assim Moisés conduziu o povo através das águas divididas e no deserto, assim também o profeta Teúdas liderará um novo êxodo através das águas do Jordão e no deserto. Da mesma forma como o agente de Deus, Josué, comandou a batalha de Jericó, também o profeta do Egito conduzirá o povo ao monte das Oliveiras, esperando que caiam os muros de Jerusalém para que possam "libertar" a cidade. Este modelo de interpretação e antecipação da história foi importante na tradição judaica, pelo menos desde o Segundo Isaías, que interpretou e previu a libertação do cativeiro da Babilônia como um novo êxodo e procissão através do deserto (p. ex., Is 40,1-11; 51,9-11).

Esta tipologia históricoescatológico está certamente em evidência como modelo de interpretação e antecipação na literatura apocalíptica tardia.[19] Também se tornou um modelo padrão e central de interpretação no primitivo movimento cristão.[20] Pode ter alguma significação que os grupos literariamente produtivos mostraram considerável interesse na mensagem profética de Moisés para a sua própria situação, bem como nas suas ações antigas. Parece que se deve concluir que uma renarração dos atos históricos antigos de redenção é diretamente relevante para a *interpretação* da situação presente. Naturalmente, os manuscritos do mar Morto dramatizaram a existência deste padrão e esclareceram a sua significação. Mas, nos movimentos proféticos populares, a tipologia históricoescatológica era um modelo de ação. Esses movimentos representavam como que teatralmente esta visão dos novos atos de libertação divina. Além disso, o frequente surgimento de movimentos reais entre os camponeses, modelados segundo esse padrão, é significativo para entender Jesus de Nazaré e seu movimento. Quer a Igreja primitiva fosse (ou tivesse consciência de si como sendo) ou não um movimento desses, certamente tinha consciência da sua "concorrência":

> Hão de surgir falsos Messias e falsos profetas, os quais apresentarão sinais e prodígios para enganar se possível os eleitos (Mc 13, 22).

E o evangelho de Mateus acrescenta uma referência ainda mais específica:

> Se, portanto, vos disserem: ei-lo no deserto, não vades até lá (Mt 24, 26).

Profetas oraculares

Além dos movimentos liderados por Teúdas, pelo profeta "do Egito" e outros, surgiram numerosos profetas populares oraculares no primeiro século da nossa era, especialmente um pouco antes e durante a grande revolta. Como possuem várias características comuns com os profetas bíblicos, faz sentido considerá-los como continuação da tradição judaicoisraelita de profetas oraculares (isto é, de profetas que transmitiam mensagens de Deus ao povo, particularmente em tempos de crise). Não consideramos aqui a questão de profecia "verdadeira" versus profecia "falsa". Nossa tentativa restringe-se apenas a apreciar a realidade e a significação dos profetas oraculares que apareceram entre o povo judeu no século I d.C. Havia profetas que, como a maioria dos seus predecessores clássicos, pregavam o arrependimento e pronunciavam o julgamento. E havia os que anunciavam a iminente libertação divina, como o Segundo Isaías e Zacarias.

Como acontece com os líderes dos movimentos proféticos, houve naquele período um número maior de personagens que aquele que nossas fontes descrevem com minúcia confiável. As únicas duas figuras sobre as quais temos bastante informação antes dos últimos meses que antecederam a explosão da grande revolta são João Batista e Jesus, filho de Ananias. Josefo apresenta uma descrição relativamente longa do "simples camponês" Jesus:

> Quatro anos antes da guerra, quando a cidade estava gozando de muita paz e prosperidade, certo Jesus, filho de Ananias, um simples camponês das classes inferiores, veio à festa na qual os judeus tradicionalmente armam tendas para Deus. Estando de pé no templo, subitamente começou a clamar, "uma voz do oriente, uma voz do ocidente, uma voz dos quatro ventos; uma voz contra Jerusalém e o templo, uma voz contra esposos e esposas, uma voz contra todo o povo". Dia e noite perambulava por todos os caminhos com sua lamentação. Algumas pessoas da nobreza local, irritadas com suas palavras agourentas prenderam-no e açoitaram-no violentamente. Mas sem dizer uma só palavra em sua defesa, mesmo àqueles que o espancavam, repetia incessantemente o seu brado como antes. Por isso as autoridades, julgando que a sua agitação tinha uma causa sobrenatural, como de fato tinha, levaram-no ao governador romano. Lá, apesar de ser açoitado até os ossos, não pediu clemência e não derramou uma única lágrima, mas, da maneira que podia, a cada golpe murmurava "ai de Jerusalém". E quando Albino, o governador, lhe perguntou quem era, de onde vinha e por que bradava daquela maneira, não respondeu absolutamente nada, mas apenas continuava a repetir seu brado de desgraça até que Albino, julgando tratar-se de um louco, o liberou. No período anterior à guerra, não se aproximou de nenhum cidadão, nem foi visto conversando com alguém. Simplesmente continuava seu lamento "ai de Jerusalém", como se estivesse fazendo uma prece tradicional. Não amaldiçoava ninguém dos que batiam nele nem agradecia a ninguém dos que lhe davam comida. A todos dava a única resposta, o mesmo presságio sombrio. Tornava-se especialmente vociferante nas festas. Perseverou, assim, por sete anos e cinco meses, nunca silenciando e nunca se cansando. Só parou quando viu seus pres-

ságios sendo realizados com o início do cerco. Quando estava andando ao redor dos muros, bradando com uma voz penetrante, "mais uma vez ai da cidade, do povo e do templo", acrescentou uma palavra final "e ai de mim também". Naquele momento foi lançada uma pedra por uma das máquinas de arremesso; esta atingiu-o e matou-o instantaneamente. Assim, ele pronunciou esses lamentos até o fim (*G.J.* 6,300-9).

Para o observador superficial da classe judaica dominante no início da década de 60 do século I da nossa era, a situação sociopolítica pode ter dado a impressão de "paz e prosperidade", como acontecera vários séculos antes quando Amós, o profeta de língua afiada, profetizou o julgamento no antigo reino (setentrional) de Israel. Mas, tal como Amós e mais tarde Jeremias, numa situação ainda mais parecida com a de Jesus, filho de Ananias, o profeta não concordou. Igualmente, da mesma forma como seus precursores Amós e Jeremias, Jesus vai direto ao recinto do templo com sua mensagem de julgamento. Seu comportamento subsequente, quando continua a repetir o seu lamento sobre a cidade condenada, lembra o de Isaías, nu e descalço, pronunciando suas advertências, ou o de Jeremias com o canzil ao redor do pescoço, antes do iminente assédio babilônico da Cidade Santa. E ainda, tal como Jeremias, Jesus foi maltratado e preso por causa dos seus oráculos e do seu comportamento. Ainda que o governador romano, Albino, não soubesse o que fazer com a esquisita personagem e tivesse liberado Jesus como um maníaco frenético, o grupo dominante judeu sabia da ameaça que tal profeta e sua mensagem representava para a ordem estabelecida. É interessante notar que Josefo só menciona tentativas de silenciar Jesus da parte do grupo aristocrático dominante — colaboradores dos romanos. Mas não fala de oposição da parte dos grupos camponeses da Judeia e de seus líderes (p. ex., zelotas, Simão bar Giora) que assumiram o controle da cidade e lideraram a resistência ao assédio romano.

Como suas relações com o grupo dominante estabelecido, a mensagem de Jesus lembra os julgamentos e os lamentos pronunciados sobre a cidade pelos profetas clássicos, especialmente Jeremias (p. ex., 7,34; 19; 22,1-9; 26). Ocorre-nos também a lembrança do lamento sobre Jerusalém atribuído a outro Jesus trinta anos antes:

> Jerusalém, Jerusalém, que matas os profetas e apedrejas os que te são enviados, quantas vezes quis eu ajuntar os teus filhos, como a galinha recolhe os seus pintinhos debaixo das asas, e não o quiseste! Eis que a vos-sa casa vos será abandonada e deserta (Mt 23,37-38).

Outro profeta popular de julgamento foi João, chamado o Batista.[21] João com certeza não foi considerado originariamente como Elias que voltou como precursor profético do Messias. Parece que a própria ideia de que Elias retornaria no fim dos tempos como precursor do Messias ainda não era corrente na época em que viveu João. Todavia, a tradição do Evangelho cristão é unânime em considerar que João é "Elias que deve vir" (Mt 11,14). Certamente não há evidência que João via a si mesmo — ou que seus seguidores imediatos (incluindo Jesus de Nazaré) o viam — como Elias redivivo. Todavia, João foi indiscutivelmente um profeta que, como Jesus, filho de Ananias depois dele, tinha muitas características semelhantes aos profetas bíblicos clássicos, especialmente Elias.

Em comparação com os outros profetas mencionados por Josefo, temos bastante material sobre João Batista, embora desejássemos ter consideravelmente mais. Além do relato de Josefo, possuímos materiais independentes sobre João no evangelho de Marcos, na fonte de palavra de Jesus (Q) comum a Mateus e Lucas e nas fontes especiais próprias de Lucas.

> João Batista esteve no deserto proclamando um batismo de arrependimento para a remissão dos pecados. E iam até ele toda a região da Judeia e todos os habitantes de Jerusalém, e eram batizados por ele no rio Jordão, confessando os seus pecados. João se vestia de pelos de camelo e se alimentava de gafanhotos e mel silvestre (Mc 1,4-6). Como visse muitos fariseus e saduceus que vinham ao batismo, disse-lhes: "Raça de víboras, quem vos ensinou a fugir da ira que está para vir? Produzi, então, fruto digno de arrependimento e não penseis que basta dizer: 'Temos por pai a Abraão', pois eu vos digo que mesmo destas pedras Deus pode suscitar filhos a Abraão. O machado já está posto à raiz das árvores e toda árvore que não produzir bom fruto será cortada e lançada ao fogo" (Mt 3,7-10). João tomou a palavra e disse a todos: "Eu vos batizo com água, mas vem aquele que é mais forte do que eu, do qual não sou digno de desatar a correia das sandálias; ele vos batizará com o Espírito Santo e com fogo. A pá está em sua mão; limpará a sua eira e recolherá o trigo em seu celeiro; a palha, porém, ele a queimará num fogo inextinguível" (Lc 3,16-17). E o rei Herodes ouviu falar dele. Com efeito, seu nome se tornara célebre, e diziam: "João Batista foi ressuscitado dos mortos, e por isso os poderes operam através dele"... Herodes, ouvindo essas coisas, dizia: "João, que eu mandei decapitar, foi ressuscitado". Herodes, com efeito, mandara prender João e acorrentá-lo no cárcere, por causa de Herodíades, a mulher de seu irmão Filipe, pois ele a desposara e, na ocasião, João dissera a Herodes: "Não te é lícito possuir a mulher de teu irmão" (Mc 6,14.16-18). [Herodes Antipas] queria matá-lo, mas tinha medo da multidão, porque esta o considerava um profeta. Ora, por ocasião do aniversário de Herodes, a filha de Herodíades dançou ali e agradou a Herodes. Por essa razão prometeu, sob juramento, dar-lhe qualquer coisa que pedisse.... E man-dou decapitar João no cárcere. A cabeça foi trazida num prato e entregue à moça, que a levou à sua mãe (Mt 14,5-7.10-11). Pareceu a alguns judeus que Deus tinha aniquilado o exército

de Herodes [Antipas]... por causa da sua punição de João, chamado o batista, pois Herodes o executara. João era um homem bom, que pedia aos judeus que se dedicassem à virtude e se comportassem com justiça uns para com os outros e com piedade em relação a Deus e viessem juntos ao batismo... Mas quando outros se agruparam em torno dele — pois ficavam muito incitados com as suas palavras —, Herodes receou que uma eloquência tão convincente entre o povo podia levar a alguma sublevação, pois eles pareciam observar cada uma das suas palavras. Adiantando-se ao problema, decidiu eliminá-lo antes que provocasse uma rebelião... Assim, por causa da suspeita de Herodes foi levado preso a Maqueronte, à fortaleza... e executado (*Ant.* 18.116-19).

João apareceu no deserto, o lugar simbólico da purificação e da renovação (provavelmente ao longo do baixo Jordão, na Pereia). Sua vestimenta e cinto de pelos lembram não só Elias, mas os profetas bíblicos em geral. Os profetas populares castigados em Zc 13 usavam este tipo de vestes, como o fizeram Isaías e todos os profetas fiéis, segundo o Martírio de Isaías.

O impulso central da mensagem de João era que o julgamento escatológico estava próximo. Desde Elias e Amós, os profetas populares tinham anunciado o castigo iminente de Deus pela não observância da justiça da aliança. Pelo menos desde o profeta Malaquias (século V a.C.), os oráculos de julgamento manifestavam um tom escatológico. Da mesma forma que as dos profetas bíblicos, as imagens de João são tiradas da vida camponesa. A imagem da colheita e da eira agora também assumiu um tom ameaçador de julgamento escatológico — "a palha será queimada com *fogo inextinguível*". Na advertência profética de João, "a ira vindoura" agora é iminente. O mais forte que virá depois dele batizará com o fogo do juízo final.

O julgamento iminente exige o batismo pregado e ministrado por João. Agora o julgamento não é só inevitável, mas iminente, porque Israel não foi fiel e não produziu fruto. Somente através de uma mudança completa de orientação, de um retorno pleno a práticas sociais justas, de acordo com a aliança ("arrependimento"), as pessoas poderão escapar da iminente ira de Deus. O batismo no Jordão era o rito que simbolizava essa mudança de direção pela qual as pessoas passavam para a comunidade Israel escatologicamente reconstituída, que sobreviveria ao julgamento de Deus. Em nossos textos não há nada que indique que João pretendia fundar uma seita ou liderar um movimento de massa, num evento escatológico decisivo de libertação. Pregando o batismo de arrependimento, ele procurava preparar o povo, aparentemente sem distinção de classes e linhas sectárias, para o julgamento iminente.

Os critérios do julgamento estão implícitos nas exigências que João coloca para fazer parte da comunidade arrependida restante. Para suportar a ira de Deus, as pessoas precisam produzir frutos condizentes com o arrependimento. Isto é, a exigência para ser membro do povo escatológico é, muito concretamente, social e econômica, e não apenas vagamente "espiritual". Como Amós ou Jeremias antes dele, João pede que as pessoas cumpram a vontade de Deus em relação às necessidades básicas do povo e à realização da simples justiça econômico-social.

A mensagem do iminente julgamento escatológico de João dirige-se claramente a todo o povo, a toda a nação. Mas quem são aqueles que João acusa de "vós, raça de víboras" e adverte dizendo que ser descendente de Abraão não constitui nenhuma garantia de salvação? Certamente não eram "as multidões" do texto de Lucas. Pois as multidões responderam prontamente a João, que consideravam um profeta (Mc 11,32 e par.). Foi o povo comum que se arrependeu e foi batizado por João. No texto de Mateus, são "os fariseus e saduceus" que João chama de "víboras". Mas esta frase pode ser suspeita, especialmente "os fariseus", porque os fariseus são os inimigos padrão, típicos, de Jesus (e de João) em todo o evangelho de Mateus (provavelmente a igreja de Mateus via nos fariseus o seu principal rival). Além disso, os próprios fariseus, longe de se apoiarem na descendência de Abraão, dedicavam toda a sua energia à enfatização do cumprimento da lei da aliança, como condição de qualquer realização escatológica das promessas de Deus a Israel. Portanto, aqueles que ousam dizer a si mesmos "temos Abraão como nosso pai" devem ser a aristocracia sacerdotal. Podemos detectar aqui uma semelhança com a situação de Jeremias, séculos antes. No tempo de Jeremias foi a corte real e a aristocracia sacerdotal que depositava confiança absoluta na promessa supostamente incondicional de Deus à dinastia davídica e ao templo em Sião — quando o julgamento de Deus caiu sobre suas cabeças. Agora, na situação diante da qual se encontra João Batista, é o mesmo estrato social, isto é, a aristocracia sacerdotal e a nobreza (talvez indicada pelos "saduceus") que confia na sua suposta linhagem e posição sagrada. João, pelo contrário (como Jeremias), é o porta-voz do povo comum, do qual vem a exigência de simples justiça — e cuja exigência agora se transformou na ira escatológica para a sua defesa. Dizer que há uma nota de conflito de classes na mensagem de João talvez seja um tanto atenuante. Uma áspera discussão entre "os chefes dos sacerdotes e os anciãos" e Jesus de Nazaré oferece outra ilustração do intenso conflito de classes explicitamente expresso na pregação de João.

Foram de novo a Jerusalém, e enquanto ele circulava no Templo, aproximaram-se os chefes dos sacerdotes, os escribas e os anciãos, e lhe perguntavam: "Com que autoridade fazes estas coisas?" Ou: "Quem te concedeu esta autoridade para fazê-las?" Jesus respondeu: "Eu vou propor-vos uma só questão. Respondei-me, e eu vos direi com que autoridade faço estas coisas. O batismo de João era do Céu ou dos homens? Respondei-me". Eles arrazoavam uns com os outros, dizendo: "Se respondermos 'Do Céu', ele dirá: 'Por que então não crestes nele?' Mas se respondermos 'Dos homens'?" Temiam a multidão, pois todos pensavam que João era de fato um profeta. Diante disso, responderam a Jesus: "Não sabemos". Jesus então lhes disse: "Nem eu vos digo com que autoridade faço estas coisas" (Mc 11,27-33).

A aristocracia sacerdotal sabia muito bem que uma pregação profética como a de João era um desafio direto à sua autoridade e poder, considerado ilegítimo e opressivo pela "multidão".

As circunstâncias da execução de João descritas nos relatos dos evangelhos são manifestamente lendárias. O relato de Josefo oferece um acesso mais confiável às circunstâncias e eventos históricos gerais. A informação dos evangelhos de que a prisão e a execução de João por Herodes Antipas fora ocasionada pela áspera denúncia, feita pelo profeta, do divórcio do rei de sua esposa (a filha de Aretas, rei dos nabateus) e seu novo casamento com a mulher do seu irmão Filipe, Herodíades, é altamente verossímil. A acusação de João de que "isso não é lícito" ajusta-se exatamente ao restante da sua aguda insistência na observância da lei da aliança em face do julgamento iminente. Todavia, a denúncia do segundo casamento de Antipas por João é apenas a ocasião para a sua prisão e execução. A razão maior e mais profunda para o tetrarca eliminar João é indicada por Josefo. Antipas estava preocupado que a contínua pregação de João poderia levar a uma sublevação revolucionária do povo. Aqui temos de voltar aos relatos evangélicos sobre a pregação de João, para verificar o que está por trás da descrição cosmética de João como um virtuoso pregador de moralidade e piedade, apresentada por Josefo. Atrás da "justiça para com os outros" referida por Josefo está a pregação de João sobre o julgamento divino baseado nos critérios da justiça da aliança. João anunciava, efetivamente, a derrubada iminente, por Deus, da ordem estabelecida, liderada pela aristocracia sacerdotal e Herodes Antipas. E não devemos imaginar que a pregação de João sobre julgamento escatológico (fogo inextinguível) ou moralidade matrimonial antiquada era alheia à política da sua época. O primeiro casamento de Antipas com uma princesa árabe foi na verdade uma aliança diplomática com o pai desta, Aretas IV, rei da Nabateia, um dos reinos mais fortes do

Próximo Oriente na época, perfeitamente capaz de armar um ataque contra o reino de Antipas, região que naquele tempo fazia parte do flanco oriental do império romano. Nas circunstâncias internacionais potencialmente explosivas criadas pelo segundo casamento de Antipas e a fuga da princesa nabateia, a condenação por protesto popular representava uma ameaça especial a Antipas. Havia uma clara possibilidade de que a pregação de João provocasse os habitantes judeus da Pereia (Transjordânia) a uma ação comum com seus súditos árabes, isto é, uma insurreição popular paralela, ou talvez em resposta a uma invasão de forças nabateias que poderiam ser enviadas por Aretas para vingar a ofensa feita à sua filha por Antipas. De fato os temores de Antipas eram bem fundados. Para os judeus, a subsequente derrota que Antipas sofreu de Aretas foi apenas a justa vingança divina pela maneira como tratou João Batista, conforme explica Josefo. Como se pode ver por esta breve descrição da situação política da época, longe de ser apenas uma questão de obsoleta moralidade matrimonial, a profecia de João Batista teve implicações tão diretas nos negócios políticos que ele foi preso e executado por constituir uma ameaça ao regime.

Isto é, não menos que os antigos profetas bíblicos como Amós, Miqueias ou Jeremias, João Batista era um profeta chamado por Deus do meio do povo para abordar as condições sociais e políticas e os acontecimentos do seu tempo. Além disso, ainda que a mensagem de João não fosse totalmente sombria como a de Jesus filho de Ananias, cerca de trinta anos depois, foi indiscutivelmente o anúncio do julgamento escatológico iminente.

Assim, não surpreende que os profetas populares que anunciaram a iminente libertação divina estejam concentrados no período um pouco antes e durante a grande revolta. Josefo afirma que naquele tempo houve muitos profetas pedindo ao povo que "esperasse ajuda de Deus". Nascidas de visões apocalípticas, as mensagens transmitidas por esses profetas ofereciam esperança ao povo, que sofria opressão cada vez maior antes da rebelião, ou àqueles que lutavam contra uma superioridade irresistível, quando os romanos vieram com suas forças maciças para esmagar a revolta (ver *G.J.* 6.286-87).

Os presságios que apareceram nos meses que antecederam o início da revolta e durante o tempo em que ela se prolongou, e a seriedade com que era ponderado o seu significado, fornecem indicações dramáticas da intensa onda apocalíptica que permeou o populacho, quando a ordem político-social começou a entrar em colapso total.

> Antes da insurreição e da agitação rumo à guerra, enquanto o povo estava reunido para a festa dos pães ázimos — era o oitavo dia do mês de

Xântico, durante a nona hora da noite —, apareceu uma luz ao redor do altar e do santuário que clareava tanto que parecia dia. Isso durou meia hora. Aos inexperientes isso parecia um bom presságio... Na mesma festa, uma vaca trazida para o sacrifício pariu um cordeiro no meio do recinto do templo; e a porta oriental do pátio interno do templo — era de bronze e tão pesada que à noite vinte homens mal podiam fechá-la —, esta porta foi vista abrir-se totalmente por si mesma na sexta hora da noite... Novamente isso pareceu aos não iniciados um glorioso auspício, porque, conforme eles julgavam, Deus tinha aberto para eles a porta da prosperidade...(*G.J.* 6.290-95).

Josefo, que desertara com tanto sucesso, e "os comentadores dos livros sagrados" e outros "homens intruídos", naturalmente, interpretaram tais ocorrências "na base dos desenvolvimentos posteriores... como presságios de devastação" (*G.J.* 6.291.295-96). Mas para o povo comum esses acontecimentos pareciam pressagiar a iminente intervenção de Deus a seu favor, contra os romanos. Da mesma forma, durante a guerra, "quando uma estrela parou sobre a cidade, parecendo uma espada, e um cometa permaneceu por um ano", o fenômeno foi interpretado pelos profetas e considerado pelo povo não como uma advertência, mas um esperançoso sinal da presença protetora de Deus (*G.J.* 6.288-89).

De fato, imediatamente antes da explosão da revolta, a onda apocalíptica era tão difundida e tão intensa que algumas "revelações" eram até visões coletivas.

Não muitos dias depois da festa, no vigésimo primeiro dia do mês de artemísio apareceu um incrível prodígio celeste. O que será narrado pode parecer uma invenção, julgo, se não fosse o fato de que foi confirmado por aqueles que o viram e que os eventos que ocorreram depois concordaram com os presságios. Antes do pôr-do-sol foram vistos carros bem altos no ar por toda a região e batalhões armados correndo através das nuvens e cercando as cidades (*G.J.* 6.297-99; ver também Tácito, *Histórias* 5-13)

Estas são fantasias coletivas de Deus e dos exércitos celestes movendo-se nas nuvens num socorro antecipado ao povo aflito e prestes a entrar na batalha. Esta crença nos exércitos celestes combatendo em defesa do povo de Israel estava enraizada numa longa tradição. Os profetas antigos (juízes etc.) tinham sido os mensageiros de Javé para anunciar que "o Senhor entregou o inimigo em suas mãos". Mas as expectativas e anúncios proféticos de libertação escatológica pelo guerreiro divino e os exércitos celestes haviam-se tornado cada vez mais importantes entre os profetas proto-apocalípticos, como o Segundo Zacarias (caps. 9-14). O rolo da Guerra de Qumrã é uma eloquente expressão da confiança de que os exércitos celestes finalmente derrotariam os inimigos opressores dos eleitos. Além disso, as vivas esperanças dos exércitos celestes não se confinavam aos grupos letrados, como as escolas de profetas e os essênios. Também o povo comum confiava firmemente nos exércitos celestes — conforme ilustram as palavras de um profeta camponês aos seus seguidores excessivamente zelosos para resistir à sua prisão:

> Guarde a tua espada no seu lugar... Ou pensas tu que eu não poderia apelar para o meu Pai, para que ele pusesse à minha disposição, agora mesmo, mais de doze legiões de anjos? (Mt 26,52-53).

Aparentemente também o povo comum era altamente receptivo a visões da milícia celeste ou ao anúncio de visões e profecias de que era iminente o tempo em que Deus finalmente comandaria os exércitos celestes na vitória contra as forças do mal e da opressão.

Existe uma profecia final, novamente uma fantasia coletiva, referida por Josefo, um pouco antes da rebelião, que, no seu contexto histórico imediato, podia ser entendida como uma advertência de julgamento.

> Na festa de Pentecostes, quando os sacerdotes estavam entrando no pátio interno do templo à noite para exercer suas funções tradicionais, disseram que primeiro perceberam uma agitação e um estrondo e depois ouviram um som de muitas vozes ao mesmo tempo dizendo, "estamos saindo deste lugar" (*G.J.* 6.299-300).

Esta experiência coletiva dos sacerdotes deixa entrever algo do mesmo sentido do pressentimento expresso pelo misterioso Jesus, filho de Ananias. A presença divina, o exército celeste, estava deixando o templo (supostamente, para um intérprete como Josefo), pois este estava prestes a ser destruído. Todavia, mesmo este caso poderia ter sido entendido, por alguns, nas circunstâncias históricas no sentido de que, como o templo tinha sido o cenário da corrupção e do controle de um sumo sacerdócio ilegítimo e opressor, Deus estava retirando a sua presença até que, comandando as forças da libertação e da renovação, novamente o transformasse num lugar sagrado, digno da sua presença. Isso não é uma especulação ociosa, se considerarmos o que várias forças rebeldes fizeram depois de assumir o controle do templo e da cidade alta: um dos grupos imediatamente queimou os arquivos que continham registros oficiais que davam suporte à opressiva ordem socioeconômica, e os bandidos transformados em zelotas realizaram uma eleição popular de um novo sumo sacerdote legítimo, escolhendo o analfabeto sacerdote de aldeia, Fani, filho de

Samuel, como sumo sacerdote em exercício (*G.J.* 2.426-27 e 4.151-57, e cap.5 a seguir). Durante a guerra, especialmente durante o longo assédio de Jerusalém, numerosos profetas transmitiram oráculos e encorajamento, prometendo aos defensores da cidade que a ajuda prevista certamente viria de Deus (*G.J.* 6.286). Conforme sugere Josefo (de forma decididamente sinistra), tais oráculos devem ter sido um fator importante para os defensores poderem manter suas esperanças e seu moral, à medida que sua situação piorava de mês a mês. Infelizmente Josefo descreve apenas um desses profetas de libertação em termos específicos e mesmo assim muito brevemente. Pelo fim do cerco, quando os romanos estavam apertando o ataque com sucesso,

> uma multidão confusa de pessoas, incluindo mulheres e crianças, num total de cerca de 6.000, havia-se refugiado [na única colunata restante do pátio externo do templo]. Os soldados, dominados pela fúria, puseram fogo na colunata por baixo... Em consequência, daquele grande número não escapou um só. A causa da sua destruição foi um certo falso profeta que naquele mesmo dia tinha proclamado aos que se achavam na cidade que Deus havia decretado que fossem ao templo para ali receber os sinais da sua libertação (*G.J.* 6.283-85).

Concluindo, está claro que entre os camponeses no século I da nossa era havia dois tipos diferentes de profetas, sendo ambos uma continuação ou renascimento de tipos bíblicos antigos. Os profetas de ação, como Teúdas e o "egípcio", lideraram consideráveis movimentos de camponeses das aldeias da Judeia em antecipação ao novo ato escatológico de libertação divina. Aqueles profetas e seus seguidores concebiam o novo ato de libertação segundo o modelo dos atos que originariamente constituíram o povo de Israel como povo livre em sua própria terra. Assim, não é de admirar que esses movimentos apareçam como um reviver dos antigos movimentos proféticos conduzidos por Moisés, Josué, os juízes, Elias e Eliseu. Os governadores romanos, aparentemente vendo em tais movimentos insurreições populares, simplesmente os suprimiam com forças militares.

Os profetas do segundo tipo transmitiam oráculos, tanto de julgamento como de libertação, como o tinham feito os profetas oraculares clássicos, Amós ou Jeremias, séculos antes. Os profetas oraculares que anunciavam libertação iminente acham-se concentrados no período imediatamente antes e durante a grande revolta, quando as condições sociais e econômicas dos camponeses estavam-se deteriorando ao mesmo tempo que o comportamento oficial se tornava cada vez mais irregular e repressivo. Esses profetas de libertação eram simplesmente rejeitados como lunáticos delirantes ou acusados como impostores fanáticos das massas pela classe superior, que cola-borava com Roma, como Josefo. Os profetas oraculares populares que anunciavam julgamentos, como João Batista e Jesus, filho de Ananias, eram vistos como uma ameaça política pelos grupos dominantes judeus, que tentavam silenciá-los (Jesus, filho de Ananias) ou mesmo matá-los (João) — tal como os grupos do poder de épocas antigas haviam matado ou tentado calar profetas como Urias, filho de Semeías, Amós ou Jeremias.

> Jerusalém, Jerusalém, que matas os profetas e apedrejas os que te são enviados! (Mt 23,37; Lc 13,34).

De acordo com o ponto de vista canônico tradicional da revelação bíblica, a sucessão dos profetas inspirados cessou com Malaquias, isto é, muito antes da época tardia do segundo templo. Entretanto, a vida social e a criatividade do povo comum continuou, quer os guardiões da tradição bíblica canônica tivessem tomado conhecimento disso ou não. Nosso estudo da atividade profética no período tardio do segundo templo indica que os líderes e movimentos efetivos entre o povo eram pelo menos tão importantes quanto as interpretações e expectativas dos escribas, não só para a história social do período, mas também para a interpretação de Jesus de Nazaré. De fato, verificamos que há pouca evidência literária clara de que as esperanças de um novo Moisés ou da volta de Elias ou de outro profeta escatológico fossem especialmente destacadas na sociedade judaica da época. Além disso, a atividade profética entre os principais grupos literários concentrava-se primariamente na interpretação e explicação das profecias escriturísticas. As únicas personagens proféticas efetivas eram mais videntes ou adivinhos do que profetas bíblicos tradicionais. Em contraste com isso, no século I da nossa era surgiram entre o povo judeu comum vários profetas de dois tipos diferentes. Os profetas individuais do tipo oracular apresentam-se como uma continuação dos profetas oraculares bíblicos clássicos, enquanto os profetas de ação e seus movimentos parecem ter sido fortemente influenciados pelas tradições bíblicas dos grandes atos históricos de libertação liderados por Moisés e Josué. Sua significação para a sociedade judaica da época e sua importância histórica permanente são indicadas pelo grande número de pessoas envolvidas e os ingentes esforços dos romanos e/ou das autoridades judaicas para suprimi-los e no grande destaque que lhes foi dado nas histórias de Josefo sobre a época, bem como no Novo Testamento. Um deles, como é sabido, foi considerado o predecessor e talvez até o mentor de Jesus de Nazaré.

Notas

1. "Movimentos de revitalização são... esforços... deliberados... organizados por membros de uma sociedade para criar uma cultura mais satisfatória. Tais movimentos são geralmente concebidos em visões revelatórias de um profeta, que oferecem a ele [e ao seu movimento] uma relação satisfatória com o sobrenatural e um esboço de um novo modo de vida sob sanção divina." No caso de Israel, isso significava um retorno à prática genuína da aliança e da independência. Ver A.F.C. Wallace, "Revitalization Movements", in *Reader in Comparative Religion*, 3ª ed., ed. W.A. Lessa e E.Z. Vogt (New York: Harper & Row, 1972), pp. 503-12, reimpresso e resumido de *American Anthropologist* 58 (1956): pp. 264-81.
2. Ver 2Rs 2.3.5.7.15-18; 4,1-7.38-44; 6,1-7.
3. Ver R.B. Coote, *Amos Among the Prophets: Composition and Theology* (Philadelphia: Fortress, 1981).
4. P. ex., os 400 profetas que profetizaram vitória para Acab (1 Rs 22,6), e Ananias, filho de Azur, que profetizou a restauração da monarquia e do templo (Jr 28,1-4).
5. Is 31,4-5; 29,1-8; cap. 37. E anteriormente Eliseu ainda profetizara a vitória de Israel e de Judá contra os moabitas, ainda que ele desprezasse e condenasse as políticas antijavistas de Jorão, filho de Acab (2Rs 3).
6. Ver 1 Mc 9,27; T. Sotah 13,2; Josefo, *Contra Apion* 1.37-41.
7. Ver Is 42,1.4.6.7; 49,1.6.
8. Contrariamente às afirmações de algumas bibliografias secundárias, como R. Meyer, "*Prophetes*", TDNT 6 (1968): 826. Em apoio destas afirmações, ver R.A. Horsley, " 'Like One of the Prophets of Old':Two Types of Popular Prophets at the Time of Jesus", *CBQ* 47 (1985): pp. 435-63, esp. 437-43.
9. 1 Enoc 89,52; 90,31; 93,8; 1 Mc 2.58.
10. P.ex., Am 2,10-11; Os 2,14-15; 11,4-5; 12,9.13; Mq 6,3-4; ver também B.W. Anderson, "Exodus Typology in Second Isaiah", in *Israel and Its Prophetic Heritage: Essays in Honor of James Muilenburg*, orgs. B.W. Anderson e W. Harrelson (New York: Harper, 1962), pp. 177-95.
11. Ver R.A. Horsley, "'Like One of the Prophets of Old'".
12. Ver em geral J.J. Collins, *The Apocalyptic Imagination* (New York: Crossroad, 1984); G.W.E. Nickelsburg, *Jewish Literature Between the Bible and the Mishnah* (Philadelphia: Fortress, 1981); D.E. Aune, *Prophecy in Early Christianity and the Ancient Mediterranean World* (Grand Rapids: Eerdmans, 1982), pp. 103-6, 112-14; D. Hellholm, org., *Apocalypticism in the Mediterranean World and the Near East* (Tübingen: Mohr, 1983), que contém muitos ensaios excelentes. Todas estas obras refletem os grandes avanços ocorridos no estudo do apocalipti-cismo na última década.
13. Ver J.J. Collins, *The Apocalyptic Vision of the Book of Daniel*, HSM 16 (Missoula: Scholars, 1977), pp. 201-18.
14. Muitos estudos abordaram a questão abstratamente, em termos de "profetismo" judeu no tempo de Jesus, p. ex. P. Vielhauer, "Introduction" [a apocalipses e assuntos relacionados], in *New Testament Apocrypha*, vol.2, ed. E. Hennecke e W. Schneemelcher (Philadelphia: Westminster, 1965), 581-607, esp. pp. 601-7; R. Meyer, "*Prophetes*"; e até certo ponto, D.E. Aune, *Prophecy in Early Christianity*. Focalizamos mais concretamente a ocorrência ou não ocorrência de profetas efetivos, procurando distinguir suas características próprias.
15. Ver ainda, Horsley, "'Like One of the Prophets'", 446-49.
16. Sobre a restrita teologia da aliança entre os essênios, ver G. Vermes, *The Dead Sea Scrolls: Qumran in Perspective* (Philadelphia: Fortress, 1981), pp. 163-69, esp. p. 165.
17. A passagem relevante é citada na p. 108 deste livro. Observar também como Josefo pode aplicar esta profecia bíblica a si mesmo (*G.J.* 3.352); ver J. Blenkinsopp, "Prophecy and Priesthood in Josephus", *JJS* 25 (1974): pp. 240-47,257.
18. P.W. Barnett, "The Jewish Sign Prophets-A.D. 40-70-Their Intentions and Origins", NTS 27 (1980-81): pp. 679-97, rotula essas personagens de "profetas de sinais", mas isso confere um destaque indevido ao que era acidental para o seu interesse ou atividade principal. Barnett também lê sem crítica as fontes (p. ex., evangelhos, Josefo).
19. P. ex., 4 Esd 13,44-47, em comparação com o movimento de Teúdas.
20. P. ex., 1Cor 10,1-4; 5,7; 1Pd 3,20.
21. Ver W. Wink, *John the Baptist in the Gospel Tradition*, SNTSMS 7 (Cambridge: Cambridge University, 1968).

5.
Quarta Filosofia, sicários, zelotas

Como o conceito sintético de "zelotas" gerou tanta confusão no estudo da sociedade judaica do século I d. C. (ver Introdução), será útil esclarecer os dois "zelosos" grupos antirromanos e anti-"establishment" que não eram movimentos de camponeses, isto é, a Quarta Filosofia e os sicários. Para uma abordagem nova destes grupos é conveniente evitar muitas das ideias componentes que foram sintetizadas no conceito de zelotas. Por exemplo, o "zelo" por Deus e pela lei não caracterizava nenhum grupo mais que o outro. Não há evidência de profetas ou de atividade profética, nem entre os adeptos da Quarta Filosofia, nem en-tre os sicários. Tampouco há evidência de uma postura real ou messiânica entre nenhum dos dois grupos até o breve episódio de 66, que envolveu Manaém.[1] O ponto de partida óbvio é um exame dos relatos de Josefo sobre a Quarta Filosofia.

A Quarta Filosofia

Após depor Arquelau, filho de Herodes, e rei subordinado da Judeia, os romanos impuseram o seu próprio governo direto sobre a Judeia e a Samaria, e encarregaram Quirino, legado da Síria, juntamente com Copônio, o novo governador, de realizar um levantamento do montante da receita que podia ser arrecadada no território. Então, segundo a primeira história de Josefo, na *Guerra Judaica*,

> um galileu, chamado Judas, pressionava seus conterrâneos a resistir, reprovando-os caso se sujeitassem a pagar impostos aos romanos e tolerassem senhores humanos, depois de servir só a Deus. Judas era um mestre [*sophistes*], com seu próprio partido, em nada semelhante aos outros (G.J. 2.118).

Na sua obra posterior, as *Antiguidades Judaicas*, Josefo expandiu enormemente o seu relato e corrigiu, ou simplesmente contradisse a afirmação de que o partido de Judas não tinha nada em comum com os outros:

Ainda que no começo os judeus se tivessem irritado muito com a notícia do seu registro nas listas dos impostos, aos poucos acalmaram-se, tendo sido persuadidos pelo sumo sacerdote Joazar, filho de Boeto, a não se opor mais. Aqueles que cederam aos seus argumentos avaliaram sem hesitação as suas propriedades. Mas um certo Judas, gaulanita da cidade de Gamala, em combinação com o fariseu Sadoc, insistiu fortemente na resistência. Diziam que tal avaliação tributária implicava escravidão pura e simples e pressionavam a nação a exigir a sua liberdade. Se tivessem êxito, assim argumentavam, os judeus teriam preparado o caminho para uma situação feliz; se fossem derrotados na sua causa, pelo menos teriam honra e glória pelos seus elevados ideais. Além disso, Deus zelosamente ajudaria a promover o sucesso dos seus planos, especialmente se não recuassem diante do massacre, que certamente viria sobre eles. O povo ouviu com satisfação, e o seu audacioso esquema conseguiu real progresso... De fato, Judas e Sadoc estabeleceram uma quarta escola de filosofia divergente entre nós. Quando o seu número cresceu, encheram o país de agitações e estiveram na raiz das aflições que por fim o envolveram (*Ant.* 18.3-9). Judas, o galileu, estabeleceu-se como o líder da quarta filosofia. Os seus adeptos concordam com as ideias dos fariseus em tudo, exceto na sua indomável paixão pela liberdade, pois consideram Deus o seu único líder e senhor. Não temem submeter-se a formas incomuns de morte e permanecem firmes diante da tortura de seus parentes e amigos, tudo por se recusarem a chamar qualquer homem de senhor. Como a maioria das pessoas viu a sua inabalável convicção em tais circunstâncias, posso omitir maiores comentários. Pois não tenho dúvidas de que qualquer coisa dita contra eles será acreditada. O verdadeiro problema é que a informação sobre eles subestimaria o seu desprezo pelo sofrimento. A mania que começou a arruinar a nação desde então foi o resultado de Géssio Floro, o governador, que a tinha levado a uma revolta contra os romanos pelo seu acintoso abuso do poder (*Ant.* 18.23-25).

Josefo aproveita a ocasião da avaliação tributária romana e do partido da resistência organizado por Judas e Sadoc para fazer uma digressão sobre os partidos políticorreligiosos judaicos: os fariseus, os saduceus e os essênios. Escrevendo para um público helenístico, retrata esses grupos judeus, que são mais que meras seitas religiosas, nos termos das tradicionais filosofias gregas. Preocupado em atribuir a culpa da revolta judaica a uma minoria de agitadores entre o povo e, como ele próprio havia sido fariseu, inicialmente afirmou que o partido de Judas não tinha nada em comum com qualquer outro partido dos judeus. Nas *Antiguidades*, obra escrita mais tarde, diz que a Quarta Filosofia não tinha precedentes e era intrusa. Mas também revela que o partido liderado por Judas e Sadoc concordava com os fariseus sob todos os aspectos, exceto na sua extraordinária paixão pela liberdade. Assim, é tentador ver nesse partido simplesmente um ramo dos fariseus, isto é, um grupo liderado por fariseus (p. ex., Sadoc) e outros mestres (p. ex., Judas), que estavam mais preparados do que outros para tomar uma atitude ativa de resistência ao governo romano. De qualquer modo, o grupo, ou pelo menos a sua liderança, era composto de intelectuais que articulavam uma motivação políticorreligiosa coerente da sua posição.

A julgar pelas informações de Josefo, a sua defesa da resistência ao domínio romano estava fundamentada em quatro ideias básicas interrelacionadas entre si:

1) Cooperar com a tributação, isto é, aquiescer a pagar tributo a Roma, implicava escravidão para os judeus. O povo judeu devia lutar pela sua libertação, pois era o povo escolhido de Deus. Simbolizados na vocação e na migração de Abraão e especialmente no êxodo da escravidão do Egito, os judeus eram chamados por Deus para a liberdade em relação a senhores estrangeiros. Além disso, a liderança de escribas certamente estava ciente da explícita sanção bíblica contra o pagamento de impostos pelo povo de Israel (2Sm 24).

2) A consideração do tributo como escravidão estava enraizada na fé judaica fundamental de que o povo (de Israel) havia sido chamado a viver diretamente sob o governo de Deus, conforme expresso na lei mosaica. O "Primeiro Mandamento" nas cláusulas da aliança expressas no Decálogo era absolutamente claro: "Não terás outros deuses além de mim". A submissão a qualquer governante estrangeiro era uma violação deste princípio. O possível conhecimento judaico de que o imperador romano (Augusto), como os imperadores helenísticos antes dele, era considerado divino no Oriente helenístico só deve ter reforçado a resolução dos judeus sensíveis de não sujeitar-se a senhores humanos, pois Deus era o seu único e verdadeiro senhor (ver *G.J.* 2.118.443). Considerava-se que a sociedade judaica devia viver diretamente sob o governo de Deus.

3) Um dos princípios farisaicos compartilhado pela Quarta Filosofia era a crença no "sinergismo" com Deus. Isto é, ainda que em última análise tudo esteja sob o controle da direção providencial de Deus, ou seja, devido a ela os humanos têm a responsabilidade de agir de acordo com a vontade de Deus, e Deus realiza os seus objetivos agindo através das pessoas.[2] Mas, quando se tratava de viver esta fé sob a cláusula expressa no primeiro mandamento, Judas, Sadoc e seus seguidores demonstravam uma "indomável paixão pela liberdade", enquanto a maioria dos fariseus aparentemente estava disposta a ajustar-se a certas circunstâncias e contingências. Judas e seu partido "praticavam e observavam o que [os fariseus] diziam e não o que eles faziam", para lembrar as palavras de Jesus (Mt 23,3). Estavam prontos "a não temer

submeter-se a formas incomuns de morte e a permanecer firmes diante da tortura de seus parentes e amigos, tudo por se recusarem a chamar qualquer pessoa de senhor" (*Ant.* 18.23), porque confiavam que Deus "zelosamente ajudaria a promover o sucesso dos seus planos", se permanecessem firmes na sua resistência (*Ant.* 18.5).

4) A "indomável paixão pela liberdade" da Quarta Filosofia parece ter sido inspirada por certa orientação escatológica. Algumas alusões a isso parecem transparecer através da linguagem helenística de Josefo. Se "retraduzirmos" a linguagem de Josefo para a linguagem apocalíptico corrente entre fariseus, essênios e outros judeu-palestinenses contemporâneos, Judas, Sadoc e companhia parecem ter enten-dido suas ações como uma tentativa de realizar o reino de Deus. Assim, a afirmação de Josefo de que eles argumentavam que, "se tivessem sucesso, os judeus teriam preparado o caminho para uma situação feliz", significaria mais ou menos que a Quarta Filosofia acreditava que, ao executar a vontade escatológica de Deus, estariam ajudando a realizar o Reino de Deus. Da mesma forma, "se fossem derrotados na sua causa, pelo menos teriam honra e glória pelos seus elevados ideais" significaria que se fossem derrotados, torturados e mortos antes da realização final do Reino, seriam vistos como gloriosos mártires da causa de Deus.[3]

Mais do que isso, além de compartilharem os ensinamentos dos fariseus e outros sábios judeus, Judas e seu partido estão dentro de uma longa tradição de resistência organizada dos escribas e mestres judeus ao domínio estrangeiro. Quer dizer, além das tradições de resistência popular à opressão, quer doméstica, quer estrangeira, houve uma longa linha de intelectuais (escribas etc.) que haviam feito rebelião deliberada e até organizada ou outros atos de desafio. Quando a revolta macabaica começou a alastrar-se parece que escribas entre os *hasidim*[4] estiveram entre os primeiros não só a resistir à reforma helenística imposta pela aristocracia de Jerusalém, mas também a organizar a rebelião ativa contra a helenização forçada de Antíoco Epífanes. Outros sábios-mestres, os *maskilim*, legaram uma teologia do martírio desenvolvido naquela luta (Dn 11,32-35; 12,1-3), que pode ter fornecido inspiração para gerações subsequentes de mestres, como Judas e Sadoc. Na monarquia asmoneia, duas gerações mais tarde, os fariseus, entre outros, foram levados à guerra civil na sua tentativa de resistir ao uso arbitrário do poder por Alexandre Janeu, em particular. O fariseu Samaías falou duramente contra a nascente tirania que viu manifestar-se no massacre dos salteadores galileus liderados por Ezequias pelo arrogante jovem Herodes.

O exemplo recente mais dramático de resistência de intelectuais ocorrera dez anos antes da emergência da Quarta Filosofia, quando Herodes estava para morrer.

Em meio aos seus sofrimentos apareceu agora uma demonstração popular.[5] Havia na cidade dois mestres [sophistai], Judas filho de Seforeu, e Matias, filho de Margalus, que tinham grande reputação pela sua meticulosa observância dos costumes antepassados e por isso eram objeto de grande respeito da parte de todo o povo... Quando souberam que o rei estava definhando física e mentalmente, comunicaram aos seus discípulos que agora seria o tempo oportuno para dar um golpe por Deus e derrubar as estruturas construídas contra as suas leis tradicionais... O rei tinha instalado uma águia de ouro sobre a grande porta. O mestre urgiu-os a derrubá-la, mesmo que fosse perigoso fazê-lo, pois era nobre morrer pelas leis antepassadas... Enquanto faziam esta exortação, surgiu o boato de que o rei realmente estava morrendo. Isso fez com que os jovens se dedicassem ainda com mais confiança aos seus planos. Então, ao meio-dia, quando o templo estava fervilhando de gente, desceram do telhado com pesadas cordas e começaram a cortar a águia de ouro com machadinhas. Isso foi imediatamente informado ao oficial do rei, que veio apressadamente ao lugar com uma grande força, prendeu cerca de quarenta jovens e levou-os ao rei. Este primeiro perguntou-lhes se eles tinham ousado cortar a águia de ouro. Eles confessaram que o tinham feito. Interrogou-os sob as ordens de quem tinham agido. Responderam que haviam seguido as leis dos seus pais. Depois perguntou por que estavam tão alegres visto que ele estava prestes a mandar executá-los. Disseram: porque sabiam que haveriam de gozar de bênçãos maiores após a sua morte (*G.J.* 1.648-53; cf. *Ant.* 17.149-54). Os jerosolimitanos, temendo uma perseguição geral, imploraram a Herodes que primeiro punisse aqueles que tinham sugerido a ação, depois aqueles que foram flagrados no ato e que não fizesse nada contra os demais. O rei concordou com relutância. Mandou queimar vivos aqueles que tinham descido do telhado juntamente com os dois mestres; o resto dos que tinham sido presos encaminhou-os aos seus auxiliares para serem executados (*G.J.* 1.655).

Como a sua descrição dos fundadores da Quarta Filosofia, o relato de Josefo sobre as exortações de Judas e de Matias aos seus seguidores lembra a tradição martirológica exemplificada pelos *maskilim* mais de século e meio antes. Conclui-se daqui que com esses predecessores, os fundadores da Quarta Filosofia não foram de forma alguma os primeiros mestres judeus a defender e praticar a resistência à tirania estrangeira.

Mas a resistência ao domínio estrangeiro e a recusa a cooperar com a tributação não significa rebelião armada. Em grande parte da bibliografia secundária padrão dos estudos neotestamentários e da história judaica do período do segundo templo, afirma-se que Judas (e a Quarta Filosofia, muitas vezes entendida como os "zelotas") não só advogou uma revolta contra Roma, mas efetivamente liderou uma rebelião armada — afirma-se até que advogou a violência e o assassínio.[6] Nem Josefo nem o livro dos Atos fornece qualquer base para semelhante afirmação. Em At 5,36-37 Lucas apresenta Gamaliel, num discurso ao Sinédrio, comparando o movimento inicial de Jesus (dificilmente um grupo revolucionário) com o movimento liderado por Teúdas (muito longe de ser um líder de rebelião violenta) e o movimento liderado por Judas da Galileia.

Conforme citado acima, na *Guerra Judaica* Josefo indicou que a defesa da violência por Judas consistia em dois elementos inter-relacionados: reprovar seus conterrâneos por consentirem em pagar tributo aos romanos e por tolerarem senhores mortais depois de terem Deus como (único) Senhor. Josefo repete exatamente os mesmos elementos, quando posteriormente menciona Judas de passagem:

> O notável mestre, Judas o galileu, que repreendeu os judeus por reconhecerem os romanos como senhores quando já tinham Deus (*G.J.* 2.433). Judas persuadiu muitos judeus a não se registrar no censo da avaliação tributária (*G.J.* 7.253).

E na obra posterior, *Antiguidades*, também citada acima, reitera exatamente os mesmos pontos (*Ant.* 18.4.23) da *defesa* da resistência feita por Judas. De resto, tudo o que se poderia interpretar como defesa de revolta ativa seria a observação de que eles "urgiam a nação a exigir a sua liberdade" ou que eles "pressionavam fortemente pela resistência" (*Ant.* 18.4). Mas Josefo não dá nenhuma indicação de que Judas ou membros da Quarta Filosofia efetivamente se envolveram em atos de violência ou numa revolução. Apenas diz que o efeito da sua atividade foi o de encher a nação de "inquietação" (*Ant.* 18.9). Realizado o censo, menciona que seu defensor efetivo, o sumo sacerdote Joazar, foi derrubado por uma facção popular — mas não liga este fato com a Quarta Filosofia.

A afirmação de que Judas defendeu a rebelião violenta e liderou uma revolta armada contra Roma em 6 d.C. faz parte da confusão acadêmica moderna em relação aos zelotas como organização revolu-cionária existente já havia muito tempo, fundada por Judas, que de-fendia e praticava a revolução violenta com crescente sucesso até a maciça revolta de 66-70 d.C. Assim, não surpreende que o discurso de Josefo contra Judas e a Quarta Filosofia, por estar entrelaçado com a sua narração mais direta do movimento, tenha confundido os estudiosos que interpretaram erroneamente Josefo através da construção moderna dos zelotas. Sempre que pode, culpa pela derrota e a destruição do seu povo menos o imperialismo romano que os grupos judeus que resistiram e se rebelaram contra o domínio romano. Nesta mesma passagem (18.25), Josefo diz explicitamente que a insensatez e as perturbações que afligiram a nação começaram quando "Géssio Floro, o governador... a tinha levado a uma revolta desesperada... pelo seu acintoso abuso do poder". Ainda que não os acuse de efetivo envolvimento em ataques e assassínios de salteadoress (18.7), responsabiliza Judas, Sadoc e a Quarta Filosofia de terem "infestado a nação com toda sorte de miséria" (18.6). Nesta passagem, que é uma das suas várias explicações da causa da Guerra Judaica, o argumento de Josefo parece ser este: o grande mestre Judas e o fariseu Sadoc e sua Quarta Filosofia, com sua paixão pela liberdade, lançaram as sementes dos distúrbios posteriores; após as provocações de Floro, essas sementes produziram frutos nos grandes ataques dos salteadores, no assassínios de membros notáveis da aristocracia, na guerra civil, no cerco romano e na fome resultante, e finalmente na destruição da cidade. Todavia, em nenhum momento Josefo indica que a Quarta Filosofia se envolveu em qualquer desses atos.

De fato, de acordo com as informações de Josefo sobre a Quarta Filosofia, longe de envolver-se em atos de violência, os seus adeptos parecem, antes, dispostos a *sofrer* violência e morte por causa da sua resistência. A sua paixão pela liberdade é tal que "não temem submeter--se a formas incomuns de morte e permanecem firmes diante da tortura de seus parentes e amigos, tudo por se recusarem a chamar qualquer homem de senhor" (18.23). Igualmente, a passagem de 18.5 deve ser lida neste sentido — uma passagem que também mostra como a sua resistência estava enraizada na sua fé na providência de Deus: "Deus zelosamente ajudaria a promover o sucesso dos seus planos, especialmente se não recuassem diante do massacre, que certamente viria sobre eles". Sob este aspecto, Judas, Sadoc e seus seguidores podem ser considerados como inseridos na tradição de mártires (intelectuais) da sua fé, iniciada pelos sábios-mestres (*maskilim* e outros) no tempo de Antíoco Epífanes (Dn 11,32-35; 12,1-3) e continuada pelos venerados mestres e seus discípulos, que derrubaram a águia romana de cima da porta do templo, em desafio a Herodes.

Parece, portanto, que a Quarta Filosofia foi um grupo composto, ou pelo menos liderado, por mestres fariseus e outros de tendência mais ativista. Formularam uma fundamentação coerente para a sua resistência, baseada em princípios que compartilhavam plenamente com seus irmãos fariseus. Ainda que não tivessem feito nada semelhante a uma rebelião armada, organizaram-se de alguma forma e defenderam a resistência à cobrança do imposto romano. Pela narração de Josefo parece que conquistaram um número considerável de adeptos, mas há poucas indicações sobre a forma específica que a sua organização ou resistência assumiu —além da vaga "inquietação" ou "ruidosa agitação" que aparentemente provocaram na sociedade judaica em 6 d.C. (*Ant*. 18.9). Esta passagem das *Antiguidades* de Josefo é notoriamente difícil de ler e traduzir. Mas está bem claro que a digressão ou comentário em 18.6-8 sobre os supostos efeitos da Quarta Filosofia se referem a eventos subsequentes, principalmente aqueles associados com a revolta de 66-70. Não é um método correto atribuir ao movimento fundado por Judas e Sadoc os "ataques guerrilheiros" e "assassínios" praticados mais tarde por outros. De qualquer maneira, se considerarmos somente o que diz Josefo sobre a Quarta Filosofia e os seus líderes, parece que a atitude do grupo era a de uma resistência não violenta, embora ativa (ver *Ant*. 18.23).

Josefo não fornece nenhuma indicação clara se Judas, Sadoc e seu "partido" foram completamente extintos ou continuaram a advogar a resistência, depois que o grosso da sociedade judaica se sujeitou à avaliação tributária. A informação em At 5,37 de que Judas foi morto e seus seguidores dispersos faz parte de uma passagem cronologicamente confusa, que inverte a sequência histórica de Teúdas e Judas. É possível que após a sua agitação inicial contra a submissão ao imposto, o grupo entrou em hibernação ou se tornou "subterrâneo". Que pelo menos algum vestígio da Quarta Filosofia continuou a representar uma ameaça às autoridades romanas, pode-se concluir do fato de que o único ato de Tibério Alexandre que Josefo julgou suficientemente importante para mencionar — além da sua apostasia e da fome que ocorreu durante o seu mandato de governador da Judeia — foi a crucificação de Tiago e de Simão, os filhos de Judas, o galileu (*Ant*. 20.100-3; *G.J*. 2.220).

Os sicários

A primeira vez que se fala dos sicários operando em Jerusalém é na década de 50, isto é, meio século depois. O nome deriva da arma que usavam: "Punhais parecidos com as cimitarras dos persas em tamanho, mas curvas e mais semelhantes às armas chamadas *sicae* pelos romanos" (*Ant*. 20.186). Os relatos de Josefo indicam claramente como se caracterizava esse grupo:

> Quando eles [os bandidos sociais de que Josefo acabou de falar] tinham sido eliminados da zona rural, um tipo diferente de bandidos surgiu em Jerusalém, conhecidos como os *sicários*. Os membros deste grupo assassinavam pessoas em pleno dia, no meio da cidade. Misturando-se às multidões, especialmente durante as festas, escondiam pequenos punhais debaixo das vestes e sub-repticiamente apunhalavam seus adversários. Depois, quando as vítimas caíam, os assassinos simplesmente se misturavam com a multidão enfurecida, sem ser identificados por causa da

naturalidade da sua presença. O primeiro que teve o pescoço cortado foi Jônatas, o sumo sacerdote, e depois dele diariamente foram assassinados muitos outros (*G.J.* 2.254-56).

Inicialmente, é necessário distinguir os sicários do conceito acadêmico equivocado dos "zelotas", por um lado, e do fenômeno do banditismo social, por outro. De acordo com a ideia de "zelotas" elaborada pelos estudiosos, quase sempre se supõe que o termo "bandidos" dos relatos de Josefo se refere aos zelotas. Assim, quando Josefo escreve sobre "um tipo diferente de bandidos", esta passagem é entendida no sentido de que então os zelotas passaram a fazer agitação em Jerusalém, porque o governador romano, Félix, tinha suprimido suas atividades no interior do país e que foram chamados de *sicários* por causa da sua nova tática. Mas é óbvio que não existiu nenhum movimento de "zelotas" naquele tempo.

Além disso, depois de nos darmos conta de que os "bandidos" não eram todos "zelotas", estamos preparados para ler com mais cuidado as nossas fontes: Josefo distingue explicitamente este novo *tipo* de banditismo do banditismo comum, que estava sendo suprimido no interior do país. Conforme vimos anteriormente (capítulo 2), o banditismo comum é um fenômeno rural endêmico em muitas sociedades camponesas. Os bandidos vivem de assaltar os ricos, funcionários do governo ou proprietários, mas geralmente não cometem assassínios, a não ser que sejam forçados a isso numa reação. Habitualmente também são bem conhecidos, não só pelos camponeses, que tendem a protegê-los, mas também pelas autoridades governamentais, que procuram capturá-los ou matá-los. Por causa da sua notoriedade precisam viver em esconderijos, onde passam a maior parte da sua vida, geralmente curta. Os relatos de Josefo indicam que o banditismo judeu comum da época se enquadrava nesse padrão básico. Os sicários, porém, não eram elementos rurais, mas urbanos, que agiam no próprio coração da cidade, até mesmo no recinto do templo. Além disso, sua principal atividade não era o saque armado, mas o assassínio, ou mais exatamente o *assassínio* político. Finalmente, os sicários operavam nos lugares mais públicos, mas, por causa da sua forma de assassínio clandestino, podiam continuar a levar uma vida pública normal e não fugiam para redutos nas montanhas, como os bandidos comuns.

Ainda que a tática agressiva dos sicários fosse totalmente diferente da postura defensiva de resistência assumida pela Quarta Filosofia, parece ter havido algum tipo de continuidade entre eles. Josefo não escreve nada sobre alguma ligação substancial entre os sicários e o partido fundado por Judas e Sadoc cinquenta anos antes. Todavia, deixa bem claro que houve uma continuidade direta de liderança entre os dois grupos: de Judas da Galileia, passando por seus filhos Tiago e Simão, crucificados por Tibério Alexandre em torno do ano 48, ao seu filho ou neto, o pretendente messiânico Manaém, líder dos sicários na eclosão da revolta e até Eleazar ben Jair, outro descendente de Judas, que se tornou comandante dos sicários restantes, que deixaram a revolta, refugiando-se no alto de Massada. Além disso, Josefo escreve ou insinua que os sicários eram uma continuação do partido fundado por Judas no sumário em que difama os grupos revolucionários em *G.J.* 7.253-54. Portanto, deve ter havido alguma continuidade entre os dois grupos, por mais vago que isso seja em nossa única fonte.

Baseando-nos em parte nesta aparente continuidade, podemos razoavelmente tirar duas conclusões importantes sobre a composição e as ideias políticorreligiosas básicas dos sicários. Como a Quarta Filosofia antes deles, os sicários eram provavelmente um grupo de mestres, tanto no tocante à composição dos seus membros quanto à sua liderança. Josefo diz explicitamente que Manaém, filho ou neto de Judas da Galileia, e aparentemente seu líder mais importante na explosão da revolta em 66, era um "mestre" (*G.J.* 2.445). Também parece provável que a sua resistência ao domínio romano estava fundamentada numa ideologia coerente, semelhante à da Quarta Filosofia (ver acima o resumo em quatro pontos).

A nova estratégia dos sicários

O que era característico e inédito em relação aos sicários era a sua nova estratégia. Os atos agressivos dos sicários eram fenômenos novos que apareceram pela primeira vez sob Félix, na década de 50, e são repetidamente mencionados por Josefo.[7] Mas por que um novo grupo com alguma continuidade com um grupo mais antigo — ou um grupo que estivera adormecido por quase cinquenta anos — teria subitamente renascido com uma tática inédita, justamente naquela época, constitui um fenômeno que não é imediatamente claro. Os relatos de Josefo não oferecem nenhuma explicação direta. Todavia, talvez um breve exame da agitação socioeconômica de meados do século I d.C. (estudada no início do capítulo 2 e nas últimas seções dos capítulo 1) pode ajudar a enquadrar a nova estratégia dos sicários no contexto. Com os pródigos gastos de Herodes, havia pesada tributação judaica e romana, fazendo com que muitos camponeses acabassem perdendo suas terras. Herodes ampliara a aristocracia sacerdotal com famílias "ilegítimas" e nova nobreza herodiana. Depois veio o domínio romano direto. Tudo isso criou tensões, exacerbadas pela fome da década de quarenta, que originou ainda mais inquietação e banditismo e aumentou o antagonismo entre samaritanos e judeus. Finalmente, as medidas brutalmente repressivas de Cumano contra os bandidos e os camponeses em geral inflamaram ainda mais a população que não tinha meios pacíficos de remediar sua situação.⁸ Sem dúvida, havia ainda outros fatores importantes na situação políticoeconômica, dos quais não temos registros históricos. Mas esta breve descrição das condições da sociedade judaica nos anos 50 do século I d.C. já pode ajudar-nos a entender como os judeus intelec-tuais envolvidos podem ter chegado à conclusão de que a sua situação era tão desesperadora que exigia uma estratégia de violência seletiva contra o grupo dominante.⁹

Talvez por causa da sua função de mestres do povo e da sua herança de consciência crítica da dominação romana, e de oposição a ela, os sicários tinham uma percepção mais aguda que os outros da situação intolerável que se tinha desenvolvido. A tendência é que, numa sociedade colonizada, sejam justamente estas as pessoas que formam irmandades subversivas. Além disso, o terrorismo pode parecer uma tática particularmente apropriada para pequenos grupos de resistência, que não têm uma ampla base de poder entre o povo. Estabelecendo comparações com situações coloniais modernas, muitas vezes os movimentos nascentes de libertação tiveram negados todos os canais comuns "legítimos" de apelo e ajuste (político). É precisamente em tais situações que o terrorismo tem probabilidade de ocorrer, pois é o único meio disponível a povos oprimidos, que decidiram que sua situação não é mais tolerável. Para os líderes de resistência em tais casos a decisão de recorrer ao terrorismo não é uma escolha entre meios violentos e meios não violentos, pois estes último lhes foram negados pelo regime colonialista. É, antes, uma escolha entre meios violentos. Como explicou um líder de libertação da moderna Argélia, o "terrorismo urbano, como a guerrilha, é o único método de expressão de um povo oprimido".¹⁰ E conforme mostra a experiência da história moderna, essa resposta violenta a uma situação já dominada pela violência do "establishment" pode ser um instrumento eficaz de mobilização social em casos nos quais o povo em geral tem simpatia pelos objetivos do movimento de resistência, especialmente em sociedades colonizadas dominadas por um império estrangeiro, quando os povos dominados estão desorganizados e são incapazes de participar de qualquer processo político.

Os intelectuais judeus que formavam o grupo dos sicários aparentemente chegaram a semelhante conclusão. Pode ser útil levar a comparação com os modernos movimentos de libertação um passo adiante para discernir a estratégia característica dos sicários na situação judaica antiga. A estratégia fundamental dos movimentos anticoloniais recentes, que empregaram táticas terroristas, foi convencer o governo ou o povo da nação ocupante que os custos para manter o controle por meio de repressão violenta do povo subordinado é inaceitável, ou pelo menos maior que os benefícios de continuar o controle imperial. Os modernos movimentos de libertação conseguiram criar um dramático "efeito de demonstração" por meio de atos terroristas, por causa das notícias sensacionalistas dos modernos meios de comunicação de massa. A organização sionista judaica Irgun Zvai Leumi (da qual Menachen Begin foi líder antes de ingressar na vida política "legítima" e finalmente se tornar primeiro-ministro de Israel, 1977-1984) usou esta estratégia com considerável sucesso contra os britânicos, nas décadas de 1920 e 1930.

A estratégia dos antigos sicários foi um pouco diferente, pois não tinham o benefício dos modernos meios de comunicação de massa para alcançar a opinião pública, bem como os mentores da política imperial em Roma. Provavelmente o seu objetivo final era eliminar o domínio romano da Palestina judaica. Mas aparentemente não deram muita atenção direta aos próprios romanos. Ao contrário dos sicários, os grupos de *salteadores* ocasionalmente assaltaram oficiais subalternos romanos e caravanas de suprimento, e os movimentos messiânicos populares atacaram redutos e tropas romanas, bem como fortalezas herodianas.[11] Entretanto, se os sicários alguma vez atacaram algum oficial imperial ou objetivo militar romano, Josefo certamente não refere nada disso. De fato, como os romanos não mantinham uma presença militar muito grande ou visível na Judeia (exceto para suprimir distúrbios maiores), uma estratégia concentrada primariamente nos próprios romanos provavelmente teria sido inadequada e ineficaz.

Assim a estratégia dos sicários visava à elite dominante judaica colaboracionista: a aristocracia sacerdotal, as famílias herodianas e outros notáveis. No contexto da sociedade judaica sob os romanos, isso deve ter sido o resultado de uma análise e de um cálculo racional. Como em outras partes do império, os romanos dominavam principalmente através das classes superiores que colaboravam com o sistema imperial e dele usufruíam os benefícios. A maneira óbvia de opor-se ao sistema estabelecido era atacar os colaboradores que o mantinham. Através de ataques terroristas a tais pessoas, os sicários podiam não só causar uma intensa ansiedade entre os círculos dominantes, mas ainda demonstrar a vulnerabilidade do regime estabelecido, tanto aos opressores quanto aos oprimidos.

Embora as ações terroristas tenham de ser imprevisíveis e até parecer irracionais (para ter o efeito desejado), habitualmente são baseadas numa estratégia inteiramente racional, calculada, em termos de custos e consequências previsíveis. Os sicários aparentemente não usaram muitas das táticas comuns dos grupos terroristas modernos, tais como a sabotagem contra as forças militares de ocupação ou ataques indiscriminados em lugares públicos. Em todos os casos mencionados por Josefo, os sicários agiam de maneira muito discriminada e sempre dirigiam seus ataques contra compatriotas judeus e não contra soldados ou oficiais romanos. Adotaram especificamente três táticas: a) assassinatos seletivos, simbólicos; b) assassínios mais gerais com pilhagens dos bens dos ricos e poderosos; c) sequestro em vista de resgate.

a) Os assassínios seletivos cometidos pelos sicários parecem ter causado o maior impacto sobre Josefo e provavelmente sobre outros que naqueles anos viveram em Jerusalém. Quando fazem parte de uma estratégia discriminada mais ampla, os assassínios têm sido praticados pelo seu valor de "demonstração", isto é, a fim de provocar ressonâncias mais profundas entre os grupos governantes ou entre o povo colonizado ou ambos. São escolhidos objetivos que tenham o máximo valor simbólico, como os do regime ou da religião estabelecida. A julgar pelos relatos de Josefo, os sicários devem ter inaugurado a sua campanha com o assassínio do sumo sacerdote Jônatas. Atacaram o símbolo da "nação" e da religião judaica, mas um símbolo que estava longe de ser positivo para a massa do povo, visto que o sumo sacerdote se tornara o símbolo da colaboração da aristocracia com o governo romano e da exploração do povo.

Os sicários devem ter esperado que o efeito do assassínio de sumos sacerdotes e outros membros da elite dominante de Jerusalém tivesse repercussão em duas direções ao mesmo tempo, ou seja, nos outros membros dos círculos dominantes e no povo em geral. Podem ter dirigido os assassinatos seletivos aos primeiros como castigo da sua exploração e colaboração, bem como meio de dissuasão contra a opressão futura e uma advertência contra a continuação da colaboração. Os assassínios também podem ter demonstrado à aristocracia pró-romana a sua própria vulnerabilidade e a incapacidade dos romanos para protegê-los. Por outro lado, um efeito desta tática foi o de provocar um terrorismo de retaliação da parte dos círculos dominantes judaicos. Esta tática teria tido alguns dos mesmos efeitos sobre o povo comum, embora de um ponto de vista oposto. De qualquer maneira, as pessoas viram seus senhores políticorreligiosos e opressores econômicos sendo dramaticamente punidos e advertidos. Os sicários mostraram, assim, ao povo em geral a vulnerabilidade do sistema imperial. Também podem ter forçado outros, que já tinham sentimentos conflitantes em relação à aristocracia sacerdotal sagrada, mas exploradora, a confrontar suas atitudes ambivalentes. Um efeito mais prático do que simbólico foi a eliminação de alguns líderes que talvez esperavam substituir.

b) Estreitamente relacionada com os assassínios seletivos, havia uma segunda tática, que estendia sua estratégia à zona rural, onde se localizavam as propriedades da aristocracia pró-romana: os sicários eliminaram alguns membros da nobreza judaica e destruíram as suas propriedades. Assim, conforme Josefo o narra em outro dos seus polemicamente exagerados relatos:[12]

> [Os elementos que eram semelhantes a salteadores] ...pressionavam muitos para a revolta, incitando-os para a liberdade e ameaçando de morte os que se submetiam ao governo romano... Dividindo-se em grupos armados, percorriam a zona rural, matando os ricos poderosos, saqueando suas casas e incendiando as aldeias (*G.J.* 2.264-66; *Ant.* 20.172; ver também *G.J.* 7.254).

Esta tática menos clandestina pode ter tido alguns dos mesmos objetivos dos assassínios mais simbólicos, isto é, punição, advertência, intimidação e demonstração da vulnerabilidade dos membros da nobreza, seja para eles próprios seja para os (seus) camponeses. É concebível que, intencionalmente ou não, tais atos tenham tido o efeito de liberar os agricultores arrendatários e trabalhadores sem terra do medo e da sua possível lealdade aos "ricos poderosos", das quais dependiam quase totalmente para o seu sustento. Alguns camponeses podem, assim, ter sido intimidados quanto à colaboração com os proprietários de terras pró-romanos e forçados a optar por um dos lados. Através desta tática, mais do que pelos assassínios mais simbólicos, podem ter esperado eliminar a liderança pró-romana, para a qual talvez imaginassem representar uma alternativa.

c) Os sicários empregaram ainda uma terceira tática muito típica de grupos terroristas: sequestrar uma pessoa importante para extorquir a libertação de alguns dos seus próprios membros presos. Assim, Josefo escreve que, por ocasião de uma festa no tempo do governador Albino (62-64),

> os sicários penetraram sorrateiramente na cidade à noite e sequestraram o secretário do sumo sacerdote Ananias e levaram-no para um cativeiro. Depois fizeram contato com Ananias e disseram que libertariam o secretário se ele persuadisse Albino a libertar dez dos seus companheiros prisioneiros. Sem opção, Ananias conseguiu persuadir Albino a fazer a troca. Mas isso foi apenas o começo. De várias maneiras os salteadores conseguiram sequestrar uma série de membros da casa de Ananias, mantendo-os em cativeiro até que fossem resgatados por alguns dos seus próprios sicários (*Ant.* 20.208-9).

Efeitos da agitação dos sicários

Convém não exagerar ou superestimar os efeitos que os sicários possam ter exercido sobre a situação palestinense nas décadas de cinquenta e sessenta. Da mesma forma como os grupos terroristas modernos, os sicários tinham forças limitadas, pouca mobilidade, sem uma base estável ou extensa para organizar uma ampla revolta popular, se é que alimentavam tal ideia. Tal como em nossa experiência moderna, ações como assassínios seletivos ou sequestro de funcionários públicos e personagens ricas do "establishment" constituem mais uma perturbação que uma efetiva ameaça revolucionária. Além disso, não devemos permitir que o antigo conceito dos "zelotas" como uma organização ampla, e existente já havia longo tempo, de libertação nacional volte novamente pela porta dos fundos dos "homens dos punhais". Os efeitos da campanha dos sicários não podem ser considerados isoladamente. Só podem ser entendidos relacionados com os efeitos dos muitos outros grupos e eventos dos anos que culminaram na grande revolta. Com esta observação preventiva, podemos voltar à dramática descrição que Josefo faz dos efeitos que os assassínios seletivos clandestinos de sumos sacerdotes e outros tiveram sobre a sociedade.

> O medo do ataque era pior que os crimes em si mesmos [efeito de demonstração!], como numa guerra quando se espera a morte a qualquer momento. Os homens observavam seus inimigos a distância e não confiavam nem mesmo em amigos que se aproximassem. Mas, apesar das suas suspeitas e precauções, eram mortos, tão rapidamente agiam os conspiradores e tão habilmente se ocultavam (*G.J.* 2.256-57).

Aparentemente os sicários haviam provocado grandes preocupações e temores entre os círculos dominantes, seu principal objetivo. Desta forma contribuíram para, ou aceleraram, o colapso da estrutura habitual de imagens e pressupostos sociais dos quais as pessoas, especialmente nos escalões superiores da sociedade, dependiam para a sua sensação de segurança. Em seu lugar entraram vagos sentimentos de insegurança e desconfiança. Qualquer um podia ser a próxima vítima. Mas o efeito sobre a classe dominante judaica foi mais grave ainda. Qualquer que possa ter sido a sua coesão em épocas anteriores, a elite dominante agora estava fragmentada em indivíduos, cada qual preocupado apenas com a segurança pessoal. Em vez de organizar esforços cooperativos para suprimir as táticas dos sicários, cada uma das famílias dominantes ameaçadas cercou-se de quadrilhas de rufiões. Os sicários podem não ter sido o único estímulo para esse recrutamento de esquadrões de capangas, mas o resultado foi um ciclo de escalada de violência. Pois os "criados" das famílias herodianas e dos chefes dos sacerdotes não eram simples guarda-costas, mas verdadeiras "tropas de assalto" dos seus chefes.

Ananias tinha alguns criados muito inescrupulosos que, juntamente com alguns verdadeiros arruaceiros, iam às eiras e tomavam à força os dízimos dos sacerdotes e prontamente assaltavam aqueles que se recusavam a entregá-los. Os sumos sacerdotes faziam a mesma coisa e ninguém podia impedi-los. Assim os sacerdotes, que por longo tempo tinham vivido dos dízimos, agora morriam de fome (*Ant.* 20.206-7).

Aumentando a violência, as famílias dominantes contribuíram ainda mais para o colapso da estrutura social e dos pressupostos, dos quais tudo dependia para qualquer aparência de ordem social. Os efeitos da violência praticada pela aristocracia foram os de provocar os sicários e outros grupos para mais agitação.

Os ataques ostensivos aos seus senhores e líderes políticorreligiosos devem ter mostrado ao povo judeu simples quão vulnerável e substituível era realmente a elite, reforçando as lembranças que possam ter tido da revolta anterior bem-sucedida dos *hasidim* e dos macabeus. Dada a ambivalência residual que o povo deve ter sentido em relação à exploradora aristocracia sacerdotal, as ações dos sicários e a contraviolência dos esquadrões de capangas dos chefes dos sacerdotes certamente afetaram o seu "hábito de obediência", da qual dependiam os sumos sacerdotes e a nobreza para poderem continuar no poder.

Embora os sicários possam ter contribuído para a perda do respeito que o povo tinha pelos círculos dominantes, aparentemente não exerceram qualquer poder informal de governo em oposição ao das estruturas estabelecidas. Certamente na eclosão da grande revolta não comandavam grande número de seguidores. Em vez de contribuir para a mobilização de um movimento de bases mais amplas, as táticas dos sicários parecem ter funcionado como uma válvula de escape, canalizando a justa indignação de intelectuais seriamente preocupados e aliviando as tensões geradas pela contínua inação numa frente mais ampla que poderia ter sido simplesmente suicida e desesperada. Por outro lado, os sicários podem ter alienado da sua causa alguns fariseus mais reflexivos (como Josefo e outros "fariseus líderes"), forçando-os a confrontar uma situação polarizada e a decidir-se sobre o lado que apoiariam.

Em resumo, o efeito global das ações dos sicários, juntamente com o banditismo e os conflitos entre judeus e gentios, foi o de ajudar a precipitar uma "situação revolucionária", especialmente com referência à elite governante pró-romana. Segundo Lênine, uma revolução só é possível, quando, entre outros fatores, é impossível às classes dominantes manter seu domínio sem alguma mudança; quando há uma crise, de uma forma ou de outra, entre as "classes superiores", uma crise na política da classe dominante, leva a uma fissura através da qual irrompe o descontentamento e indignação das classes oprimidas. Para acontecer uma revolução, geralmente é insuficiente "as classes inferiores não quererem" viver segundo a maneira antiga; também é necessário que as "classes superiores sejam incapazes" de viver segundo a maneira antiga.[13]

Lênine poderia estar-se referindo às classes dominantes judaicas da Palestina nos anos sessenta do século I d.C. As famílias dos sumos sacerdotes, os herodianos e outros notáveis brigavam não só entre si mesmos, mas também se encontravam em desavença com Agripa II e os procuradores romanos, particularmente Floro, em cujo mandato irrompeu a revolta. Esta situação extremamente turbulenta e o papel dos sicários refletem-se numa polêmica final de Josefo:

> A doença atingiu proporções epidêmicas; tanto a vida privada quanto a pública estavam tão corrompidas que cada qual procurava superar o outro em sacrilégio contra Deus e em injustiça contra seus vizinhos. As pessoas de posição e influência oprimiam as massas, e estas por sua vez procuravam destruir tais pessoas. Os poderosos desejavam a tirania, e as massas a violência e o saque dos ricos. Os sicários foram os primeiros a empenhar-se nesta indisciplina e barbárie em relação aos seus semelhantes. Não omitiam nenhuma palavra, nenhum ato para insultar e destruir aqueles contra os quais conspiravam (*G.J.* 7.260-62).

O breve e limitado papel dos sicários na revolta judaica

Ainda que aparentemente tivessem tentado promover a derrubada do domínio romano, os sicários tiveram um papel extremamente breve e limitado na revolta real. Mais uma vez, por causa do conceito moderno de zelotas, muitas vezes se considera que os sicários (supostamente idênticos aos zelotas), e especialmente Manaém, assumiram a liderança bem no início da insurreição em Jerusalém. Por isso, impõe-se corrigir alguns equívocos frequentes sobre suas ações no começo da revolta.

1) Os sicários não iniciaram a insurreição popular em Jerusalém. As atividades de rebelião já estavam em andamento quando certo número de sicários, juntamente com outros indivíduos mais insignificantes, conseguiram penetrar no templo, durante a festa do transporte de lenha. Depois foram recrutados pelos rebeldes que já haviam assediado os chefes dos sacerdotes e outros notáveis na cidade alta (*G.J.* 2.425; ver também 422-24). Estavam, portanto, entre as forças que incendiaram os palácios reais e a mansão de Ananias, o sumo sacerdote, e depois queimaram os arquivos que continham

os registros das dívidas (*G.J.* 2.426-27). Mas esses atos não foram iniciados nem executados somente pelos sicários, por mais que estes estivessem de acordo com o seu programa geral. Qualquer número de pessoas comuns teria ansiosamente feito o mesmo, como o teriam feito os sacerdotes comuns, que recentemente tinham sido privados da sua receita legítima de dízimos pelo grupo de rufiões de Ananias. Os sicários participaram desses atos incendiários iniciais da insurreição contra o governo romano e os seus próprios círculos dominantes, sem necessariamente tê-los liderado.

2) Aparentemente não foram os sicários que capturaram a fortaleza de Massada das mãos da guarnição romana ali estacioanada (*G.J.* 2.408). Certo número de "rebeldes" e grupos "revolucionários" já atuavam no verão de 66 (2.407). Alguns dos mais ardorosos dentre eles

> uniram-se e assaltaram a fortaleza de Massada. Eles capturaram-na furtivamente, mataram a guarnição romana e substituíram-na pela sua própria (*G.J.* 2.408).

Os sicários também não tinham o hábito de atacar diretamente os romanos. Só um pouco mais tarde Manaém, à frente de um grupo de sicários, dirigiu-se a Massada para armar seus seguidores e outros "salteadores" usando o antigo arsenal de Herodes na fortaleza do mar Morto (*G.J.* 2.433-34). Num terceiro incidente, muitos sicários, fugindo desesperadamente de Jerusalém (ver abaixo), capturaram Massada traiçoeiramente, ao que parece dominando a guarnição rebelde que ali se instalara no começo do verão e presumivelmente ainda estava no controle após o assalto de Manaém ao arsenal (*G.J.* 2.447; 4.400; e 7.297).

3) Além disso, Manaém, filho ou neto de Judas da Galileia, foi considerado o principal líder da revolta judaica desde o seu início. Todavia, ele não foi aparentemente sequer o líder reconhecido de todos os sicários nas suas ações, no começo da rebelião. Josefo refere eventos dos quais os sicários já participaram antes de Manaém entrar na cidade à frente de outro bando de sicários. Josefo habitualmente dá muita atenção aos papéis dos líderes, como nos casos de Eleazar, o capitão do templo, João de Gíscala, Simão bar Giora, ou o pai (avô) de Manaém, Judas da Galileia. Ainda que nem sempre seja coerente na sua composição, é interessante notar que não dá a Manaém o mesmo destaque que a outros líderes. Portanto, talvez Manaém não exerceu um papel mais importante do que diz Josefo, especialmente se considerarmos a crescente complexidade da insurreição no decorrer do verão de 66. Naturalmente, a coisa mais característica em relação à breve

liderança de Manaém foi a sua postura de rei messiânico (discutida acima, capítulo 3), uma atitude totalmente inédita no desenvolvimento anterior da Quarta Filosofia e dos sicários.

Depois que se juntaram aos rebeldes em Jerusalém, os sicários exerceram um papel agressivo. Todavia, a sua participação foi muito breve, porque os outros insurretos não tardaram a voltar-se contra eles. Seria de esperar que os sicários estivessem entre os mais ansiosos para capturar Ananias, ainda que Josefo apenas insinue que eles participaram da matança do sumo sacerdote e do seu irmão Ezequias. A participação deles nesta ação ajudaria a explicar por que o capitão do templo Eleazar, que era filho de Ananias, e seus seguidores depois se opuseram a Manaém e aos sicários. Independentemente do seu pai e da sua família pró-romana, Eleazar sem dúvida tinha desenvolvido profundo rancor contra aqueles que antes haviam sequestrado o secretário do seu pai e depois (talvez) participado da execução do seu pai. Pode não ter sido um mero acidente o fato de que depois foram Eleazar e seus adeptos que fizeram alguns "cidadãos" de Jerusalém, até então adormecidos (e talvez outros rebelados), voltarem-se contra o "tirano" (Manaém) e os outros sicários.

> Eles planejaram atacá-lo no templo, para onde ele tinha ido em pompa para o culto, coberto de vestes reais e seguido por seus zelosos e armados admiradores. Eleazar e seus homens precipitaram-se sobre ele, enquanto o resto dos cidadãos jogava pedras, pensando que a sua queda provocaria o colapso de toda a revolta. Manaém e seus adeptos resistiram por algum tempo, mas quando viram toda a multidão contra si fugiram em todas as direções. Os que foram capturados foram mortos; os que conseguiram esconder-se foram procurados. Alguns poucos escaparam e fugiram até Massada, entre eles Eleazar ben Jair, que era parente de Manaém e depois teve o controle absoluto de Massada. Manaém fugiu para Oflas e escondeu-se ignominiosamente até ser capturado, arrastado para fora e morto através de prolongada tortura (*G.J.* 2.444-48).

Portanto, poucas semanas depois de se juntar aos revoltosos em Jerusalém, o grosso dos sicários foi morto ou expulso da cidade.

A história posterior dos sicários parece envolver ou uma grande incoerência ou uma dramática flutuação de comportamento. Depois de terem sido expulsos de Jerusalém no verão de 66, separaram-se passivamente do resto da grande rebelião e retiraram-se para Massada, que finalmente caiu nas mãos dos romanos.

A "última resistência dos zelotas" em Massada tornou-se um termo glorioso de propaganda religioso-nacionalista.[14] Hoje, naturalmente, está claro que não foram os zelotas, mas os sicários, sob a liderança de Eleazar ben Jair, que ocuparam Massada. Os sicários simplesmente se ausentaram durante o resto da longa guerra contra os romanos no seu seguro poleiro em cima de Massada. Segundo consta, Simão bar Giora tentou persuadi-los a voltar para uma participação ativa na guerra. Mas longe de organizar a resistência entre os camponeses judeus, como fizera Simão, os sicários tornaram-se predadores da zona rural em torno de Massada. Faziam periódicas incursões às aldeias da área, certa vez atacando até a cidade de Engadi, dez milhas ao norte, a fim de obter suprimentos durante a sua prolongada estada na fortaleza. Numerosos adeptos juntaram-se a eles, mas não há indicação de que estivessem organizados numa força de combate. Quando, finalmente, os romanos prepararam o cerco de Massada em 73, como parte das suas operações de "limpeza" na Judeia, os sicários não ofereceram nenhuma resistência ativa (*G.J.* 7.309-14), um impressionante contraste com os zelotas propriamente ditos e as forças de Simão bar Giora no assédio final de Jerusalém. Depois de resistir o mais que puderam, os sicários finalmente cometeram suicídio em massa (960 homens, mulheres e crianças) (*G.J.* 7.320-401).

Entretanto, após o suicídio em massa em Massada, outros sicários promoveram agitações contra o domínio romano no Egito e em Cirene, segundo informa Josefo. O padrão de atividades é conhecido (*G.J.* 7.409-19). De uma maneira que lembra a Quarta Filosofia (maneira que pode ser simplesmente devida à narração de Josefo), exortavam os judeus a considerar somente Deus como seu senhor e a afirmar a sua liberdade. Como os sicários de Jerusalém na década de cinquenta, eles assassinaram certos judeus notáveis. Também conhecido é o fato de os anciãos dos judeus instigarem o povo contra os sicários e matá-los ou expulsá-los. Mas os que foram capturados pelos romanos mantiveram-se inflexivelmente fiéis aos seus princípios:

> Eles foram submetidos a todas as formas imagináveis de tortura e sofrimento corporal, arquitetadas com o único propósito de fazê-los declarar que César era o senhor. Nenhum deles cedeu nem esteve a ponto de fazê-lo, mas cada qual manteve sua decisão, vitorioso contra a coerção. Quando suportavam as torturas e as chamas, era como se seus corpos não sentissem dor e suas almas na verdade sentissem prazer com isso. O que especialmente assombrava os que viam isso foram as crianças, nenhuma das quais podia ser persuadida a chamar César de senhor (*G.J.* 7.417-19).

Por outro lado, o movimento de resistência liderado por Jônatas, o tecelão, em Cirene, na descrição de Josefo assemelha-se menos aos sicários e mais aos movimentos proféticos populares liderados por Teúdas e pelo "Egípcio".[15]

É desnecessário dizer quanto nos parece intrigante que um grupo que tinha orquestrado o terrorismo sistemático contra a elite dominante judaica colaboracionista e participado agressivamente das ações iniciais da insurreição de repente tenha abandonado as hostilidades para ficar ocioso durante vários anos da guerra contra os romanos. Só podemos especular que talvez abandonaram seus primeiros ideais e seu programa de resistência aos dominadores estrangeiros. Seus membros haviam sido dizimados no massacre de Jerusalém conduzido pelos partidários de Eleazar. Provavelmente não estavam inclinados a participar de uma revolta que não podiam liderar e não encontraram oportunidade para reafirmar a sua liderança. Se tinham considerado a revolta que finalmente começou em 66 como o clímax da guerra santa escatológica, talvez com Manaém na condição de messias, certamente julgaram necessário reavaliar suas antecipações escatológicas, quando foram atacados e mortos pelo próprio povo que esperavam liderar, e quando o seu rei ungido foi ignominiosamente executado pelos infiéis. Talvez interpretaram a sua rejeição pelos jerosolimitanos como uma rejeição do programa de libertação de Deus, do qual eles eram os agentes. Por isso podem ter chegado à conclusão de que a inevitável reconquista romana era o castigo de Deus pela falta de fé e de resposta do povo a essa iniciativa escatológica.

Os zelotas

De todos os grupos rebeldes que participaram da revolta contra Roma, o maior desprezo de Josefo vai para os zelotas. Numa escala ascendente de perversidade e criminalidade, nossa fonte principal classifica os sicários como muito perversos, o líder João de Gíscala e o pretendente messiânico Simão bar Giora como muito pior, os idumeus simplesmente como sanguinários loucos e, finalmente, os zelotas como os grandes vilões da história.

> Nisto [criminalidade total] se avantajavam os zelotas, um grupo cujas ações confirmavam o seu nome. Copiavam fielmente toda ação cruel e não havia crime conhecido que eles deixassem de cometer. Mas derivavam seu nome do fato de que eram zelosos pelo que era correto, seja escarnecendo dos feridos, tipos brutais que eram, seja considerando os piores males como bem (*G.J.* 7.268-70).

Não é claro por que Josefo odiava tanto os zelotas. Mas isso provavelmente tem alguma relação com a razão por que esse grupo foi historicamente importante. Em termos militares praticamente não são dignos de nota. No começo da revolta ainda não existiam e na resistência final ao cerco romano eram uma força de combate insignificante, em comparação com os sequazes de João de Gíscala e de Simão bar Giora. Mas no meio da revolta, esse grupo, uma coalizão de camponeses-bandidos transformados em zelotas, desafiou e anulou o governo dos chefes dos sacerdotes e dos líderes fariseus (incluindo Josefo), que aparentemente estavam tentando chegar a um acordo com os romanos.

Tem havido muita confusão em relação aos zelotas porque, como já foi dito, os estudiosos modernos esticaram tanto o conceito de zelotas que este passou a incluir grupos que na realidade eram muito diferentes. Como agora, finalmente, vamos abordar o grupo que Josefo chama de zelotas e que segundo ele diz se chamavam a si mesmos de zelotas, convém primeiro ter uma ideia geral da sequência de eventos em que eles tiveram papel importante, para só depois entrar em explicações mais detalhadas desses eventos.

A sequência dos eventos que envolveram os zelotas

De acordo com os relatos de Josefo, a origem dos zelotas dataria do inverno de 67-68, quando os exércitos romanos estavam começando a reconquistar a Judeia. Inicialmente a revolta fora um sucesso. A primeira tentativa de Roma para retomar Jerusalém tinha terminado com a derrota do seu exército. Além disso, os romanos foram expulsos de grande parte da região da Galileia, bem como da Judeia. Mas, já no verão e no outono de 67, tinham subjugado virtualmente todas as forças da resistência judaica na Galileia.[16] Dominada a Galileia, o general romano Vespasiano voltou sua atenção para a Judeia, começando com as áreas da fronteira noroeste.

> Quando Tito se deslocou de Gíscala para Cesareia, Vespasiano marchou de Cesareia para Jâmnia e Azoto. Subjugou estas cidades e ocupou-as com guarnições, voltando com uma massa de pessoas que se tinham rendido, aceitando as suas condições de paz (*G.J.* 4.130).

À medida que o exército romano penetrava no noroeste da Judeia, numerosos camponeses judeus fugiam na frente do avanço romano. Estes camponeses fugitivos formavam bandos de salteadores (4.134). Procurando um reduto mais seguro, muitos bandos convergiam para Jerusalém, formando uma coalizão, depois de entrar na cidade (4.135). Numa segunda onda, mais outros bandos de salteadores provenientes da zona rural engrossaram as fileiras dos primeiros (4.138). Uma vez na cidade, os zelotas empreenderam duas ações em particular, que foram vistas como ameaçadoras pelo governo do sumo sacerdote, que ainda detinha o controle da cidade. Atacaram certos nobres herodianos que continuavam na cidade, com os quais tinham "antigas desavenças", e acusaram-nos de entregar a cidade nas mãos dos romanos (4.140-46). Elegeram, por sorteio, pessoas comuns para os cargos do sumo sacerdócio, até investindo um rude aldeão no cargo de sumo sacerdote, ações interpretadas como tentativas de tomar o poder. Alarmados com esses atos, os líderes do sumo sacerdócio decidiram organizar um ataque aos zelotas (4.147-57).

Sumos sacerdotes como Anano e Jesus, filho de Gamala, conseguiram finalmente provocar entre os jerosolimitanos preocupação suficiente para organizar uma força de combate (4.158-95). Atacando os zelotas, Anano e seus homens empurraram-nos para dentro do pátio do templo e depois forçaram-nos a refugiar-se no pátio interno (4.197-204). Presos no templo, os zelotas apelaram aos seus aliados das aldeias e cidades da Idumeia (região ao sul de Jerusalém e da Judeia), para que viessem resgatá-los (4.224-32). Os idumeus conseguiram entrar na cidade, apesar das forças de segurança colocadas por Anano, libertaram os zelotas do pátio interno do templo, e mataram Anano e Jesus, filho de Gamala, entre outros. Depois os zelotas e idumeus, juntos eliminaram mais jovens nobres, antes de a maioria dos idumeus se retirar da cidade (4.233-53).

Tendo o controle efetivo da cidade, os zelotas passaram a uma terceira onda de expurgo, incluindo pessoas que anteriormente tinham ocupado posições de poder, bem como outros membros da nobreza (4.254-365). Mas começaram a desenvolver-se tensões dentro da liderança do grupo. A maioria dos zelotas não quis submeter-se à autoridade dominante do ambicioso João de Gíscala. Não podendo assumir o comando de todo o grupo, João separou-se do corpo principal com os seus seguidores (4.389-96). Entrementes, o movimento messiânico comandado por Simão bar Giora estava aumentando os seus efetivos e sua influência na zona rural da Judeia e da Idumeia ainda não sob o controle romano (4.503-13). Os zelotas, temendo que Simão bar Giora acabasse ameaçando o seu regime em Jerusalém, tentaram bloquear o movimento deste na Judeia (4.514-57). Na cidade João de Gíscala mais uma vez aliou-se aos zelotas, quando parte do seu exército se amotinou (4.566-70).

Na primavera de 69, os idumeus que ainda estavam na cidade finalmente conspiraram com os sumos sacerdotes e os jerosolimitanos para convidar Simão bar Giora a entrar na cidade como seu "libertador" contra os zelotas e João. Com a enorme quantidade de partidários que o seguiam, Simão comandou a maior força de combate na cidade. Forçou novamente os zelotas para dentro do templo (4.577-84). Os zelotas mais uma vez se dividiram em duas facções, visto que a liderança coletiva de novo se recusou a seguir a liderança dominante de João. Por algum tempo travou-se uma luta tripla, com o efetivo principal dos zelotas no pátio interno do templo, João de Gíscala e seus seguidores no pátio externo do templo e Simão bar Giora no controle da maior parte do resto da cidade (5.1-12). Na festa dos pães ázimos (Páscoa), usando de um embuste, João forçou uma união do corpo principal dos zelotas com os seus sequazes, sob o seu comando único (5.67-106).

Quando o assédio romano estava bem instalado, os grupos rivais dentro da cidade finalmente começaram a concentrar suas energias na resistência aos romanos, em vez de lutarem entre si. Por causa do número dos seus membros (2.400), muito inferior ao dos combatentes comandados por João (6.000) e de Simão (10.000 mais 5.000 idumeus), e talvez porque não produziram nenhum líder dominante, os zelotas foram relativamente insignificantes como força de combate durante o resto da prolongada resistência ao cerco romano (*G.J.* 5.248-374). Todavia, lutaram corajosamente até o fim, ao lado dos outros grupos revolucionários camponeses rivais contra o poderio militar esmagadoramente superior dos romanos.

Origens dos zelotas:
um produto da reconquista romana da Judeia

Em duas passagens sucessivas, Josefo indica que os zelotas surgiram como uma coalizão de grupos de salteadores que, vindos do interior, entraram na cidade no final de 67.

> Quando, finalmente, os chefes dos bandos espalhados de salteadores cessaram de assaltar a zona rural, uniram suas forças, formando um único bando de assassinos e infiltraram-se em Jerusalém... (*G.J.* 4.135).

Além disso, os salteadores chegaram em mais de uma vaga.

> Novos salteadores da zona rural penetraram na cidade e juntaram-se ao grupo mais temível que já estava dentro, não perdendo nenhuma oportunidade de cometer crimes hediondos... (*G.J.* 4.138).

Numa inserção canhestra, Josefo "liga" este novo surto de banditismo com o avanço romano no noroeste da Judeia. Mas parece mais confundir a relação do que explicá-la, pois sua descrição da guerra civil reflete mais a famosa observação de Tucídides sobre a sedição (III 81-84) do que a situação da Judeia no outono de 67. Poderíamos ser levados a desconsiderar a sua descrição dos protozelotas como um "bando de assassinos" simplesmente como um epíteto pejorativo, se não houvesse a sua descrição de uma situação semelhante em outro lugar da Judeia no verão seguinte (*G.J.* 4.406-9),[17] uma passagem que claramente descreve o banditismo e sua repentina escalada para proporções endêmicas. Mas novamente Josefo só acusa os salteadores e não oferece nenhuma explicação do surto de banditismo em si.

Entretanto, outras seções da sua descrição da reconquista romana podem lançar alguma luz sobre as origens do banditismo epidêmico que produziu os grupos chamados zelotas. Assim, lemos sobre o procedimento romano típico na retomada de Gerasa e suas aldeias circunvizinhas:

> Ânio [o oficial comandante] tomou a cidade de assalto, matou mil jovens — todos aqueles que não tinham escapado —, aprisionou mulheres e crianças e permitiu que seus soldados saqueassem os bens. Finalmente incendiou as casas e marchou contra as aldeias circunvizinhas. Os que podiam fugiram, os inválidos pereceram e tudo o que restou foi destruído pelas chamas (*G.J.* 4.488-89).

Gerasa não foi um caso isolado na guerra. A julgar pelo número de relatos semelhantes de Josefo, Vespasiano e seus oficiais executaram uma política sistemática de "terra arrasada" região após região, arrasando as aldeias, massacrando dezenas de milhares de camponeses, vendendo milhares de outros como escravos e nomeando como administradores públicos seus próprios soldados ou a nobreza judaica que tinha entregue a sua cidade.[18]

Outra passagem de Josefo oferece uma eloquente ilustração de como os camponeses judeus reagiram ao avanço romano. O lugar é Gadara (na margem oriental do Jordão), mas podemos imaginar pânico semelhante entre os camponeses em outras áreas, quando as forças romanas prosseguiram nas suas operações de "busca e destruição". Os romanos tomaram a cidade sem muita luta, pois a elite local capitulara secretamente "em parte pelo desejo de paz e em parte para proteger seus bens, pois Gadara tinha muitas residências ricas" (*G.J.* 4.414). Os elementos rebeldes fugiram para salvar sua vida.

> Vespasiano mandou Plácido com 500 homens de cavalaria e 3.000 de infantaria perseguir aqueles que haviam fugido de Gadara...Quando os fugitivos subitamente viram a cavalaria em sua perseguição, invadiram uma aldeia chamada Betenabris antes de se iniciar qualquer batalha... Plácido ordenou um ataque e após uma renhida batalha, que se estendeu até a noite, capturou a muralha e toda a aldeia. Os não combatentes foram mortos em massa, enquanto os fisicamente mais capazes fugiram. Os soldados saquearam as casas e depois incendiaram a aldeia. Entrementes, aqueles que tinham fugido agitaram a zona rural. Exagerando sua própria desgraça e dizendo que todo o exército romano estava avançando contra eles, atemorizaram todo mundo e com toda a multidão fugiram rumo a

Jericó, a única cidade restante suficientemente forte para dar esperança de sobrevivência, por causa da sua grande população. Plácido, baseando-se na sua cavalaria e animado por seus sucessos anteriores, perseguiu-os até o Jordão, matando a todos os que podia capturar... Seu caminho através da região era um longo rastro de carnificina, e o Jordão... e o mar Morto ficaram cheios de cadáveres... Plácido, beneficiando-se do seu sucesso, lançou ataques contra as pequenas cidades e aldeias na vizinhança. Tomando Abila, Júlia, Besimot e todas as outras cidades até o mar Morto, estabeleceu em cada uma delas os desertores mais capacitados... (*G.J.* 4.419-20; 429-33.437-39).

Além da matança e devastação sistemática em grande escala, dois outros aspectos dessas práticas romanas são dignos de nota com relação à escalada do banditismo. Aqueles que tinham desertado para o lado dos vencedores romanos, geralmente a nobreza abastada ou funcionários locais, eram nomeados para os cargos públicos. Quanto aos camponeses, os que não haviam fugido foram simplesmente mortos. Para citar outro exemplo, quando Vespasiano e suas tropas chegaram a Jericó,

a massa da população, prevendo a sua aproximação, havia fugido para a região montanhosa em frente à Jerusalém, mas os que ficaram para trás foram mortos (*G.J.* 4.451).

Quer dizer, simplesmente matando os que não tinham fugido, os romanos na verdade *criaram* o fenômeno dos fugitivos expropriados obrigados a saquear seus próprios territórios anteriores, agora em mãos das facções pró-romanas. Esses salteadores agora virtualmente não tinham outra alternativa senão lutar contra o avanço romano.

Mas, em face do poderio militar romano, mesmo bandos de salteadores, que normalmente teriam continuado as suas operações nas regiões mais afastadas do país, estavam inclinados a fugir para as cidades grandes ou para Jerusalém, em busca de refúgio.

Por estas descrições de Josefo é possível discernir um padrão completo da conquista romana e da reação dos camponeses judeus. Os romanos perseguiam implacavelmente os camponeses e devastavam suas aldeias. Os camponeses não tinham outra alternativa senão lutar (e inevitavelmente ser mortos) ou fugir. Sua fuga em pânico tinha um efeito de bola de neve sobre as outras aldeias camponesas. Uma vez que tinham fugido, era-lhes impossível voltar às suas aldeias e cidades, que, ou haviam sido destruídas, ou estavam agora nas mãos dos seus inimigos ricos, que tinham desertado para o lado romano. Muitos fugiram para a cidade-fortaleza mais próxima, como Jericó. Foram estas as circunstâncias em que se formaram grandes grupos de salteadores, "menores que um exército, porém maiores que uma quadrilha armada..." Os grupos de salteadores formavam-se e operavam em áreas que os romanos ainda não tinham "pacificado" completamente. Mas, à medida que as forças romanas avançavam mais dentro da Judeia, os bandos de salteadores acabavam sendo forçados a buscar refúgio na cidade--fortaleza de Jerusalém.

Por irônico que pareça, foram as práticas romanas que produziram os grupos que continuaram e prolongaram a guerra. Isto é, os métodos usados pelas forças romanas na retomada da Palestina judaica criaram as condições que originaram o banditismo epidêmico e a crescente revolta camponesa, justamente aquilo que estavam tentando suprimir. Especialmente, os salteadores que se juntaram em Jerusalém foram o fruto direto da reconquista romana do noroeste da Judeia.

Ataques dos zelotas à nobreza herodiana

Quando os bandos de salteadores se uniram em Jerusalém para formar os zelotas, Josefo lamenta que eles não mais

> restringiam sua audácia a incursões e assaltos nas estradas. Agora eles tinham chegado ao ponto de cometer assassínios não apenas de noite ou secretamente, ou de matar um transeunte casual, mas abertamente, em plena luz do dia, e começando pelos cidadãos mais notáveis. Primeiro capturaram e aprisionaram Antipas, um homem de descendência real e entre os mais poderosos da cidade, que fora até encarregado do tesouro público. Depois foi a vez de Levias, um dos nobres, e Sifas, filho de Aregetes, ambos de sangue real, depois os outros de alta reputação (*G.J.* 4.139-41).

Isto é, os zelotas começaram atacando membros da aristocracia dominante, especialmente os nobres herodianos. Normalmente, em sociedades agrárias tradicionais, os camponeses suportam pacientemente o peso que Deus — e seus senhores — lhes impuseram. Todavia, muito ocasionalmente, quando incitados por algo incomum, partem para uma ação enfurecida, destruindo os símbolos do luxo e dos privilégios e exercendo uma violência sobre seus senhores quase igual àquela que por tanto tempo eles mesmos sofreram.[19] As ações dos zelotas em Jerusalém não foram uma violência repentina e irracional. Tampouco os seus expurgos da nobreza foram fruto de uma paixão efêmera. Eram atos deliberados, tanto em relação às pessoas expurgadas quanto em relação aos procedimentos seguidos. O primeiro ato ocorreu logo após a sua entrada na cidade. Uma segunda onda de expurgos foi executada em conjunto com os idumeus, depois que estes resgataram os zelotas do seu virtual aprisionamento no templo pelos sumos sacerdotes e pelo povo da cidade (*G.J.* 4.325-27). Depois veio uma terceira fase, quando a maioria dos idumeus tinha deixado a cidade (*G.J.* 4.357).

Os expurgos dos zelotas faziam parte de um padrão geral de ataques populares à aristocracia dominante no decorrer de toda a revolta. Bem no início da revolta, aqueles que acabaram com os sacrifícios no templo para Roma, juntamente com outros rebeldes, atacaram a aristocracia sacerdotal e a nobreza herodiana, cercaram-nos nos palácios reais e executaram os que capturaram, tais como o sumo sacerdote Ananias e seu irmão Ezequias (*G.J.* 2.430-41). A seguir, depois que os zelotas tinham iniciado seus ataques contra os adeptos reais, os idumeus atacaram e mataram os líderes sacerdotais Anano e Jesus, enquanto tanto João de Gíscala como Simão bar Giora executaram expurgos da aristocracia sacerdotal e outros indivíduos ricos e poderosos (*G.J.* 5.440-41). Parece que os zelotas, particularmente, concentraram seus ataques contra a nobreza herodiana. Apenas em conexão com a terceira onda de justiçamento, Josefo menciona que eles atacaram outros líderes aristocráticos ou funcionários, tais como Gorion, filho de José, e Niger, o pereiano.

Os zelotas também observavam certos procedimentos nos seus expurgos. Por exemplo, no julgamento de Zacarias, filho de Baris, tentaram usar o Sinédrio, o grande conselho da nação, como tribunal. Mas os membros aristocráticos não cooperaram muito, segundo Josefo. Além disso, não executavam os seus prisioneiros sumariamente, mas tentavam presuadi-los a converter-se para a causa popular. Josefo escreve: "Eles capturaram e aprisionaram os jovens nobres, adiando a sua execução na esperança de que alguns se convertessem para o seu lado" (*G.J.* 4.327).

Não é difícil identificar as razões dos ataques dos zelotas (e de outros) à aristocracia dominante, seja na narrativa de Josefo, seja nas condições sociais (comentadas no final do capítulo 1 e no começo do capítulo 2). Josefo menciona duas razões principais para os expurgos da elite dominante pelos zelotas. Uma foi o intenso conflito de classes que permeava a sociedade judaica na época e então estava irrompendo numa revolta. Josefo dá a este motivo um tom superficial, da primeira vez que o apresenta:

> Eles haviam decidido liquidar Zacarias, filho de Baris, um dos cidadãos mais distintos... Como ele era rico, podiam esperar pilhar os seus bens e livrar-se de um oponente poderoso e perigoso (*G.J.* 4.335).

Mais adiante mostra claramente quão profundo era realmente esse conflito de classes. Os zelotas agiam contra "aqueles com os quais tinham antigas rixas... e ninguém escapou, exceto aqueles cuja origem humilde ou destino os tornara totalmente insignificantes" (*G.J.* 4.364-65). Josefo não especifica quais foram essas "antigas rixas". Mas não é difícil especular inteligentemente sobre a estrutura geral das relações políticoeconômicas em que a nobreza herodiana deve ter sido o foco da hostilidade popular, e Josefo informa-nos sobre uma rixa particular que alguns podem ter tido com famílias herodianas. Em geral os nobres herodianos eram alguns dos maiores proprietários de terras da sociedade. Numerosos camponeses devem ter estado endividados com eles. Quanto a rixas particulares, em que alguns judeus "mais fracos" podem ter sido vítimas do poder das famílias nobres, Josefo observou que os herodianos bem como as poderosas famílias sacerdotais adotaram um comportamento predatório contra o povo nos anos que precederam a revolta:

> Costobar e Saul [irmãos] reuniram alguns bandos de maus elementos por sua iniciativa. Eram de descendência real e respeitados por causa das suas relações de família com Agripa [II], mas eram criminosos e dispostos a saquear os bens daqueles que não podiam defender-se (*Ant.* 20.214).

Por maior que fosse o seu empenho contra os opressores estrangeiros romanos, os zelotas conduziam primeiro luta de classes contra a sua própria nobreza judaica.

A segunda razão do ataque dos zelotas contra os partidários realistas foi a sua convicção de que os nobres estavam entregando a cidade aos romanos. Por exemplo, no caso de Zacarias, já mencionado, acusaram-no de "entregar o estado aos romanos e de enviar uma proposta de traição a Vespasiano" (*G.J.* 4.336). Na *Guerra Judaica* Josefo afirma que essa acusação era totalmente injustificada. Quando os zelotas "chacinaram os seus prisioneiros, justificaram seu acintoso crime com uma mentira igualmente acintosa, dizendo que suas vítimas tinham tratado com os romanos sobre a entrega de Jerusalém e que elas tinham sido mortas como traidoras da liberdade do povo" (*G.J.* 4.146). Na verdade em toda esta parte da sua história, Josefo procura de todas as formas insistir que esta acusação dos zelotas era totalmente infundada. Faz João de Gíscala, que supostamente tinha favorecido o sumo sacerdote Anano e outros líderes aristocráticos, dizer aos zelotas que "Anano havia per-suadido os jerosolimitanos (*demos*) a pedir que Vespasiano viesse logo e tomasse a cidade". Mas depois insiste que João está contando "uma história exagerada" e está difamando Anano e seus amigos (*G.J.* 4.218.224.226). Apresenta ainda Anano afirmando que "agora estamos em guerra com Roma" no seu discurso de instigação dos jerosolimitanos (*demos*) contra os zelotas (*G.J.* 4.177). Também apresenta o outro porta-voz do sumo sacerdote, Jesus, refutando a acusação de que a aristocracia estava prestes a entregar a cidade (*G.J.* 4.245-68). Este padrão de negação ou refutação continua com Zacarias e um zelota renegado (*G.J.* 4.338.347). Mas a aristocracia não tinha qualquer credibilidade junto ao povo comum. Segundo a narração dos fatos pelo próprio Josefo, não obstante o que põe na boca de várias personagens, os zelotas não foram os únicos a desconfiar dos grupos dominantes. Os seus aliados, os idumeus, também eles predominantemente uma força camponesa, não acreditaram por um momento sequer nos protestos de inocência dos sumos sacerdotes e escarneceram do seu blefe em atos e em palavras: "Em pé sobre os cadáveres, ridicularizaram Anano pela sua dedicação aos cidadãos e Jesus pelo seu discurso pronunciado de cima do muro" (*G.J.* 4.314-16; 278-81).

Além disso, a insistência de Josefo na inocência da aristocracia aqui é inacreditável a quem quer que tenha lido sua autobiografia apologética ou até mesmo a *Guerra Judaica* com um olho crítico. Por mais que tente turvar os fatos em certas passagens dos relatos da *Guerra*, em diversas outras passagens revela a verdadeira intenção dos grupos dominantes judaicos, isto é, chegar a uma acomodação com os romanos.

Assim, por exemplo, o elogio que na *Guerra* Josefo faz de Anano como um aristocrata moderado, que tentou intermediar um acordo com Roma, soa mais verdadeiro que seus protestos de que ele era um chefe leal do governo revolucionário. "Ele fez da paz o seu objetivo supremo" (*G.J.* 4.320). Josefo indica claramente que mesmo quando simulava preparar-se para a guerra, ele estava tentando estabelecer as condições da rendição (pois "ele sabia que o poder romano era invencível" [*G.J.* 4.320]). Os eminentes e ricos "cidadãos" que constituíam o principal apoio do governo sacerdotal na cidade também queriam render-se ou fugir para as linhas romanas. Muitos "cidadãos" "abandonaram os seus compatriotas para refugiar-se junto aos estrangeiros, encontrando no acampamento romano a segurança que não tinham entre o seu próprio povo" (*G.J.* 4.397).[20]

Além disso, a aristocracia sabia que teria uma recepção calorosa da parte dos romanos. Não se tratava apenas do fato de que Vespasiano e Tito acolhiam os desertores como fonte de informações sobre as dissensões e os pontos fracos das forças rebeldes judaicas. Era antiga política romana de dominação imperial fazer aliança com a aristocracia nativa das grandes cidades. Esta política é pressuposta no discurso de Anano aos cidadãos (*G.J.* 4.181). Por isso, quando os judeus ricos e poderosos se rendiam, os romanos aproveitavam-nos como elementos de guarnições em cidades territoriais, mandavam-nos para o interior do país para uma trégua pacífica da guerra e até restituíam suas propriedades.[21] Em total contraste com os rebeldes e até com os camponeses não rebeldes, a aristocracia e os "cidadãos" tinham atraentes incentivos para render-se ou desertar.

Josefo confirma explicitamente esta estratégia da aristocracia judaica na sua *Vida* apologética. Quando explodiu a revolta no verão de 66, ele e outros notáveis de Jerusalém, os sumos sacerdotes e os líderes fariseus, ficaram alarmados ao ver o povo em armas. "Como éramos impotentes para dominar os revolucionários e nos encontrávamos num perigo tão óbvio e iminente, declaramos concordar com suas ideias" (*Vida* 21-22.28). Depois trataram de assumir a direção da nação, precisamente para controlar os impulsos da rebelião até que pudessem fazer um acordo com os romanos (ver, p. ex., *Vida* 73.77-80). Esta estratégia moderada da aristocracia pareceu funcionar satisfatoriamente, ainda que lentamente, até a emergência dos zelotas em Jerusalém no inverno de 67-68.

Naturalmente os camponeses judeus não desconheciam as formas de governo adotadas por Roma, nem ignoravam os interesses e as inclinações da sua própria aristocracia. Conforme assinala Josefo, os ricos e poderosos de Gadara, secretamente, "sem serem vistos pelos rebeldes, haviam enviado uma delegação a Vespasiano com uma proposta de rendição" (*G.J.* 4.414). Por isso não é de admirar que os zelotas e idumeus suspeitassem que a aristocracia estava negociando um acordo secreto com os romanos e traindo a sua luta pela liberdade. Efetivamente, no caso de Antipas, um dos primeiros herodianos que os zelotas levaram a julgamento, havia um bem conhecido registro de traição. Este Antipas, que os zelotas encontraram responsável por todos os fundos públicos quando entraram na cidade no outono de 67, tinha sido membro de uma delegação enviada pelo grupo dominante de Jerusalém a Agripa II, no verão de 66, pedindo que enviasse tropas para suprimir a rebelião nascente (G.*J.* 2.418-19). Como devia ser do conhecimento geral do povo judeu, os partidários da família real, como Antipas, ocupavam a mesma posição e tinham os mesmos interesses no sistema imperial que a aristocracia sacerdotal. Portanto, a acusação dos zelotas de que a nobreza herodiana estava entregando a cidade aos romanos não era só altamente verossímil, mas quase certamente verdadeira.

A eleição de novos sumos sacerdotes pelos zelotas:
uma teocracia igualitária

Muito se destacou o fato de que os zelotas permaneceram no templo durante a maior parte das suas atividades em Jerusalém. Na verdade, este fato tornou-se a base principal para a afirmação de que os zelotas eram primariamente um grupo sacerdotal de Jerusalém quanto à sua liderança, se não quanto aos seus membros.[22] Além disso, supõe-se que os zelotas estavam cheios de *zelo* pelo templo e pela Torá. Entretanto, a presença dos zelotas no templo deu-se principalmente em função das circunstâncias. A maioria das pessoas do movimento eram de fora de Jerusalém, sem casas e provavelmente com poucos parentes ou amigos na cidade. Para esses forasteiros o pátio externo do templo oferecia praticamente o único grande espaço público, onde se podia reunir um grande número de pessoas. Mais decisivo para a localização dos zelotas no templo foi o fato de que foram empurrados para lá por um ataque dos sumos sacerdotes e do povo da cidade. Josefo diz claramente que eles inicialmente se retiraram ao templo porque temiam um ataque instigado por Anano, um sumo sacerdote líder, e buscavam "refúgio contra uma irrupção de violência do povo da cidade" (*G.J.* 4.151). Efetivamente, assim que conseguiu recrutar uma força de combate suficiente entre o povo da cidade, Anano liderou um ataque contra os zelotas e forçou-os a procurar refúgio no pátio interno do templo, barrar as portas e colocar uma sólida força de segurança. Assim, em certo sentido os zelotas dominavam a fortaleza do templo, "o lugar mais fortificado na cidade" (*G.J.* 4.173). Por outro lado, "tendo-se revoltado pela causa da liberdade, estavam agora presos no templo" (*G.J.* 4.229). A aristocracia sacerdotal estava horrorizada pelo fato de que "a escória e o refugo de todo o interior do país agora perambulava livremente em nosso lugar sagrado" (*G.J.* 4.241.183). Naturalmente, os sumos sacerdotes não lhes tinham dado muitas opções. Pouco mais de um ano depois, quando Simão bar Giora entrou na cidade, os zelotas foram novamente forçados a refugiar-se no pátio interno do templo. Mas, no intervalo, quando tinham o controle efetivo da cidade, estavam espalhados e não se concentravam no templo mais do que qualquer outro grupo. Consequentemente, não devemos exagerar o seu suposto zelo pelo templo e a sua motivação para fazer uma "limpeza" do templo ou uma "purificação do culto".

Todavia, Josefo indica que os zelotas nutriam um grande interesse pelos oficiais do templo. Efetivamente, um dos dois atos principais que realizaram após entrar na cidade foi promover uma eleição de novos sumos sacerdotes. Josefo escreve horrorizado:

> Os salteadores tornaram-se tão furiosos que tomaram a si a função de eleger os sumos sacerdotes. Deixando de lado as famílias que na sucessão normal sempre tinham fornecido os sumos sacerdotes, nomearam pessoas obscuras e de origem humilde, para ganhar parceiros no sacrilégio; pois aqueles que se encontravam no cargo máximo sem merecê-lo eram inevi-

tavelmente subservientes àqueles que os tinham colocado no posto. Além disso, provocaram discórdia entre as pessoas que detinham o poder por meio de várias artimanhas e falsidades tirando proveito das rixas daqueles que os deviam ter refreado. Depois, quando tinham feito todo o mal que queriam contra as pessoas, dirigiram a sua insolência à Divindade e invadiram o santuário com pés impuros. Os jerosolimitanos estavam agora a um passo da revolta, pressionados por Anano, o mais velho dos chefes dos sacerdotes e um homem de juízo extremamente equilibrado, que poderia ter salvo a cidade, se tivesse escapado das mãos dos conspiradores. Transformaram o templo de Deus na sua fortaleza e um lugar de refúgio em face das sublevações dos cidadãos, e o santuário tornou-se o centro da sua tirania. Havia nessas atrocidades um escárnio mais lastimável do que as próprias ações em si. Para testar o medo do povo e demonstrar a sua própria força, tentaram escolher os sumos sacerdotes por sorteio, apesar do fato de que a sucessão era hereditária, conforme dissemos. O pretexto por eles alegado para tal procedimento baseava-se em costume antigo. Diziam que antigamente o sumo sacerdócio era determinado por sorteio. Mas na realidade era uma inversão da prática estabelecida e um meio de consolidar seu poder através de nomeações arbitrárias. Assim mandaram chamar um dos clãs de sumos sacerdotes chamado Eniachin e sortearam um sumo sacerdote. O resultado do sorteio mostrou claramente a sua depravação. O nome do sorteado era Fani, filho de Samuel, da aldeia de Aftia. Dificilmente era descendente de sumos sacerdotes e era tão rústico que não sabia sequer o que significava o sumo sacerdócio. De qualquer maneira, arrastaram-no da zona rural e como um ator no palco vestiram-no, paramentando-o com vestes sagradas e ensinando-lhe o que tinha de fazer na ocasião (*G.J.* 4.147-56).

Esta passagem geralmente tem sido interpretada no sentido de que os zelotas elegeram um novo sumo sacerdote, o oficiante principal do templo. Isso talvez ocorre porque a parte mais notável da passagem é a cena escandalosa do sacerdote rústico de uma aldeia camponesa inesperadamente investido em toda a pompa e cerimonial do augusto ofício. Mas a passagem diz muito mais que isso. Para entender o que os zelotas fizeram e por que provocaram um ataque contra si mesmos, é preciso levar em consideração duas coisas em particular. Um primeiro ponto é que nas sociedades tradicionais antigas, e com certeza na sociedade judaica antiga havia pouca ou nenhuma diferença entre religião e política ou mesmo economia. É extremamente difícil distinguir estas dimensões até mesmo analiticamente. Os messias e profetas populares discutidos nos capítulos 3 e 4 eram persongens políticorreligiosas. Pagar impostos a César era uma ofensa religiosa e, ao mesmo tempo, um peso econômico para o povo judeu. O templo não era uma instituição apenas religiosa, mas também econômica e política. Era o centro da vida nacional sob todos os aspectos. O segundo ponto a assinalar é que Josefo usa o plural, "sumos sacerdotes", mais de uma vez nesta passagem, não o singular, como teria feito se estivesse tratando só do sumo sacerdote oficiante. Os zelotas aparentemente escolheram pessoas de origem humilde não só para o cargo máximo, mas também para as diversas funções à frente do aparato do templo. Em termos modernos, poderíamos dizer que se tratou de eleger um *governo* novo ou alternativo, pois os sumos sacerdotes como funcionários do templo também eram os chefes do governo. Conforme Josefo explica em outro contexto: "Após a morte dos reis [asmoneus], a forma de governo tornou-se uma aristocracia, e os sumos sacerdotes assumiram a liderança da nação" (*Ant.* 20.251). Portanto, os zelotas estavam menos interessados na purificação dos rituais do templo e nas funções cúlticas do sacerdócio do que nos papéis sacerdotais centrais de líderes nominais do governo teocrático. Na passagem citada, Josefo por duas vezes sugere que foi essa a motivação dos zelotas para eleger novos sumos sacerdotes. Como os novos ocupantes desses cargos seriam devedores aos que os promoveram (*G.J.* 4.149), as eleições seriam o mecanismo para eles mesmos tomarem o poder (*G.J.* 4.154).

Um exame mais detido de outros três aspectos do relato de Josefo poderá proporcionar-nos uma compreensão mais exata do que os zelotas devem ter pretendido com suas eleições para os cargos do sumo sacerdócio. Primeiro, os zelotas "afastaram as famílias que na sucessão regular sempre tinham preenchido esses cargos", e escolheram os sumos sacerdotes por sorteio, ainda que "a sucessão fosse hereditária". Mas os zelotas-salteadores camponeses tinham uma memória mais longa e um respeito pela tradição maior do que Josefo quer admitir. Os zelotas tinham as tradições sagradas, na verdade as tradições escriturísticas, do seu lado. Os membros da aristocracia sacerdotal governante é que eram ilegítimos, sendo o produto de uma ab-rogação dos costumes tradicionais. Herodes havia afastado a dinastia hereditária asmoneia de sumos sacerdotes e, elevando homens de famílias leais a ele, criara nova aristocracia sacerdotal. Mas mesmo os heroicos asmoneus eram pretendentes ilegítimos, que tinham chegado ao cargo através de arranjos com os funcionários da corte dos Selêucidas, substituindo, assim, a verdadeira linhagem hereditária sadoquita, que havia ocupado a posição desde a volta do exílio. Os zelotas sabiam que o ocupante do cargo de sumo sacerdote por tradição antiga devia ser um sadoquita legítimo. Também sabiam que ainda existiam algumas famílias sadoquitas verdadeiras, ainda que na época fossem simples aldeões. Assim convocaram um dos "clãs de sumos sacerdotes" chamado Eniachin/Jachim. Josefo apresenta a "eleição por sorteio" e a "sucessão hereditária" como alternativas mutuamente excludentes. Mas isso ocorre porque ele pressupõe a posição hierárquica hereditária das famílias de sumos sacerdotes estabelecidas (porém ilegítimas). Os zelotas são claramente contrários ao poder e ao privilégio hierárquico. Todavia restauraram, não ab-rogaram, o verdadeiro princípio tradicional da sucessão hereditária.

Em segundo lugar, os zelotas apelaram para o "costume antigo", dizendo que antigamente o "sumo sacerdócio era determinado por sorteio". O que possa ter sido esse "costume antigo é um enigma para nós, se procurarmos um precedente para a escolha *do* sumo sacerdote presidente por sorteio. Mas se o costume antigo se refere à escolha das funções sumo-sacerdotais em geral, algumas passagens de 1Cr podem ser relevantes. Supostamente, no tempo de Davi, as vinte e quatro classes (divisões) de sacerdotes foram originariamente organizadas por sorteio, e tanto as funções dos músicos como as dos porteiros deviam ser determinadas por sorteio.[23] Os zelotas podem ter-se lembrado precisamente desse "costume antigo", segundo o qual as várias funções e responsabilidades dos funcionários do governo do templo eram determinadas através de sorteio. At 1,26 oferece um paralelo interessante da igreja primitiva: lançaram sortes para determinar quem substituiria Judas entre os doze discípulos.

Em terceiro lugar, a escolha de funcionários por meio de sorteio era simultaneamente um princípio teocrático e democrático ou igualitário (isto é, não hierárquico). A escolha de líderes por sorteio era o antigo método israelita, pelo qual se considerava que Deus, o verdadeiro governante da sociedade, fazia a escolha. De acordo com as antigas tradições da aliança, nenhum indivíduo ou família devia ter poder indevido sobre os outros. Todos deviam viver juntos em relações políticoeconômico-sociais justas, protegidas pelos princípios da aliança, aos quais todos haviam prometido obediência. A escolha do primeiro rei popular por sorteio, Saul, é uma boa ilustração da maneira como era usado o princípio da escolha por sorteio, tanto para fazer com que o verdadeiro rei, Deus, fizesse a escolha como para proteger as relações políticas igualitárias dentro da sociedade. Primeiro era escolhida por sorteio a tribo, depois a família. Na verdade, o Israel antigo deve ter oferecido muitas tradições sobre como a *teocracia*, o governo direto de Deus, funcionava de forma igualitária. De acordo com lembranças mais recentes, nas primeiras fases da revolta macabaica, os *hasidim* e outros provavelmente tinham agido de maneira democrático-carismática, antes de os asmoneus reinstalarem uma hierarquia. A memória dos tempos antigos, depois que fora derrubada a hierarquia e o privilégio e florescera uma teocracia mais democrática, deve ter inspirado as ações dos zelotas. Todavia, ao opor-se à ordem hierárquica, os zelotas não estavam abandonando as formas *hierocráticas*, isto é, o governo de Deus através do governo dos sacerdotes, nesse caso chefiado por funcionários de famílias sadoquitas legítimas. Estavam, antes, implementando um princípio não hierárquico de iguldade, segundo o qual um simples sacerdote de aldeia, sem instrução, podia ser escolhido como o sumo sacerdote oficiante (na verdade, o chefe de estado!). As parábolas de Jesus, bem como outras palavras suas indicam que os camponeses judeus alimentavam ideais de uma teocracia (o reino de Deus) igualitária (restaurada) — porquanto foram os camponeses que ouviram tais palavras e também as preservaram e transmitiram.[24] Mas agora eram os zelotas que estavam implementando essas ideias.

O modelo de liderança adotado pelos zelotas é outra prova do caráter democrático do movimento. Os movimentos messiânicos, os movimentos proféticos e os outros principais grupos de combate em Jerusalém, na fase de 68-70, foram todos comandados por líderes carismáticos ou homens fortes individuais. Contrariamente a isso, parece que os zelotas tiveram uma liderança coletiva. Naturalmente, nas suas origens foram uma coalizão de grupos de salteadores comandados respectivamente por salteadores-chefes. Ao longo da sua história aparentemente não houve nenhum homem forte individual a comandar o grupo. Na sua narrativa das lutas com a aristocracia sacerdotal, Josefo sempre se refere aos zelotas como a um coletivo, sem mencionar qualquer líder particular. Quando Josefo cita líderes individuais em algumas passagens, sempre se refere a mais de um.[25] Quando, várias vezes no início do livro 5, usa a expressão "aqueles em torno de Eleazar", ele o faz para distinguir o corpo principal dos zelotas daqueles zelotas e outros que permanceram sob o comando de João de Gíscala na luta entre três grupos rivais pelo controle da cidade. Mas Eleazar não é indicado como o único líder do grupo.

A prova mais eloquente da liderança do grupo aparece na sua descrição do rompimento entre João de Gíscala e o corpo principal dos zelotas:

> João agora tendia para o domínio de um só homem e julgava abaixo da sua dignidade compartilhar a honra com os seus colegas. Gradativamente formou um grupo de sequazes dos tipos mais desprezíveis e rompeu com a coalizão. Desconsiderando repetidamente as decisões dos outros e dando suas próprias ordens como um tirano, mostrava claramente que estava querendo governar sozinho... Muitos dos que resistiram a esta tendência abandonaram-no, em parte motivados por inveja e relutância a serem governados por alguém que fora igual a eles, mas principalmente por medo do domínio de um único homem. Todos preferiam a guerra com todas as suas misérias a abdicar da liberdade e morrer como escravos (*G.J.* 4.389-94).

Supondo que esta narrativa de Josefo não seja pura ficção e represente uma informação válida, que lhe chegou através dos inimigos dos zelotas, observamos um compromisso altamente característico do grupo com uma liderança coletiva. Parece que os zelotas estavam acostumados a tomar decisões coletivamente. Depois que João aderiu ao grupo, começaram a desenvolver-se atritos com o seu estilo mais singular e ambicioso de liderança. Foi só muito mais tarde, na fase final do cerco romano, quando o número dos seus membros havia diminuído sob repetidos ataques e conflitos intergrupais, que os zelotas foram relutantemente obrigados a aceitar a liderança de João (ver *G.J.* 4.98-105). Desde o início da sua formação e por todo o período em que exerceu um papel importante, se não dominante, em Jerusalém, o grupo dos zelotas praticou a tomada de decisão coletiva, aparentemente em virtude do forte sentimento igualitário do grupo.

Finalmente, com respeito à liderança, impõe-se corrigir uma possível ideia errônea sobre os zelotas. Em estudos recentes muito se tem falado do caráter sacerdotal da liderança dos zelotas.[26] Mas, conforme assinalamos, uma das principais provas aduzidas para tanto, a sua localização no templo, dificilmente pode ser usada desta maneira. O outro argumento para o caráter sacerdotal da liderança e da composição dos membros dos zelotas também cai por terra, pois se baseia num falso pressuposto (até certo ponto ainda dependente do antigo conceito acadêmico de "zelotas"): que os zelotas são a continuação do grupo liderado por Eleazar, filho de Simão, no outono de 66, e até têm ligações com os seguidores de Eleazar, filho de Ananias, que iniciou a revolta em Jerusalém no verão de 66. De fato, o primeiro foi sacerdote e o último capitão do templo. Todavia, simplesmente não há evidência de continuidade entre os seguidores dos dois Eleazares em 66 e os zelotas. Dificilmente conjeturas sobre tal continuidade podem merecer precedência sobre a afirmação explicita de Josefo de que os zelotas se formaram como uma coalizão de grupos de salteadores no inverno de 67-68. Além disso, em seus relatos sobre as ações dos zelotas em geral e nas suas referências aos seus líderes em particular, a única vez que Josefo menciona algo sobre sacerdotes é em conexão com Eleazar, filho de Simão e Zacarias, filho de Anficaleu. Esta não é uma boa base para afirmar que o grupo era primariamente sacerdotal quanto à sua liderança.

O ataque dos sumos sacerdotes aos zelotas

Os líderes sumos sacerdotes na cidade, alarmados com a crescente influência dos zelotas e preocupados com a erosão da sua própria autoridade, organizaram um ataque maciço contra os "salteadores".

OS ZELOTAS

É compreensível que a aristocracia sacerdotal se sentisse ameaçada pelas duas principais ações dos zelotas: os expurgos dos herodianos e a formação de um governo alternativo (democrático). Por outro lado, não há indicação de que os zelotas tivessem atacado os líderes sumos sacerdotes. Tampouco haviam feito tentativas de tomar a cidade pela força. A julgar pela sua incapacidade de resistir ao ataque comandado pelo sumo sacerdote Anano, os zelotas dificilmente teriam tido a força de combate necessária para tentar essa tomada.

Além disso, o povo de Jerusalém não parece ter estado muito preocupado com a presença dos zelotas na cidade. De acordo com os relatos de Josefo, os zelotas comunicavam-se com o povo da cidade. Houve até discussões públicas envolvendo interação entre os zelotas e alguns funcionários do governo (*G.J.* 4.150). Antes da incitação do povo da cidade pelos sumos sacerdotes contra o grupo, nada indica que os jerosolimitanos tivessem empreendido qualquer ação significativa em oposição aos zelotas.

A elite do governo dos sumos sacerdotes tinha tradicionalmente o apoio do povo de Jerusalém para realizar suas políticas e decisões no resto da sociedade. Portanto, é razoável que esperassem tal apoio. Além das famílias dos sumos sacerdotes e dos líderes fariseus, os jerosolimitanos mais notáveis devem ter sido os ricos proprietários de terras, que tinham os mesmos interesses básicos que a aristocracia sacerdotal. Além disso, a maioria das outras pessoas da cidade, para o seu sustento, dependia, direta ou indiretamente, do templo, dada a sua centralidade econômica e políticorreligiosa na sociedade como um todo.[27] Por isso, os sumos sacerdotes Anano e Jesus (e seus colegas no governo), alarmados com os atos dos zelotas na cidade, naturalmente recorreram ao povo da cidade para ajudá-los a livrar-se da ameaça dos zelotas à sua autoridade.

Mas aparentemente o governo dos sumos sacerdotes julgou necessário envidar um esforço maior para instigar o povo da cidade contra os zelotas. Agiram através de assembleias públicas e visitas particulares. O fato de que tiveram que induzir o povo da cidade atrás do cenário e "repreender as pessoas por causa da sua apatia" indica não só que a aristocracia estava muito mais alarmada que o povo, mas também que o povo da cidade dificilmente era unânime na sua oposição aos zelotas, nem necessariamente contra eles. Josefo ajudou a confundir essa situação pela sua descrição do "povo da cidade" ou dos "jerosolimitanos" na *Guerra Judaica*. Quase sempre apresenta o "corpo de cidadãos" (*demos*) ou "cidadãos" ou "multidão" como se fosse um corpo coletivo anônimo, em oposição à rebelião contra Roma, e obedecendo ao comando dos sumos sacerdotes. Quase com toda a certeza, o "povo da cidade" a que se refere Josefo era a facção moderada, incluindo os que desde o início se opuseram às hostilidades e os que por fim desertaram da cidade sitiada e passaram para o lado dos romanos. Como indicam os relatos de Josefo sobre deserções e tentativas de deserção, esta facção incluía os "cidadãos" mais ricos, cujas propriedades os romanos restituíram (em oposição aos "não cidadãos" da cidade que foram simplesmente mortos ou escravizados). Entretanto, a tentativa de Josefo de dar a impressão de que todo o corpo de cidadãos era a favor da paz não consegue ocultar o fato de que numerosos jerosolimitanos, incluindo sacerdotes e até o capitão do templo Eleazar, eram "revolucionários". Ainda deve ter havido jerosolimitanos com outras atitudes em face da revolta, permanecendo ambivalentes ou mudando conforme as circunstâncias. Assim, também os zelotas devem ter exercido algum impacto sobre a situação na sua interação com o povo simples de Jerusalém. Josefo indica outro aspecto, quando observa que "eles provocaram discórdia entre as pessoas que detinham o poder por meio de artimanhas e falsidades, tirando proveito das rixas daqueles que os deviam ter refreado" (*G.J.* 4.150). Por isso não é de surpreender que os líderes da aristocracia governante tivessem dificuldade em incitar o povo da cidade a agir contra os zelotas.

De fato, os efeitos desestabilizadores que os zelotas podem ter exercido sobre certos segmentos da população e a sua erosão, aparentemente bem-sucedida, da autoridade dos funcionários do governo (que agora eram instigados a brigar entre si) podem ter sido fatores que agravaram ainda mais o temor dos sumos sacerdotes. Estes estavam perdendo a sua capacidade de manter o povo da cidade sob controle. A presença e a influência dos zelotas na cidade deve ter afetado a capacidade de o governo dos sumos sacerdotes prosseguir a sua estratégia de negociar um acordo com os romanos. A estratégia dos sumos sacerdotes de simular a preparação da defesa contra a reconquista romana, enquanto controlavam a revolta e negociavam com os romanos, fora bem-sucedida durante mais de um ano. Agora os zelotas ameaçavam bloquear a implementação da sua estratégia, talvez exatamente quando previam um acordo com os romanos, que faziam uma pausa na campanha da reconquista, durante o inverno de 67-68. Os parágrafos que antecedem são um tanto expeculativos, mas podem dar uma explicação por que a liderança dos sumos sacerdotes em Jerusalém agiu tão vigorosamente na organização de um ataque contra os zelotas.

Finalmente os sumos sacerdotes conseguiram um número suficiente de pessoas incitadas da cidade para formar uma força de combate. Anano e seus homens atacaram os zelotas. Primeiro rechaçaram-nos para dentro do pátio do templo e depois forçaram-nos a refugiar-se no pátio interno, onde os mantiveram prisioneiros. Mas a aristocracia não tinha previsto a solidariedade dos não jerosolimitanos, isto é, da população rural da sociedade, com os zelotas. Milhares de homens das aldeias e cidades da Idumeia, respondendo ao apelo dos zelotas para resgatá-los, marcharam sobre Jerusalém. Os idumeus libertaram os zelotas do pátio interno do templo e finalmente mataram os líderes Anano e Jesus, depois de assumirem o controle da cidade. Quando a maioria dos idumeus partiu, os zelotas ficaram no controle da cidade.

Para o período durante o qual os zelotas estiveram no controle da cidade, Josefo dá muito poucas informações. De passagem menciona que se encontravam espalhados aqui e ali na cidade (*G.J.* 4.567-70). Pode ser indicativo da disciplina dos zelotas o fato de ele não falar de nenhuma retaliação geral contra o povo da cidade que os atacara, algo que seria perfeitamente de esperar. Além disso, embora os zelotas continuassem os seus expurgos da nobreza, não há nenhuma menção de qualquer ataque geral contra os restantes líderes do sumo sacerdócio. Efetivamente, é só num momento, depois que eles tinham sido atacados por Anano e seus homens e tinham conseguido o controle da cidade com os idumeus, que Josefo narra que adiaram a execução dos jovens nobres "na esperança de que alguns passassem para o seu lado". Por estes fragmentos de informações parece que os zelotas, longe de agirem como fanáticos vingativos, procediam de maneira disciplinada e que tinham alguns objetivos sociorrevolucionários de alcance mais longo, que seus senhores e o povo da cidade poderiam aceitar e abraçar, desde que lhes fossem devidamente explicados. Quando os sumos sacerdotes restantes, em colaboração com alguns idumeus e talvez o povo da cidade, receberam Simão bar Giora na cidade como seu "libertador", os zelotas ficaram novamente na defensiva, efetivamente sitiados no pátio interno do templo.

A significação histórica principal dos zelotas, no contexto da revolta como um todo, foi a de bloquear a estratégia dos sumos sacerdotes de negociar uma acomodação com os romanos. Assim proporcionariam um interlúdio durante o qual outros grupos populares poderiam unir-se na zona rural e mobilizar-se para continuar a resistência à reconquista dos romanos.

Portanto, o verdadeiro grupo histórico chamado de os zelotas era diferente da concepção (equivocada) sintética moderna do mesmo nome. Historicamente, é de todo impróprio usar os zelotas como um contraste (de defesa da rebelião violenta contra Roma) para a interpretação de Jesus (como profeta da não violência). Longe de terem provocado agitações em prol da rebelião até finalmente fazê-la explodir, os zelotas, como um grupo, foram eles próprios o produto da viciosa supressão romana de uma revolta em andamento havia muito tempo. Só depois que o avanço devastador das legiões romanas não deixou outra alternativa senão a fuga e a resistência, esses camponeses do noroeste da Judeia formaram bandos de salteadores que, uma vez refugiados em Jerusalém, emergiram como uma coalizão organizada. Os zelotas não eram tampouco uma "seita" ou "filosofia". Os zelotas propriamente ditos constituíram um fenômeno historicamente bem distinto da Quarta Filosofia, mencionada por Josefo como ativa em época anterior, por mais de sessenta anos. Além disso, nem mesmo a Quarta Filosofia, liderada por um "mestre" e um fariseu, defendia a rebelião armada, mas sim a resistência ao pagamento do tributo romano, e a disposição de sofrer por causa da resistência. Provavelmente nem sequer os sicários advogaram a rebelião armada contra os romanos. Muito provavelmente eles, como outros sábios e mestres, tinham pleno conhecimento do poder militar de Roma e sabiam quão suicida seria tal rebelião. Os sicários executaram uma estratégia calculada de assassínios seletivos contra os sumos sacerdotes judeus, que colaboravam com o governo romano. Além de não serem nem um partido nem uma filosofia, os zelotas também não eram primariamente um grupo sacerdotal. Mas como camponeses que conheciam muito bem as tradições sagradas da sua sociedade, depois de chegarem a Jerusalém, então em "situação revolucionária", tentaram estabelecer um governo alternativo, mais de acordo com essas tradições.

Notas

1. Ver M. Hengel, *Die Zeloten* (Leiden: Brill, 1961), como um exemplo de interpretação sintética equivocada dos textos de Josefo.
2. Ver *G.J.* 2.163; comparar DSS, 1QM 1,9-11; 12,7-9.
3. Ver Dn 11,34-35; 12,1-3; 1 Enoc 47,2; 2Mc 6,12-31; 7,9.
4. 1Mc 7,12-18.
5. A palavra grega (*epanastasis*), aqui traduzida por "demonstração", geralmente é entendida como significando "insurreição", "revolta" ou "rebelião" (ver, por exemplo, *A Complete Concordance to Flavius Josephus*, vol.2, ed. K.H. Rengstorf [Leiden: Brill, 1975], p. 135, ou a tradução de H.St.J. Thackeray's translation ["insurreição"] na LCL). O uso que Josefo faz de *epanastasis* é um bom exemplo da sua tendenciosidade, pois ele não descreve uma "insurreição" no texto que segue. O que ele descreve é uma demonstração ou desobediência civil contra a ação de Herodes de erigir a águia de ouro. O relato paralelo em *Ant.* não emprega *epanastasis*.
6. Ver M. Hengel, *Was Jesus a Revolutionist?* (Philadelphia: Fortress, 1971), pp. 10-13, 32.
7. Ver *G.J.* 2.254-57, 264-65; *Ant.* 20.163-65.187-88.
8. Ver *G.J.* 2.230-31.245-46; *Ant.* 20.116-17.134-36.
9. Ver T.H. Greene, *Comparative Revolutionary Movements* (Englewood Cliffs: Prentice-Hall, 1974), pp. 77-79; H.E. Price, "The Strategy and Tactics of Revolutionary Terrorism", *Comparative Studies in Society and History* 19 (1977): pp. 52-65; T.P. Thornton, "Terror as a Weapon of Political Agitation", in *Internal War*, ed. H. Eckstein (New York: Free, 1964), pp. 71-99 [ver a importante crítica de L. Stone, "Theories of Revolution", *World Politics* 18 (1966): pp. 161,175]; B. Crozier,

The Rebels: A Study of Post -War Insurrections (Boston: Beacon, 1960), p. 159; M.C. Hutchinson, "The Concept of Revolutionary Terrorism", *Journal of Conflict Resolution* 16 (1971):385,388. Estes são estudos padrão sobre o fenômeno do terrorismo.

10. Amar Ouzegane, *Le meilleur combat* (Paris: Julliard, 1962), p. 257.
11. *G.J.* 2.55-65.228; *Ant.* 17.271-85; 20.113.
12. Trata-se claramente dos sicários, como se pode ver na duplicação de *Ant.* 20.187-88.
13. V.I. Lênine, "The Collapse of the Second International" [1915], *Collected Works*, vol.21 (Moscow: Progress, 1964), 213, citado em R. Moss, *The War for the Cities* (New York: Coward, McCann & Geoghegan, 1972), pp. 64-65.
14. P. ex, Y. Yadin, *Masada: Herod's Fortress and the Zealots' Last Stand* (New York: Random, 1966). Por outro lado, ver R.A. Horsley, "The Sicarii: Ancient Jewish Terrorists", *JR*59 (1979): p. 455, n.62-63.
15. *G.J.* 7.437-40; ver também *Ant.* 20.97-98.169-71; *G.J.* 2.261-63.
16. Foi após a reconquista romana de Jotapata que Josefo desertou para o lado inimigo, depois de persuadir o restante dos seus colegas a fazerem um pacto de suicídio. De todo o grupo só ele permaneceu vivo.
17. A passagem é citada na página 82.
18. P. ex., *G.J.* 4.443-51; 4.551-54. Sobre as práticas romanas e massacre e escravização ver, p. ex., E.N. Luttwak, *The Grand Strategy of the Roman Empire* (Baltimore: Johns Hopkins, 1976), pp. 21, 25-26, 32-33, 41-42, 46-47; R. Syme, "The Northern Frontiers under Augustus", *Cambridge Ancient History*, vol. 10, *The Augustan Empire, 44 B.C. A.D. 70*, ed. S.A. Cook et al. (Cambridge: Cambridge University, 1963), pp. 344-45, 348,376.
19. Ver E. LeRoy Ladurie, *The Carnival of Romans* (New York: G. Braziller, 1980), cap. 8; J. Blum, *Lord and Peasant in Russia* (Princeton: Princeton University, 1961), pp. 554-60.
20. Ver também *G.J.* 4.27-30, 53; 6.113-14.
21. Ver *G.J.* 4.438, 444, 629; 5.421-22; 6.113-15.
22. Ver, por exemplo, D. Rhoads, *Israel in Revolution: 6-74* C.E. (Philadelphia: Fortress, 1976), 97-110; G. Baumbach, "Die Zeloten: ihre geschichtliche und religionspolitische Bedeutung", *Bibel und Liturgie* 41 (1968):8; M. Stern, "The Zealots", in *Encyclopedia Judaica*, suppl. vol., 1972, ed. C. Roth et al. (Jerusalém: Keter, 1974), 143-44, and "Sicarii and Zealots", in *World History of the Jewish People*, 1st ser., vol.8, ed. M. Avi-Yonah (New Brunswick: Rutgers University, 1977), pp. 296-97.
23. 1Cr 24,1-6; 25,8; 26,13.
24. P. ex., Mt 22,1-14//Lc 14,15-24; Lc 6,20-26; Mc 10,23-31; ver também E. Schüssler-Fiorenza, *In Memory of Her: A Feminist Theological Reconstruction of Christian Origins* (New York: Crossroad, 1983), pp. 140-53.Trad. bras., *As origens cristãs a partir da mulher*, Paulus, S. Paulo, 1992.
25. *G.J.* 4.225; 5.56; 5.248-50.
26. Ver n. 22.
27. Ver J. Jeremias, *Jerusalem in the Time of Jesus* (Philadelphia: Fortress, 1969/1975).Trad. bras., *Jerusalém no tempo de Jesus,* Paulus, S. Paulo, 1992.

Conclusão
Uma tipologia de movimentos populares e suas implicações

As descrições padrão da Palestina judaica do século I d.C., o contexto da vida de Jesus, tendem a ser um tanto simplistas e excessivamente intelectualizadas. Grande parte da bibliografia secundária de estudos neotestamentários e de história judaica inclina-se a focalizar primariamente as quatro principais "filosofias" ou partidos dos judeus: saduceus, fariseus, essênios e zelotas. Além disso, a bibliografia secundária enfatiza as *ideias* em detrimento de outros aspectos, por causa do grande interesse pelas expectativas messiânicas judaicas, que os cristãos acreditavam ter sido cumpridas em Jesus, e por causa do acentuado interesse pelas origens farisaicas dos ensinamentos rabínicos. Este interesse pelas expectativas e ideias leva necessariamente ao estudo daqueles grupos que deixaram documentos escritos, reforçando, assim, a concentração em grupos, tais como os fariseus e os essênios. Mas o enorme aumento dos nossos conhecimentos a respeito dos essênios pela descoberta dos manuscritos do mar Morto só serviu para evidenciar quão pouco realmente sabemos sobre os fariseus e os saduceus. Além disso, estamos começando a reconhecer que sabemos muito menos do que julgávamos sobre as esperanças messiânicas dos judeus. Evidentemente a situação real da Palestina judaica foi mais complexa e mais concreta do que sugerem as descrições padrão. Ao lado das quatro "filosofias" dos letrados, houve numerosos outros movimentos sociais. Estes outros movimentos eram compostos basicamente de camponeses. Consequentemente, para desenvolvermos uma nova compreensão da história social da Palestina judaica é importante reconhecer tanto a realidade concreta quanto a diversidade específica desses movimentos.

Felizmente, o acesso a uma identificação mais clara das realidades sociais da Palestina judaica do século I d.C. tornou-se possível pelo abandono do conceito dos zelotas. O movimento de resistência nacional à dominação romana, supostamente existente desde longo tempo, organizado e religiosamente motivado, funcionou não só como contraste para a interpretação de Jesus, mas também como explicação das origens da revolta judaica contra Roma. Quando se admite que não existiu tal movimento de libertação nacional no século I d.C., é possível começar a observar a extrema diversidade de formas de inquietação social entre os judeus palestinenses daquela época e acompanhar as suas implicações.

Talvez o primeiro passo para enfocar a diversidade dos movimentos é reconhecer que as diferenças entre esses movimentos não constituía o conflito principal na sociedade. O conflito fundamental na Palestina judaica era entre os grupos dominantes judeus e os romanos de um lado, e os camponeses judeus de outro. Sob este aspecto, Jesus compartilhava dos mesmos interesses básicos que os (outros) líderes e movimentos populares. Além disso, a Quarta Filosofia, os sicários e provavelmente a maioria dos fariseus entre os grupos letrados, com toda a probabilidade também compartilhavam esses interesses do povo comum, com certas variações. Assim, a verificação de que todos os grupos e líderes populares estavam enraizados na mesma situação social geral, reagindo a ela, e tinham interesses comuns, deverá permitir colocar suas diferenças na perspectiva correta.

A força motriz para mudanças na situação social quase sempre vinha de algum tipo de agitação popular. Formas de inquietação de pequeno alcance e de agitação *ad hoc*, como as de multidões enfurecidas em Jerusalém, demonstrações de protesto e greves camponesas surgiam de tempos em tempos. A mais dramática e histórica quanto ao seu efeito foi a revolta popular espontânea, prolongada e generalizada de 66-70. Os relatos históricos da época muitas vezes mencionam esses protestos e a revolta maciça, isto é, os fenômenos que se situam nas duas extremidades de um espectro de agitação social. O que permanece quase sem exame são os numerosos movimentos e líderes no meio deste espectro. Esses líderes e movimentos permaneceram ativos por períodos que variaram desde algumas semanas até vários anos, e todos assumiram uma ou outra forma social característica, distinguível até através das limitadas fontes de que dispomos.

A forma mais elementar desses movimentos populares foi o banditismo social. Alguns daqueles que foram expulsos das suas terras por pressões econômicas ou entraram em conflito político com os grupos dominantes, juntaram-se em grupos de "autoajuda". Mantinham-se com assaltos a caravanas romanas de suprimento ou incursões nas áreas fronteiriças. Embora os salteadores permanecessem em contato com os habitantes das aldeias, que às vezes corriam o risco de graves consequên-cias por protegê-los, os governadores romanos geralmente saíam vitoriosos nas suas campanhas para suprimi-los. Temos provas da existência de tais bandos de salteadores desde antes da ascensão de Herodes ao poder até meados do século I d.C. Depois da terrível fome no final da década de quarenta, o banditismo judaico aumentou em proporções epidêmicas e tornou-se um dos fatores principais na explosão da revolta judaica.

De alcance muito mais amplo e implicações mais graves para a sociedade judaica foram os movimentos messiânicos populares. Após a morte de Herodes em 4 a.C., no meio da revolta judaica e, depois, sessenta anos mais tarde, numerosos camponeses judeus uniram-se em torno de um líder carismático, que aclamaram rei. Sob a condução de tais líderes eleitos (ou, tradicionalmente, "ungidos") reivindicaram sua independência em rebelião armada. Dependendo da rapidez com que as forças romanas conseguiam recuperar o controle imperial, esses reis e seus movimentos puderam governar seus próprios territórios durante alguns meses ou até alguns anos.

Paralelamente, sob certos aspectos, aos movimentos messiânicos houve diversos movimentos proféticos, que se manifestaram em torno da metade do século I d.C. "Profetas" inspiraram grandes grupos de seguidores a deixar suas casas e terras para unir-se em ações, divinamente lideradas, de libertação do domínio estrangeiro. Cada um desses movimentos proféticos foi aparentemente inspirado por alguma visão de um ato escatológico de libertação, modelado segundo um dos grandes atos salvíficos históricos. Esses movimentos geralmente eram exterminados por uma rápida e mortal ação militar dos romanos. Tiveram períodos de duração muito mais curtos que os movimentos messiânicos.

Além desses profetas que lideraram movimentos, houve também profetas que transmitiram oráculos, de condenação ou de salvação. Sob vários aspectos, esses profetas oraculares são semelhantes aos profetas oraculares clássicos da tradição bíblica, como Amós ou Jeremias. Embora os oficiais romanos não levassem muito a sério esses extáticos rústicos, eles eram claramente ameaçadores para os grupos dominantes judeus, que os perseguiam ou executavam.

Os zelotas propriamente ditos, o grupo efetivamente chamado por esse nome, longe de ser uma organização de resistência existente desde longo tempo, foi apenas um de diversos grupos entre os camponeses da Judeia ou da Idumeia, que emergiram no meio da grande revolta e continuaram a resistência armada às legiões romanas. Os zelotas foram apenas o primeiro grupo a entrar em Jerusalém, mas foram rapidamente seguidos por outros, muito mais importantes na resistência final, porém inútil, ao cerco romano da Cidade Santa.

CONCLUSÃO

Tendo formado uma coalizão de grupos de salteadores da zona rural da Judeia, os zelotas tentaram formar um governo alternativo em Jerusalém. Depois de sobreviver a um ataque liderado pela junta dos sumos sacerdotes que controlava Jerusalém desde o outono de 66, os zelotas controlaram a cidade durante um breve interlúdio, antes de Simão bar Giora e seu grande movimento messiânico entrar na cidade e rechaçá-los para o seu refúgio no templo.

Não existe qualquer relação histórica entre os zelotas propriamente ditos e a Quarta Filosofia e os sicários, dois grupos que foram incluídos no conceito sintético acadêmico moderno de "zelotas". A Quarta Filosofia, fundada pelo mestre Judas da Galileia e pelo fariseu Sadoc, foi aparentemente uma ala ativista de fariseus e outros intelectuais. Mas, enquanto outros mestres e sábios também acreditavam que Deus era o único e verdadeiro senhor e mestre dos judeus, Judas e seus adeptos estavam dispostos a opor-se ativamente ao governo estrangeiro. Insistindo em que o tributo romano constituiria uma servidão a César, organizaram-se para resistir ao censo, que acompanhava a imposição do governo romano direto na Judeia, em 6 d.C. Depois disso não se ouve falar mais nada a respeito deles.

Os sicários, ou "homens de punhais", emergiram como grupo na década de cinquenta d.C. Os mestres que formavam o grupo, aparentemente preocupados com a liberdade do povo judeu e talvez desesperados com as circunstâncias cada vez mais opressoras e a intransigência da aristocracia judaica e dos oficiais romanos, concluíram que a situação exigia uma estratégia nova, desesperada e inédita. Inauguraram, assim, um programa de assassínios e sequestros visando personagens simbólicas centrais dos círculos dominantes judaicos, que colaboravam com o governo romano. Depois, tendo aderido a outros grupos que lutavam contra os líderes aristocráticos judeus e as tropas romanas em Jerusalém, no início da grande revolta no verão de 66, retiraram-se das hostilidades quando seus companheiros rebeldes judeus se voltaram contra eles — e passaram o resto do tempo da revolta no alto de Massada.

Cada um destes tipos de líderes e movimentos é distinto em suas características. Alguns tipos de movimentos são encontrados tanto em outras sociedades e períodos históricos quanto na sociedade judaica antiga. Assim, entre intelectuais, como professores e o baixo clero, são bem conhecidos os grupos organizados para resistir à dominação colonial, especialmente no século XX, p. ex., na África e no Oriente Médio. Alguns desses grupos até se empenharam em campanhas sistemáticas de terrorismo contra seus governantes estrangeiros. Também há numerosas analogias interculturais para o banditismo e os grupos rebeldes entre os camponeses judeus. O banditismo social pode ser encontrado em muitas sociedades agrárias tradicionais, particularmente em tempos difíceis para os camponeses. A mobilização de grandes forças de camponeses para reivindicar sua independência em relação a senhores opressores e governantes estrangeiros, especialmente em circunstâncias que ameaçam a capacidade dos camponeses de continuarem seu estilo de vida tradicional, é também um fenômeno histórico conhecido, seja da Alemanha do século XVI, seja da França e da Rússia do século XVIII ou do México e da China do século XX.

Por outro lado, os profetas oraculares rústicos, e tanto os movimentos messiânicos populares como os movimentos proféticos populares, foram todos exclusivos da sociedade judaica antiga, visto não haver paralelos da mesma espécie em outras sociedades. Nesses casos, as formas sociais específicas foram decididamente influenciadas por tradições características da antiga cultura judaicoisraelita. As tradições sagradas incluíam histórias, aparentemente familiares tanto ao povo comum como aos estratos letrados, de profetas tais como Moisés, Josué e Elias ou de reis popularmente ungidos como Davi, conduzindo seus seguidores na resistência contra a dominação doméstica ou estrangeira. No caso dos profetas oraculares, parece que o fenômeno simplesmente nunca se extinguiu totalmente, desde as personagens clássicas de Amós, Miqueias ou Jeremias, passando pelos rústicos em mantos de pelos na época pós-exílica, até o aparecimento de personagens tais como Jesus, filho de Ananias, no século I d.C. O surgimento de grupos ou líderes desses tipos exigiu certa sofisticação de memória histórica e organização social entre os camponeses judeus. Para um movimento popular ter assumido a forma explícita de um movimento profético em vez de um motim, ou de um movimento messiânico em vez de bandos descoordenados de salteadores, havia necessidade da memória de uma tradição histórica particular, dos antigos movimentos proféticos ou dos movimentos messiânicos prototípicos, e da aplicação do paradigma lembrado à nova situação.

Todos esses vários tipos de movimentos ocorreram durante um período da história judaica em que aparentemente estava bastante difundido o espírito apocalíptico, pelo menos em épocas de tensão e de conflito. A prova para a nossa ideia de que houve uma onda de iminente expectativa escatológica na sociedade em geral vem principalmente da literatura apocalíptica e dos evangelhos cristãos. Mas, quanto a um possível espírito apocalíptico entre os movimentos e líderes populares, temos pouca evidência direta, principalmente porque a nossa fonte principal, Josefo, evita as imagens e ideias caracteristicamente judaico-palestinenses. Apesar disso, em alguns casos é possível observar e deduzir a perspectiva e a motivação apocalíptica. João Batista aparentemente pregou um iminente julgamento escatológico. Alguns outros profetas oraculares, particularmente os do tempo da revolta judaica, proclamaram uma libertação iminente, por exemplo, por meio de exércitos celestes, imagem bem conhecida na literatura apocalíptica contemporânea. O tipo de movimento mais claramente enquadrado numa mentalidade apocalíptica foi o dos movimentos proféticos populares. Esses profetas e seus seguidores concebiam a solução da sua situação intolerável em termos de uma repetição nova, escatológica, de um dos grandes atos históricos de libertação. Convictos da iminência da ação divina, abandonaram suas casas para tomar parte na libertação prevista. Não temos evidência correspondente em relação à possível orientação escatológica ou onda de esperança intensificada em qualquer outro grupo. Podemos apenas supor que os movimentos messiânicos populares estavam motivados por um profundo desejo de libertação (e pela reprimida frustração com as suas condições intoleráveis). Além disso, tanto o banditismo epidêmico como os sicários parecem ter sido dominados por uma exacerbada esperança de libertação no início da revolta judaica.

Intimamente relacionada com a possível orientação escatológica dos líderes e movimentos populares judaicos deve ter sido o seu grau de consciência crítica sob o aspecto político-social. Como em outras sociedades, o banditismo na Palestina judaica foi provavelmente "pré-político", um protesto sério, mas não revolucionário. Os bandos de salteadores judeus aparentemente não tinham uma compreensão política consciente do que havia de errado na situação social, nem uma ideia de como remediá-la. Nada indica que eles tivessem qualquer ideia, ou houvessem tomado qualquer iniciativa, no sentido de provocar uma mudança da ordem social. Historicamente, ainda que sem dúvida o banditismo judaico tivesse provocado a repressão das autoridades, também funcionou para fazer certa oposição real e simbólica à opressão dos grupos dominantes romanos e judeus. Também os movimentos proféticos populares provavelmente eram "pré-políticos" no sentido de lhes faltar uma compreensão consciente das forças socioeconômicas responsáveis pela intolerável situação do povo. Mas os protótipos históricos de libertação sobre os quais modelaram sua ação incluíam imagens bastante características de dominação política. Além disso, ao contrário do simples banditismo, os movimentos proféticos eram animados por uma esperança, quando não por um programa efetivo, de liberdade da sua sociedade. Mais que qualquer um dos outros movimentos ou líderes, a consciência e as ações dos profetas populares e dos seus movimentos eram diretamente inspiradas pelas tradições políticorreligiosas de libertação histórica. Portanto, como os qumranitas, é bem possível que tivessem esperado que o novo êxodo e o dom da terra fosse seguido da renovação da sociedade da aliança.

Em comparação com os movimentos proféticos, os profetas oraculares e os movimentos messiânicos foram politicamente mais conscientes. Os profetas oraculares parecem ter levado em consideração a situação concreta do poder político, consciente ou subconscientemente. Não hesitavam em fazer severos pronunciamentos de condenação. Todavia, não empreenderam ações individuais ou coletivas, que inevitavelmente teriam provocado os grupos dominantes ameaçados a enviar as tropas. Mais que os movimentos proféticos, e muito mais que o banditismo, os movimentos messiânicos tinham uma clara consciência política. Eram mais cientes da situação política concreta que os movimentos proféticos: pelo menos sabiam que a autodefesa era necessária. Mais do que isso, ao contrário tanto dos movimentos proféticos como dos bandidos, os reis populares e seus seguidores não só tomaram medidas políticas concretas para reivindicar o controle das suas vidas e dos seus territórios, mas ainda envidaram esforços para restaurar relações socioeconômicas justas, como a libertação dos escravos (de dívidas). Todavia, na sua ânsia de derrubar o reino da injustiça, esses reis e seus seguidores evidentemente não tinham ideia do irresistível poderio militar do império romano e da inevitabilidade da reconquista do país pelos romanos.

Em comparação com todos esses grupos populares, os sicários tinham um elevado grau de consciência política, e por ela eram motivados. Enquanto os outros grupos eram movimentos espontâneos, compostos predominantemente de camponeses, os sicários eram liderados por intelectuais, que reflexiva e deliberadamente formularam uma estratégia de longo prazo. Dificilmente se poderia dizer que eram "rebeldes primitivos", como os grupos de salteadores, com os quais muitas vezes foram confundidos. Pelo contrário, eles adotaram uma estratégia deliberadamente calculada para enfrentar a situação. Não conseguiram, e talvez nem tentaram, formar uma base sociopolítica entre os camponeses ou o povo comum de Jerusalém. Quando, finalmente, irrompeu a revolta generalizada, parece que estavam um tanto isolados dos grupos populares, de um lado, e dos jerosolimitanos, de outro. É certo que por fim, ao contrário dos grupos predominantemente camponeses, que ofereceram resistência aos romanos até o amargo final, os sicários simplesmente se retiraram para Massada, onde se tornaram outro capítulo na história dos mártires da fé radical no único e verdadeiro Senhor da história. Talvez fizeram isso porque sabiam que a resistência era inútil.

Por fim, os zelotas propriamente ditos, embora tivessem surgido como resposta espontânea à reconquista romana da Judeia em 67-68, também seguiram uma estratégia política consciente. Levaram ao tribunal membros dos grupos dominantes (para eles) opressores. Opuseram-se à estratégia do grupo dos sumos sacerdotes que ainda detinha o controle de Jerusalém e implementaram uma teocracia mais igualitária, escolhendo por sorteio pessoas comuns para os altos cargos e praticando uma tomada de decisão coletiva. Embora fossem pouco numerosos, em comparação com os outros grupos populares que continuaram a resistência contra Roma, a significação histórica dos zelotas deriva das iniciativas políticas conscientes que tomaram em Jerusalém. Isto é, desafiaram e bloquearam com sucesso a estratégia do governo dos sumos sacerdotes, que ainda controlavam Jerusalém em 67-68. Desta forma arranjaram tempo para outros grupos populares como os idumeus e o movimento de Simão bar Giora poderem mobilizar-se na zona rural e continuar as tentativas populares de preservar sua liberdade recentemente recuperada.

Por ter sido uma questão tão importante no debate sobre "Jesus e os zelotas", historicamente mal fundamentada e equivocada, devemos dar pelo menos alguma atenção ao tema de ação violenta e não violenta da parte desses movimentos. A questão é claramente mais complexa do que a comparação que frequentemente se tem feito entre Jesus como mestre da não violência e os membros dos movimentos de resistência como praticantes de violência. O nível ou estrato social e a situação em que ocorre um comportamento violento ou não violento são fatores importantes que muitas vezes não foram considerados. A ação dos grupos dominantes era quase sempre violenta, manifesta nas próprias condições que deram origem aos vários tipos de movimentos. Os romanos conquistaram e continuaram seu controle por meios violentos, incluindo intimidação por terror. Herodes manteve a segurança por meio de violência repressiva. Os sumos sacerdotes saqueavam e torturavam o seu próprio povo. Encontrando-se no meio, como estrato letrado da sociedade, os fariseus caracterizavam-se pela não violência ou, antes, por uma não ação calculada, pelo menos a partir da época de Herodes. Com esta posição encontra-se em forte contraste o terrorismo calculado dos sicários, especialmente se considerarmos que, como mestres, e talvez a continuação da Quarta Filosofia, os sicários podem ter compartilhado alguns princípios políticorreligiosos básicos de muitos fariseus. No nível popular não observamos nenhum cálculo, mas ação espontânea, violenta ou não violenta, dependendo da ocasião e do movimento. Os movimentos proféticos não violentos foram manifestamente respostas a uma transformação divina prevista da situação intolerável. A ação violenta dos salteadores era uma questão de simples sobrevivência, quando, efetivamente, não havia outra alternativa. Os movimentos messiânicos populares foram aparentemente tentativas espontâneas para aproveitar uma oportunidade de reivindicar sua própria independência com armas contra os esforços do "establishment" de retomar o controle por meio de uma reconquista violenta.

Se é verdade que uma investigação mais adequada exigiria uma discussão muito mais detalhada, podemos pelo menos mencionar as implicações dos vários tipos de líderes e movimentos populares, tanto para as origens da grande revolta judaica de 66-70 quanto para a vida de Jesus e as origens da Igreja.

Não há dúvida de que a revolta judaica não foi o resultado de um movimento de resistência existente já havia tempo e que provocou agitações ao longo de décadas, até finalmente desencadear uma ampla insurreição nacional contra os romanos. Efetivamente, os zelotas, longe de serem uma das principais causas da revolta, foram eles próprios um produto da reconquista romana, depois que a revolta já estava em andamento. A situação histórico-social que levou à explosão da rebelião popular em 66 era complexa e foram múltiplas as "causas" da revolta. Entretanto, a maioria dos movimentos populares acima examinados não foram propriamente causas contributivas, mas antes sintomas das condições verdadeiramente causadoras.

As dimensões mais importantes da complexa situação que desembocou na revolta foram provavelmente a deterioração das condições econômicas e a desintegração da estrutura social, tanto no nível das aldeias quanto no da sociedade em geral. A prolongada seca e a grave fome do final da década de quarenta, por exemplo, exacerbou as condições que já eram difíceis. O banditismo, especialmente quando aumentou de proporções a partir de meados do século, foi um sintoma muito grave e revelador da deterioração econômica e da desintegração social. Seria uma análise bem superficial concluir que até a difusão do banditismo foi uma causa da revolta. Naturalmente, a difusão do banditismo junto com as novas medidas fortemente repressivas das forças romanas contribuiu para aumentar a desintegração social nos anos imediatamente anteriores à revolta, e grupos de bandidos já existentes forneceram combatentes experimentados para os exércitos populares, quando eclodiu a revolta. De maneira semelhante, os profetas de ambos os tipos são sintomas do estado deteriorado das coisas. Além disso, quer seja no sentido do

CONCLUSÃO

presságio de Jesus, filho de Ananias, quer no da desesperada busca de uma nova libertação divina nos movimentos efetivos, esses fenômenos proféticos fornecem indicações reveladoras de que algo estava muito errado na ordem socioeconômica da sociedade. E o movimento messiânico reunido em torno de Simão bar Giora, como outros movimentos messiânicos semelhantes, no ano 4 a.c., foi a forma que a insurreição popular assumiu na zona rural, e não a causa da revolta, que começara já havia muito tempo.

O único grupo que pode ter contribuído ativamente para a explosão da revolta foi o dos sicários, grupo liderado por intelectuais e não um movimento camponês. Os atos terroristas dos sicários podem ter provocado a elite dominante a se tornar ainda mais repressiva na sua ansiedade, contribuindo, assim, para a deterioração geral da ordem social. Parece, assim, que não foram os grupos populares, e sim os grupos dominantes que constituíram fatores determinantes para o surgimento da revolta. Embora escreva tendo em mente os romanos, o próprio Josefo atribui considerável culpa aos governadores romanos dos anos que antecederam a revolta. Em particular, Josefo declara explicitamente que o governador Géssio Floro (64-66) provocou a desesperada rebelião pelos seus atos arrogantes e provocadores (*Ant.* 18.1-25). Nesta e em outras passagens, Josefo considera o comportamento predatório das famílias dos sumos sacerdotes e dos herodianos como grave contribuição para a desintegração da ordem social. Os movimentos populares devem ser vistos não como causa da revolta, mas como sintomas e sinais das condições sociais deterioradas, ou como uma forma (movimento messiânico) que a insurreição popular assumiu, depois que explodiu.

Finalmente, os líderes e movimentos populares podem ter certas implicações para a nossa compreensão de Jesus de Nazaré e da Igreja primitiva. Por ter sido pressuposto e incorporado em tão ampla bibliografia secundária de estudos neotestamentários e teológicos, continua sendo importante eliminar das nossas cabeças o antigo conceito de "zelotas", isto é, evitar recair nas velhas discussões sobre "Jesus e os zelotas". Convém lembrar que os zelotas propriamente ditos só surgiram como um grupo quase quarenta anos depois da vida de Jesus, ou seja, quando as tradições dos evangelhos tinham assumido forma e já quase no tempo em que foi escrito o primeiro evangelho, o de Marcos (geralmente datado na década de sessenta ou setenta). Entretanto, alguns dos outros movimentos podem ser úteis para compreendermos Jesus.

O estudo do banditismo social judaico pode lançar alguma luz sobre a maneira como Jesus foi preso (como um salteador, Mc 14,48) e a cena da crucificação, em que Jesus foi crucificado com dois salteadores (não ladrões, Mc 15,27). Mais importante que isso, a ocorrência do banditismo ilustra as condições de desintegração social em que as palavras e as ações de Jesus encontraram eco.

A frequente ocorrência de grupos populares com as formas particulares de movimentos messiânicos e proféticos têm muito mais importância para o estudo de Jesus e do primitivo cristianismo palestinense. Conforme foi assinalado acima, existe pouca evidência de *expectativas* judaicas de um messias ou profeta. Isso torna tanto mais significativa a ocorrência e as formas sociais efetivas dos movimentos populares que se reuniram, respectivamente, em torno de um rei ou profeta popularmente reconhecido. Essas formas sociais devem ter sido familiares precisamente em aldeias como aquelas das quais eram originários Jesus e seus primeiros seguidores. Naturalmente, algumas facetas importantes são tão diferentes das características dos reis populares e dos seus movimentos que não surpreende verificar-se que a forma social da realeza popular não recebe destaque nas tradições dos evangelhos sobre a atitude de Jesus na Galileia. É certo que também não há oposição a tal forma nas tradições dos evangelhos, exceto as palavras (posteriores) do "apocalipse sinótico" em Mc 13 (ver especialmente Mc 13,5-6.21-22) e a informação de Jo 6,15. Os reis populares e seus movimentos oferecem-nos algum material comparativo para ponderar a significação das ações de Jesus, depois que ele se dirigiu a Jerusalém, as razões que estão por trás da inscrição sobre a cruz (rei dos judeus) e as razões por que Jesus rapidamente recebeu a designação de "Cristo", depois da crucificação e ressurreição.

Os dois tipos de profetas populares oferecem sem dúvida o material comparativo potencialmente mais frutífero para o estudo de aspectos da vida de Jesus. A julgar pelos primeiros estratos das tradições dos evangelhos cristãos, Jesus apresenta mais semelhanças com essas figuras proféticas que com os reis populares. Por exemplo, a lamentação de Jesus sobre Jerusalém (Lc 13,34-35 e par.) e outros ais soam muito semelhantes ao oráculo de condenação pronunciado por Jesus, filho de Ananias. De maneira geral, as tradições dos evangelhos coerentemente associam Jesus e João Batista, este último manifestamente um profeta oracular. Atrás das várias posições apologéticas dos evangelistas com relação a João Batista está a possibilidade de que Jesus e seus seguidores historicamente tinham raízes na atividade e na proclamação do Batista. Além disso, já foram assinalados muitas vezes os paralelos entre Jesus e as tradições referentes a Elias e Eliseu, tanto em termos de um profeta que faz pronunciamentos como em termos de alguém que cria um movimento chamando discípulos (sendo ambos

CONCLUSÃO

os aspectos reforçados pelo paralelo de milagres de cura). Um exemplo final apresenta-nos uma relação especial: algumas *palavras* de Jesus são semelhantes no seu padrão tipológico às *ações* dos movimentos proféticos. Isto é, a tipologia históricoescatológica vista no novo êxodo ou na nova conquista liderada por profetas populares de ação é evidente em algumas frases de Jesus com o modelo de "como aconteceu antigamente... assim agora..."

Talvez precisamente para barrar qualquer volta às equivocadas discussões sobre "Jesus e os zelotas", devemos assinalar de que maneira os grupos de resistência liderados por mestres e sábios podem fornecer material comparativo útil. Conforme foi observado acima, a Quarta Filosofia, porque aparentemente não se envolveu em revolta armada, não pode ser usada como contraste para a (suposta) doutrina da não violência de Jesus. Entretanto, a questão mais precisa do tributo a César, que Judas e seus colegas levaram a uma crise em 6 d.C., permaneceu importante, como se pode ver pela controvérsia de Jesus com os fariseus e herodianos em Jerusalém (Mc 12,13-17). Para evitar a volta ao falso contraste dos "zelotas" através dos "homens de punhais", é importante lembrar mais uma vez que o grupo ativista de intelectuais, os sicários, só começou a atuar vinte e cinco ou trinta anos depois da morte de Jesus. Além disso, a tática dos sicários é uma aberração tão grande de qualquer coisa de qualquer outro grupo que conhecemos ao longo de todo esse período que não se pode dizer que seja apropriado elevá-la à condição de um dos principais contrastes para a interpretação de Jesus.

Os zelotas propriamente ditos, que surgiram como grupo quase quarenta depois da vida de Jesus, podem oferecer uma comparação útil para alguns aspectos do cristianismo primitivo palestinense, se não para o próprio Jesus. Numa situação de extrema emergência de Jerusalém em 68, os zelotas tentaram estabelecer uma ordem sociopolíticorreligiosa igualitária entre os seus seguidores. Naturalmente os primeiros seguidores palestinenses de Jesus tinham feito algo semelhante a isso durante mais de uma geração até aquele tempo, porém em circunstâncias mais normais de cidades e aldeias. À medida que a renovação de uma comunidade da aliança pelos seguidores de Jesus pode ter sido iniciada pelo próprio Jesus, o líder camponês galileu Jesus de Nazaré terá dado uma primeira expressão a uma corrente de renovação religioso-social das sagradas tradições judaicas da aliança, que encontra expressão semelhante entre os camponeses judeus numa situação de crise posterior. Naturalmente a violenta reimposição da *pax romana* acabou tanto com a experiência social utópica dos zelotas em Jerusalém como com as comunidades de duração mais longa dos seguidores de Jesus na Palestina. Isso também significou que pouca coisa sobreviveu do movimento concreto iniciado por Jesus na sociedade judaica palestinense e que a Igreja cristã se desenvolveu a partir de outras comunidades, que então já se haviam estabelecido solidamente fora da Palestina judaica.

PALESTINA NO SÉCULO I D.C.

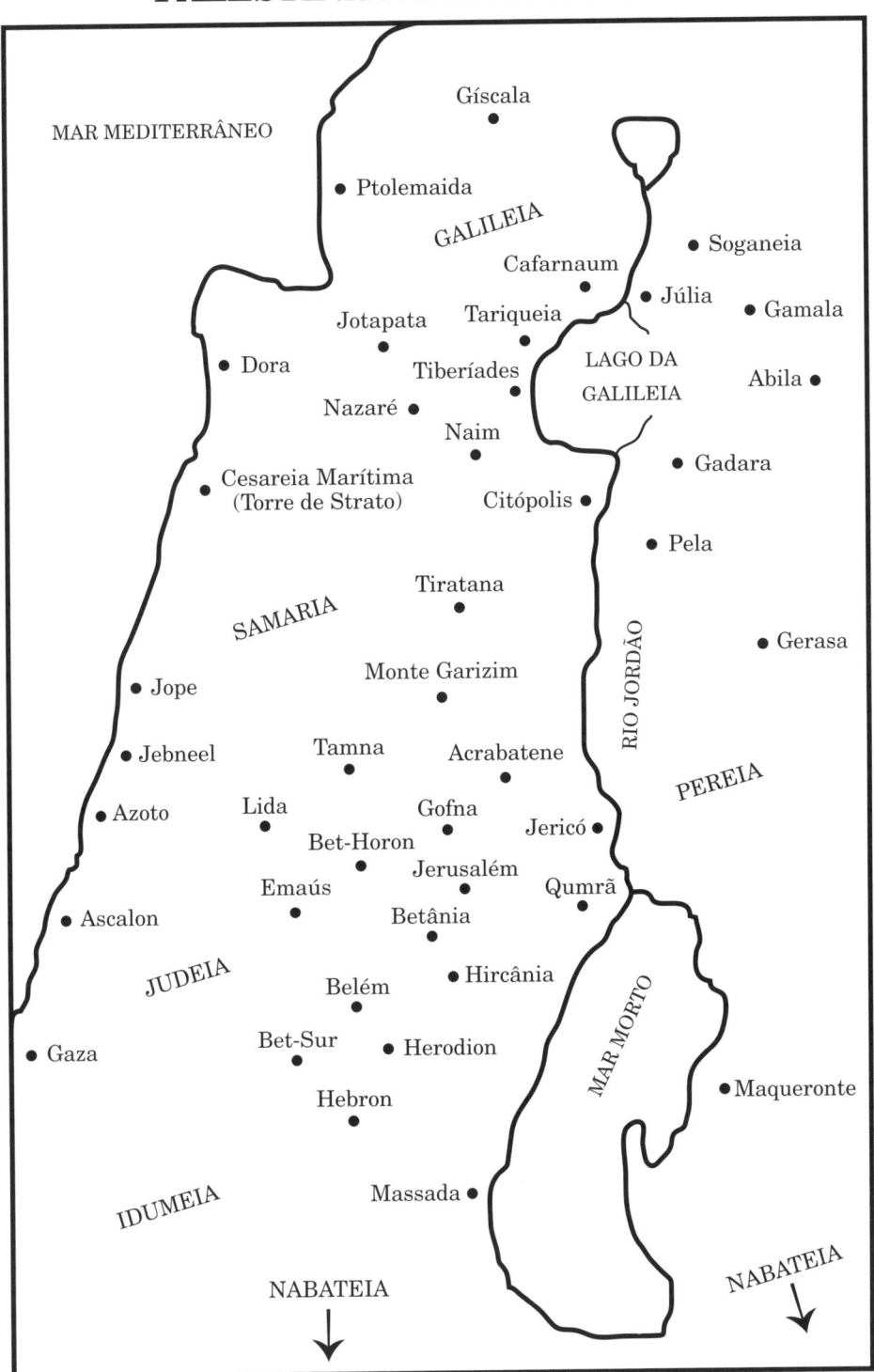

IMPERADORES ROMANOS	SUMOS SACERDOTES	GOVERNANTES OFICIAIS E PROCURADORES DA PALESTINA			BANDIDOS	MESSIAS	PROFETAS
Augusto 30 a.C. - 14 d.C.		Herodes Magno (37-4 a.C.)			Ezequias (aprox. 47-38 a.C.)		
	Joazar, filho de Boeto (4 a.C.) Eleazar, filho de Boeto (4-? a.C.) Jesus, filho de See (?) Anano, filho de Séti (6-15 d.C.)	Herodes Arquelau *Etnarca da Judeia* (4 a.C.-6 d.C.) Copônio (6-9 d.C.) Marco Ambíbulo (9-12 d.C.) Ânio Rufo (12-15 d.C.) Valério Grato (15-26 d.C.)	Herodes Filipe *Tetrarca da Ituréia* (4 a.C.-34 d.C.)	Herodes Antipas *Tetrarca da Galileia* (4 a.C.-39 d.C.)		Judas, filho de Ezequias (aprox. 4 a.C.) Simão (aprox. 4 a.C.) Atronges (aprox. 4-2? a.C.)	
Tibério (14-37 d.C.)	Ismael, filho de Fiabi (15-16 d.C.) Eleazar, filho de Anano (16-17 d.C.) Simão, filho de Camito (17-18 d.C.) José Caifás (18-36 d.C.) Jônatas, filho de Anano (36-37 d.C.)	Pôncio Pilatos (26-36 d.C.) Marcelo (36-37 d.C.)	[Ituréia, Bataneia, Traconítide e Auranítide anexadas à província da Síria (34-41 d.C.)]		Salteadores galileus das cavernas (década de 30 d.C.) Eleazar ben Dinai (décadas de 30-50 d.C.)		João Batista (final da década de 20 d.C.) O "Samaritano" (aprox. 26-36 d.C.)
Gaio Calígula (37-41 d.C.)	Teófilo, filho de Anano (37-? d.C.)	Marulo (37-41 d.C.)		Herodes Agripa I (40 d.C.)	Tolomau (início da década de 40 d.C.)		
Cláudio (41-54 d.C.)	Simão Canteras, filho de Boeto (41-? d.C.) Matias, filho de Cantero (44?-46? d.C.)	Herodes Agripa I (41-44 d.C.) Fado (44-46 d.C.)					Teúdas (aprox. 45 d.C.)

Emperors	High Priests	Roman Governors			
Nero (54-68 d.C.)	José, filho de Camei (46-48 d.C.) Ananias, filho de Nebedeu (aprox. 47-59 d.C.)	Tibério Alexandre (46-48 d.C.) Ventídio Cumano (48-52 d.C.) Félix (52-60 d.C.) Pórcio Festo (60-62 d.C.)			
	Ismael, filho de Fiabi (59-61 d.C.) José Cabi, filho de Simão (61-62 d.C.) Anano, filho de Anano (62 d.C.) Jesus, filho de Damneu (62-63 d.C.) Jesus, filho de Gamaliel (63-64 d.C.) Matias, filho de Teófilo (65-?)	Albino (62-64 d.C.) Géssio Floro (64-66 d.C.)	Jesus, filho de Safias (década de 60 d.C.) João de Giscala (66-? d.C.)	Manaém, filho de Judas, o Galileu (aprox. 66 d.C.)	O "Egípcio" (aprox. 56 d.C.) Jesus, filho de Ananias (62-69 d.C.)
Galba (68-69 d.C.) Oto (69 d.C.) Vitélio (69 d.C.) Vespasiano (69-79 d.C.)	Fani, filho de Samuel (68-70 d.C.)	Coalizão dos zelotas (68-69 d.C.) Simão bar Giora (69-70 d.C.)		Simão bar Giora (68-70 d.C.)	
Tito (79-81 d.C.) Dominicano (81-96 d.C.) Nerva (96-98 d.C.) Trajano (98-117 d.C.) Adriano (117-135 d.C.)				Bar Kokeba (132-135 d.C.)	

SUMÁRIO

5 Abreviaturas
7 Introdução
7 Motivos e finalidades
12 Métodos e limitações

21 1. FUNDO HISTÓRICO
24   As origens de Israel como camponeses livres em aliança com Deus
25   Estabelecimento da monarquia em Israel e protesto profético
26   A Judeia sob o império persa: o estabelecimento da aristocracia sacerdotal à frente da comunidade do templo
28   Domínio helenístico: sujeição política, imperialismo cultural e rebelião popular
29   "Reforma" helenística pela aristocracia judaica
30   Resistência popular e o programa de supressão da lei judaica
33   O ressurgimento do apocalipticismo
35   A revolta popular e a ascensão da dinastia asmoneia
38   As origens da comunidade de Qumrã (essênios) e dos fariseus
43   Dominação romana: opressão e revolta
43   A conquista romana e o regime de Herodes
46   Reis dependentes, governadores romanos e protestos populares (4 a.C. – 66 d.C.)
53   A grande revolta (66-70)

57 2. BANDITISMO SOCIAL JUDEU ANTIGO
57   Características e condições do banditismo social
60   As condições socioeconômicos do banditismo social judeu e outros movimentos populares
69   Banditismo social na Palestina
74   Relação entre salteadores e camponeses
80   O banditismo judaico e a revolta contra Roma

89 3. PRETENDENTES REAIS E MOVIMENTOS MESSIÂNICOS POPULARES
92   A tradição da realeza popular
94   Realeza popular no antigo Israel
96   A ideologia real oficial e sua popularidade
97   Memórias e expectativas "messiânicas"
100   Condições do renascimento da tradição da realeza popular
100   Ressurgimento de esperanças entre grupos letrados
103   Condições sócio-históricas e esperanças populares
106   Reis populares e seus movimentos
107   Insurreições messiânicas populares por ocasião da morte de Herodes
112   Pretendentes reais e movimentos messiânicos durante a revolta judaica (66-70)
119   A revolta de Bar Kokeba (132-135 d.C.): o último movimento messiânico da antiguidade judaica

125   4. PROFETAS E MOVIMENTOS PROFÉTICOS
126   Tradições de dois tipos de profetas e esperanças proféticas populares
126   Os líderes carismáticos prototípicos do antigo Israel: os Juízes, Moisés e Josué
127   Profetas como mensageiros e líderes de movimentos
129   Os profetas oraculares clássicos
133   Profetas e esperanças proféticas pós-exílicos
139   A ausência dos dois tipos de profetas populares entre os grupos letrados
142   A relativa ausência do profetismo entre os fariseus
144   Dois tipos de profetas populares no tempo de Jesus
145   Movimentos proféticos populares
153   Profetas oraculares

166   5. QUARTA FILOSOFIA, SICÁRIOS, ZELOTAS
166   A Quarta Filosofia
173   Os sicários
175   A nova estratégia dos sicários
180   Efeitos da agitação dos sicários
182   O breve e limitado papel dos sicários na revolta judaica
186   Os zelotas
187   A sequência dos eventos que envolveram os zelotas
189   Origens dos zelotas: um produto da reconquista romana da Judeia
192   Ataques dos zelotas à nobreza herodiana
196   A eleição de novos sumos sacerdotes pelos zelotas: uma teocracia igualitária
202   O ataque dos sumos sacerdotes aos zelotas

208   CONCLUSÃO
        Uma tipologia de movimentos populares e suas implicações